EMPODERAMIENTO DE LA MUJER A TRAVÉS DE LOS CHAKRAS

LISA ERICKSON

Empoderamiento de la mujer

– a través de los –

CHAKRAS

Doce herramientas para superar traumas, conquistar tu poder y disfrutar de bienestar a todos los niveles

KEPLER

Argentina – Chile – Colombia – España
Estados Unidos – México – Perú – Uruguay

Título original: *Chakra Empowerment for Women*
Editor original: Llewellyn Worldwide
Traducción: Nieves Calvino Gutiérrez

1.ª edición Junio 2021

Plaza de los Reyes Magos 8, piso 1.º C y D – 28007 Madrid
www.edicioneskepler.com

ISBN: 978-84-16344-55-0
E-ISBN: 978-84-18259-67-8
Depósito legal: B-6.123-2021

Fotocomposición: Ediciones Urano, S.A.U.

Impreso por: Rodesa, S.A. – Polígono Industrial San Miguel – Parcelas E7-E8
31132 Villatuerta (Navarra)

Impreso en España – *Printed in Spain*

Para las mujeres que han compartido sus historias conmigo:
que os escuchen, os respeten y sanéis

Índice

Descargo de responsabilidad

La información contenida en este libro no está pensada para diagnosticar ni tratar ninguna afección médica ni emocional. Se ruega consulte con un profesional autorizado para tratar problemas médicos o terapéuticos.

La autora y la editorial no son responsables de ninguna enfermedad que requiera de un profesional autorizado. Se anima a los lectores a consultar con un profesional cualquier cuestión sobre el empleo o la eficacia de las técnicas o conocimientos de este libro.

Todos los casos de estudio y las descripciones de personas se han cambiado o alterado para que sean imposibles de reconocer. Cualquier parecido con personas reales, vivas o fallecidas, es pura coincidencia.

Prólogo

Hace décadas estuve bajo la tutela de un chamán de Belice. Una tarde, después de explicar las propiedades curativas de varias plantas de la selva, sonrió y se acercó a mí, ignorando a mis compañeros masculinos.

—Yo solo enseño a los hombres —susurró—. Tú eres una mujer. Eres consciente de lo que hablo.

Me quedé perpleja y le pregunté al chamán, un curandero a base de hierbas naturales, a qué se refería.

—Las mujeres ya saben todas las cosas. Los hombres deben aprenderlo todo. —Hizo una pausa y señaló mi abdomen—. Ahí, esa es la razón. Posees el poder de la Madre… y de todas las madres.

Desde ese día he sido cada vez más consciente de la magia interior que ofrece lo femenino. Como si de un milagro se tratase, el libro de Lisa habla de esta realidad, de la tradición de lo femenino tan ligada al misterio, a la maestría y a las maravillas. En vez de ubicar nuestro poder personal en el primer chakra, el centro de energía sutil dedicado a la actividad primaria, estamos arraigadas en el segundo chakra, hogar de las emociones, la creatividad, la sensualidad y la sabiduría infinita.

Lisa comparte que todas las mujeres, sin importar cómo se identifiquen en lo que a sexualidad se refiere, somos como el loto, una flor que representa al segundo chakra. El loto es la flor sagrada de la India. Los pétalos florecen sobre largos tallos que emergen de las aguas fangosas. El loto representa la pureza y es capaz de distanciarse de los turbios deseos que nos arrastran hacia el fondo y permiten ofrecer un servicio a formas de amor más elevadas. Cada flor se abre a los rayos del sol, a la luna y a las estrellas, recibiendo pequeñas gotas del cielo con las que podemos renovar la tierra. Mi antiguo profesor beliceño lo sabía. Su tribu entendía que debido a que la mujer habita el segundo chakra, el espacio del útero, posee un universo en miniatura en su interior. El conocimiento de la Vía Láctea fluye a través de cada mujer.

El problema es que dicho conocimiento no se enseña de forma generalizada, ni siquiera en los círculos de la medicina energética, y es un problema monumental. Prácticamente cada presentación de la anatomía energética, la compleja representación de los chakras, canales y campos que componen nuestro cuerpo sutil, destaca el primer chakra, el centro masculino de poder, como el chakra fundamental. Hasta el libro de Lisa, se ha ignorado por completo la ubicación de la base del poder femenino. Esto significa que el consuelo, la curación y la restitución prometidos por los sistemas que se basan en los chakras no han llegado a las personas que más lo necesitan: las mujeres.

No es sesgado ni sexista recalcar la necesidad de un sistema de energía y un conjunto de aplicaciones orientados a la mujer. Es una necesidad. La sociedad ha despojado a la mujer de su originalidad, de su autoestima y de su seguridad. Es la mujer la que trae a las futuras mujeres y hombres a este mundo y cuya capacidad para lograr la paz a partir de la crueldad es ahora necesaria para salvar al mundo que las ha menospreciado. No importa si una mujer ha dado a luz a un niño real; el poder del útero otorga a todas las mujeres el don de la creación.

Mucho se han hecho esperar los sagrados conocimientos y ejercicios incluidos en el libro de Lisa. Al fin y al cabo, a las mujeres se les ha despojado de su poder y de sus derechos durante miles de años. Durante la mayor parte de ese tiempo a la mujer se la ha considerado propiedad del hombre, para que este la utilizara a su conveniencia. No es de extrañar que los sistemas energéticos se olviden de la mujer. Igual de perturbador resulta que en muchos lugares aún se considere a la mujer un bien económico y político, se repriman sus poderes y no se reconozcan sus logros. Por desgracia, cuando el dios del espejo tiene rostro masculino, protestar contra la violación, el quebrantamiento o el acoso equivale a tratar de avanzar con el viento en contra. Estos factores hacen que sea aún más importante reparar y renovar el sistema sutil.

En la última frase he utilizado la palabra «reparar» a propósito. Tal y como sugieren las palabras del chamán beliceño, lo más probable es que nuestros antepasados percibieran que lo femenino y lo masculino son revelaciones equivalentes de lo Divino, efluvios de un Creador que refleja ambos conjuntos de cualidades. En una representación equilibrada, se garantiza el cuidado de todos los niños, independientemente de su sexo o de sus preferencias sexuales, pues todos los géneros son respetables. Cuando se reconocen las diferencias y semejanzas, se puede cultivar la singularidad de cada individuo. Ha llegado por fin el momento de revivir lo que de manera innata sabemos que es verdad y recurrimos al libro de Lisa para lograr esa hazaña.

Puedo atestiguar el carácter distintivo de *El empoderamiento de la mujer a través de los chakras*, ya que se me considera una experta en la anatomía de la energía sutil. He escrito veinticinco libros sobre temas relacionados e impartido clases en todo el mundo. De hecho, uno de mis libros tiene mil doscientas páginas. La segunda mitad de ese libro en concreto incluye sistemas de chakras de todo el mundo. Casi todos los sistemas que he investigado o estudiado no ha conseguido abordar las diferencias entre la anatomía sutil femenina y masculina. Lo que antaño fue escrito «por inspiración divina», escrito queda.

Ha habido guías para incluir a autores como Diane Stein; incluso he tratado las variantes femeninas del sistema energético en un par de mis libros. Pero aparte de describir la importancia del sistema de chakras femenino, el libro de Lisa también afronta la necesidad de que las mujeres se curen de los abusos de poder. Además les enseña a hacerlo. Se trata de un libro que queremos anunciar a los cuatro vientos desde cada tejado. Se trata de un libro de cuya lectura... y aplicación se beneficiaría toda mujer.

Para mí esta es una verdad manifiesta, no solo porque entiendo la energía, sino porque fui estudiante de inglés. Como tal, he leído un montón de libros. Estaba estudiando en la universidad, cuando comencé a percibir que lo femenino es realmente diferente de lo masculino y que es necesario definir y apoyar la vida de la mujer de formas exclusivas para su género. Me di cuenta de esta certeza durante un semestre dedicado a la literatura femenina.

Treinta mujeres, aisladas juntas, no dimos otras clases. Tan solo examinamos con detenimiento escritos de mujeres, muchas de las obras recuperadas de tumbas excavadas por profesores, filósofos y políticos varones. Algunos de los libros eran arcaicos, como las obras de Hildegard von Bingen, una abadesa alemana que vivió hace unos mil años. ¿Cuántas personas saben que una mujer que a la vez era filósofa, curandera, herbolaria, compositora, mística y erudita fue uno de los fundadores de la historia natural? Otros escritos eran más contemporáneos, incluyendo las apasionadas reivindicaciones de Virginia Wolf, que sentenciaba que el mundo mejoraría si toda mujer pudiera tener un «espacio propio», un espacio para la expresión creativa.

Nuestra clase terminó llenándose de símbolos que representaban la realidad de la mujer. Los paños rojos nos recordaban la sangre perdida por el infinito número de mujeres que han sido violadas o asesinadas como botín de guerra y a manos de la violencia de género. Los jarrones de barro encarnaban la imagen original de la Diosa, a la que los dioses guerreros acabaron dominando. El azul y el púrpura personificaban el conocimiento sagrado y las imágenes de la mujer, que primero fueron difamados y más tarde robados por muchos de los religiosos. Pero la escenografía era algo secundario. La conclusión principal fue que se tenían que escuchar las voces de las mujeres, tan censuradas.

En *El empoderamiento de la mujer a través de los chakras*, Lisa da voz a lo que las mujeres han sabido siempre y también a lo que deben escuchar. Da voz a la singularidad de la experiencia femenina y a la superioridad de nuestra anatomía sutil. Da voz a nuestro derecho a sanar y a la necesidad de hacerlo.

Ya es hora.

Es hora de que todas las mujeres de todas partes entonen su propia canción; que florezcan donde estén; que dancen sin control; que creen de forma sublime; que reciban con gozo; que griten con ganas y sean madres devotas. Y es hora de que tú seas consciente del universo que mora en tu interior y alumbres tu propia grandeza.

Cyndi Dale

Introducción

En los últimos años se ha visto un aumento de la conciencia y la actividad relativa al empoderamiento de la mujer en el ámbito social y político; las Marchas de las Mujeres, el #MeToo y una cifra récord de mujeres que se presentan a cargos electivos. Estos cambios externos han traído consigo el ansia por el cambio interno correspondiente y las herramientas para respaldarlo. Este libro es una de esas herramientas. Es una guía de la tecnología energética femenina que hay dentro de ti, una tecnología que siempre has poseído para facilitar tu propio crecimiento y sanación. Considero que aprender a utilizarla es tu derecho natural.

Debido al cada vez mayor número de personas que recurre al yoga, a la meditación y a otras modalidades fisicomentales para alcanzar la curación y el bienestar, los chakras se han hecho más conocidos. En calidad de centros de energía que conectan mente, cuerpo y espíritu, los chakras proporcionan múltiples puntos de acceso y existen numerosos métodos correspondientes para trabajar con ellos. Sin embargo, no se ha prestado excesiva atención a que la mujer puede trabajar con ellos de manera diferente a como lo hace el hombre. Nuestra energía corporal difiere igual que lo hace nuestro cuerpo físico y aprender a trabajar con esas diferencias puede cambiar la vida de la mujer. He diseñado las herramientas de los chakras de este libro en base a estas diferencias…, lo que he dado en llamar «energética de la mujer».

Mi propio interés por la energética de la mujer surgió con el nacimiento de mi primer hijo. En ese momento ya llevaba quince años practicando la meditación de los chakras a diario y había explorado otros aspectos de los chakras a través de mi formación en sanación mediante la energía. Pero con el nacimiento de mi hija, mi energía corporal cambió de forma drástica, así como la relación con mis chakras. Fui en busca de nueva información que me ayudara a entender los cambios y cómo podía trabajar con ellos. Sepultada en libros de texto sobre el tantra, la «sabiduría del útero» y los tratamientos de medicina energética para problemas de salud femeninos, encontré cambios en la ubicación de los chakras y en el flujo de energía basados en el cuerpo energético de la mujer. Comencé a experimentar con ejercicios con los chakras basados en estos cambios y desarrollé mi propio conjunto de herramientas.

Más o menos por esa misma época vi un aumento del número de mujeres que acudían a mí para que les ayudara a recuperarse de los abusos y las agresiones sexuales. Las investigaciones indican que una de cada cinco jóvenes estadounidenses sufre abusos sexuales antes de cumplir los diecisiete y que una de cada seis mujeres adultas son víctimas de agresión sexual. Encontré un porcentaje mucho más alto de ambos entre mi propia clientela, femenina en su mayoría. La correlación me pareció lógica porque las investigaciones han demostrado una y otra vez una elevada correlación entre el abuso sexual, la agresión y los problemas de salud física y mental posteriores. Si bien soy una firme defensora del poder de la psicoterapia y otros métodos de asesoramiento psicológico, así como del tratamiento médico, busqué formas de complementar estas modalidades para mis clientes con el trabajo energético, basado en los principios de la energética de la mujer que estaba explorando.

Con el tiempo elaboré un libro electrónico gratuito titulado *Energy Work for Sexual Trauma*, que han usado miles de mujeres. Elaboré un teleseminario de cuatro sesiones más específico para la curación del trauma sexual en el que han participado muchos cientos de mujeres en la pasada década. También elaboré un curso más general sobre la energética de la mujer para DailyOM, una página web sobre medicina holística y vida consciente, y continué con mi consulta de sesiones privadas y compartí las enseñanzas en mi blog, *Mommy Mystic*.

Este libro es fruto de todo este trabajo, de las miles de mujeres con las que he tenido el honor de trabajar, así como de mi propia experiencia personal. Mientras lo escribía tenía cinco objetivos; cinco principios rectores:

- **Que sea práctico.** Quiero ayudarte a utilizar tus chakras en la vida cotidiana. Este libro es una guía básica, no un libro teórico. Mi objetivo es proporcionarte herramientas energéticas relevantes, tanto si careces de experiencia con los chakras, como si llevas años trabajando con ellos.
- **Ir al grano.** Si algo tenemos las mujeres, es que estamos ocupadas. En este libro he presentado los doce «potenciadores» de un modo práctico, congruente y accesible.
- **Específico para las mujeres.** Las herramientas que aprenderás en este libro están adaptadas de las enseñanzas de la energética de la mujer, basado en el cuerpo energético femenino y en las fases de la vida.
- **Contribuir a la curación de los traumas sexuales.** Dado que muchas mujeres han sufrido traumas sexuales, y que creo que todos estamos en cierta medida impactados por el bagaje cultural que ha permitido que esto prospere, he hecho hincapié en las formas de contribuir a la curación mediante la energía.
- **Basado en el amor.** Quería que este libro se basara en el amor. Amo los chakras; amo a las mujeres con las que he tenido el privilegio de trabajar, y amo la curación, el fortalecimiento y el despertar que he tenido el privilegio de presenciar en ellas.

Este libro es para ti. Espero que te resulte curativo, fortalecedor y revelador.

Los potenciadores de chakras

En este libro aprenderás doce herramientas de los chakras a las que he denominado «potenciadores» porque cada uno está ideado para suscitar un poder diferente dentro de ti. Aprenderás a generar estos poderes mediante un proceso de activación que comprende visualizaciones, afirmaciones verbales y recuerdos. Si bien al principio será conveniente que actives cada potenciador en un espacio privado y tranquilo, con el tiempo podrás hacerlo a través de atajos inmediatos y en situaciones cotidianas cuando sea necesario. A grandes rasgos, he aquí algunos ejemplos del uso que puedes darle a cada potenciador de chakras:

Cuenco raíz: Para aplacar la ansiedad, desarrollar la estabilidad y aumentar la vitalidad.

Loto sacro: Para avivar la creatividad, resolver problemas y sanar lo femenino.

Fuego del ombligo: Fomentar la confianza, la determinación y la concentración.

Estrella del corazón: Para mejorar la conexión con los seres queridos, hallar el equilibrio emocional y relajarse.

Matriz de la garganta: Para comunicarse de manera eficaz, fortalecer la autenticidad y asimilar la crítica.

Tercer ojo: Para aumentar la intuición, la imaginación y la percepción.

Conexión de la corona: Para inspirar la fe, disipar las dudas y abrir la espiritualidad.

Segunda piel: Para afirmar los límites y protegerte de la pérdida de energía.

Red de luz: Para mejorar las relaciones y eliminar viejas dinámicas.

Sendero femenino: Para aceptar el cambio y trabajar con tus ciclos y fases femeninos.

Rayos sanadores: Para ayudar a tu propia curación física y emocional.

Abundancia del arco iris: Para manifestar tu mayor potencial.

En cada caso, una vez hayas aprendido a activar un potenciador, puedes utilizarlo en un momento de necesidad para generar energía con rapidez o como parte de una rutina diaria durante un período de tiempo a fin de facilitar un cambio permanente. Por ejemplo, podrías activar el Cuenco raíz para tranquilizarte antes de una entrevista de trabajo, el Fuego del ombligo para proveerte de energía antes de competir en un evento deportivo o la Estrella del corazón antes de una conversación complicada con tu hijo adolescente. Puedes utilizar los Rayos sanadores para acelerar tu recuperación de un catarro, la Segunda piel para afirmar los límites antes de una reunión familiar numerosa o la Red de luz para olvidar una antigua relación. Las posibilidades son infinitas.

Al activar el potenciador de un chakra puedes controlar la energía y el estado de conciencia que aplicas a una situación. Además, si sientes una debilidad crónica de alguna energía representada por un chakra en particular o si estás en una fase de la vida en la que está debilitada, puedes activar ese potenciador a diario durante un período de tiempo para fortalecerte. Podrías utilizar el Loto sacro cada día durante un mes si eres una escritora que se enfrenta a un bloqueo, la Matriz de la garganta a diario si tratas de mejorar la comunicación con tu cónyuge o la Conexión de la corona con regularidad si te sientes perdida y buscas orientación espiritual. Puedes recurrir al Sendero femenino junto con la Abundancia del arco iris cuando trates de lograr un gran objetivo primordial para los sueños que tienes con respecto a tu vida.

Todos estos potenciadores se personalizan en base al funcionamiento del cuerpo energético de una mujer. En cada capítulo te esbozaré temas clave relativos a la mujer y a los chakras, junto con ideas para que trabajes con un potenciador para ayudarte si tales cuestiones son relevantes para ti. También te enseñaré cómo hacer un mejor uso de cada potenciador para contribuir a la curación de los abusos, la agresión, el acoso o el trauma sexuales. En los últimos capítulos hablaré de cómo puedes emplear algunos de los potenciadores coincidiendo con la menstruación, el embarazo, la menopausia y otros ciclos y transiciones femeninos.

Conocimientos básicos sobre los chakras

Aunque este sea más un libro «práctico» que teórico, para poder empezar has de tener algunas nociones básicas sobre los chakras y el mapa de chakras que estoy usando. En pocas palabras, los chakras son centros de energía. Son intersecciones de corrientes de energía dentro de nosotros. Para acceder a ellos nos centramos en una ubicación física en nuestro cuerpo, pero no es del todo correcto decir que están «en» nuestro cuerpo físico. Los chakras son intersecciones entre nuestra mente, nuestro cuerpo y nuestro espíritu. Puedes definir el espíritu como prefieras, pero una vez empieces a conectar con los chakras, a la larga comenzarás a experimentar este nivel de energía de forma tan palpable como experimentas tus cinco sentidos físicos.

La palabra «chakra» es una palabra que procede del sánscrito y suele traducirse como «rueda» o a veces como «rueda de luz». Aunque los mapas de chakras más conocidos son originarios de la India, muchas otras tradiciones sapienciales de todo el mundo tienen o tenían mapas de centros de energía. Resulta sorprendente que la mayoría de estos sistemas surgieran de forma independiente unos de otros (y que en muchos no se utilice el término «chakra») y que tengan numerosas similitudes.

En este libro utilizo el término «mapa» porque me parece muy útil considerar los sistemas de chakras como mapas de los distintos tipos de energía que componen la vida y la conciencia humana. Un mapa no es un lugar en sí, sino una herramienta para navegar por un lugar; la clase de mapa que necesitas varía según tus objetivos. Si visitas California, puede que necesites un mapa de carreteras, un mapa geológico, un mapa de senderismo o un mapa de acceso a las playas. Todos estos son mapas de California, pero ninguno de ellos es la propia California. Cada mapa proporciona una forma específica para que tu mente comprenda y recorra California en base a lo que vas a hacer allí.

Lo mismo ocurre con los distintos mapas de los cuerpos energéticos, creado con un propósito en particular, que se pueden encontrar alrededor del mundo. Unos surgieron en el seno de las tradiciones meditativas y se crearon para alcanzar la iluminación o lograr una experiencia mística. Otros surgieron en el seno de las tradiciones de sanación mediante la energía en las que lo principal era infundir energía al cuerpo físico con el objetivo de equilibrar, regenerar o acelerar la curación. Pese a todo, otros mapas de energía o de chakras surgieron como parte de tradiciones que trataban de manipular las energías del mundo, lo que podríamos considerar como magia. Todos los mapas son válidos del mismo modo que lo son todos los mapas de California, solo que hay que elegir uno con el que trabajar en base a nuestro objetivo.

Si bien empleo distintos mapas del cuerpo energético en mi propio trabajo, los potenciadores de este libro se basan en un conocido sistema de siete chakras con el que están familiarizados quienes viven en Occidente. No obstante, hay algunas diferencias incluso en este sistema, sobre todo en los puntos focales de los tres chakras inferiores. He seleccionado los lugares que mejor inciden en las necesidades de la mujer y explicaré por qué a medida que avancen los capítulos.

A continuación se muestra una imagen de los principales puntos focales físicos que utilizaremos, junto con algunas palabras clave que representan los tipos de energía vinculadas a cada uno.

Chakra	Punto focal	Energías
1 Raíz	Coxis	Seguridad, estabilidad, vitalidad
2 Sacro	Pelvis	Creatividad, emociones, sensualidad
3 Ombligo	Justo debajo del ombligo	Poder personal, voluntad, el yo
4 Corazón	Centro de la parte superior del pecho	Compasión, equilibrio, amor
5 Garganta	Centro del cuello	Expresión, autenticidad, claridad
6 Tercer Ojo	Sobre el entrecejo	Perspicacia, intuición, imaginación
7 Corona	Parte superior de la zona posterior de la cabeza	Espiritualidad, fe, finalidad

Aprenderás mucho acerca de cada chakra a medida que aprendas los potenciadores, por lo que no vamos a entrar en mucho más detalle; solo debes saber que existen distintas formas de conectar y trabajar con los chakras. En este libro trabajaremos a nivel visual y emocional a través de las palabras, esto último en forma de afirmaciones positivas para evocar las emociones asociadas a cada chakra. También trabajaremos con tu memoria, pues te ayudaré a recurrir a los momentos del pasado en que ya has experimentado las energías y el estado de conciencia que intentamos generar con un potenciador. Si ya estás acostumbrada a trabajar con los chakras mediante métodos como el yoga, la respiración pranayama, el reiki, la curación mediante el sonido, los cristales o cualquier otra modalidad, puedes combinar sin problema todo esto con los pasos de activación de los potenciadores de los chakras. Los potenciadores de los chakras se basan en imágenes y afirmaciones para hacer que sea más fácil acceder a ellos en un momento en el que sea necesario generar una energía en particular de forma inmediata. No obstante, al principio los utilizarás en un ambiente más meditativo y puedes combinarlo con otras modalidades de chakras en ese momento.

Las principales diferencias energéticas entre el cuerpo energético femenino y el masculino se dan en el primer y segundo chakra, cuyos puntos focales se encuentran en la parte inferior y en la zona pélvica del cuerpo; por supuesto, es también la zona donde se dan las principales diferencias físicas entre hombres y mujeres. La principal diferencia es que el cuerpo energético masculino está anclado en los primeros chakras y el femenino lo está en los segundos chakras. Estas diferencias afectan a los flujos de energía que recorren todo nuestro cuerpo sutil y a la manera en que procesamos la energía que nuestro cuerpo sutil recibe del entorno y de las personas que nos rodean. A lo largo del libro hablaremos más sobre cómo se manifiestan estas diferencias.

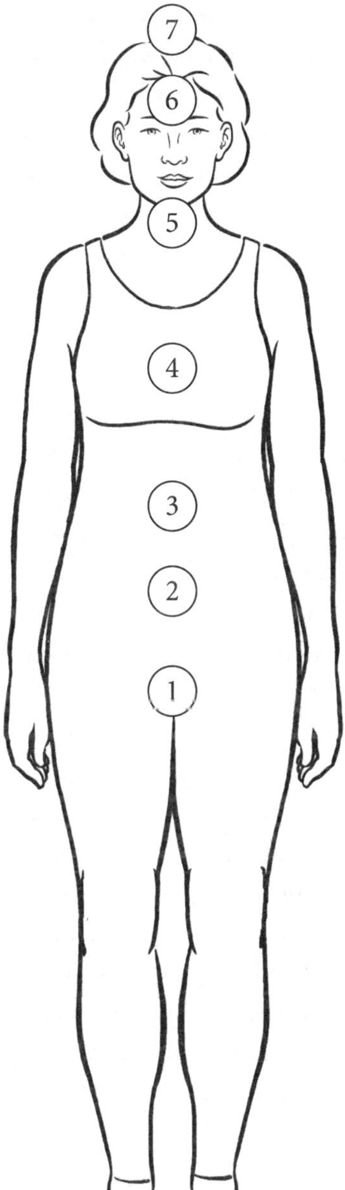
7
6
5
4
3
2
1

Es importante entender estas diferencias de los cuerpos energéticos como parte de un espectro, no como absolutos. Puede que te identifiques con algo de lo que digo sobre el cuerpo energético femenino en tu caso particular y puede que otros aspectos no te digan nada. Hoy en día suele ser impopular hablar de diferencias entre hombres y mujeres, ya que en el pasado se han utilizado para definir a la mujer como el sexo débil y de ese modo discriminarla. Además, ahora entendemos el género como un concepto social, puesto que cada vez más personas se presentan como transgénero, género fluido y género neutro. Lo cierto es que el género siempre ha sido un factor, no un atributo inamovible.

En el contexto de la energía, necesitamos un marco para hablar de la variedad de patrones que existen en nuestros cuerpos energéticos; dado que nuestro cuerpo energético es un intermediario entre nuestro cuerpo físico y nuestro yo psicológico, el género es un factor. A título personal he descubierto en el trabajo con mis clientes que la identidad de género, a diferencia del sexo biológico, es el factor más relevante con respecto a cómo funcionan los chakras. Por lo que si te identificas como mujer, es muy probable que te identifiques con mucho de lo que digo sobre la energética femenina. Si te identificas como hombre, tal vez no tanto.

Sin embargo, esto es algo muy personal y quiero que respetes tu experiencia e intuición en la materia. Te ofrezco estas enseñanzas sobre la energética femenina para corregir el desequilibrio que ha ocurrido en la mayoría de enseñanzas de los chakras a lo largo del tiempo. En su mayoría se han centrado en la experiencia de los hombres con los chakras porque las tradiciones que sobrevivieron, o las enseñanzas que sobrevivieron a las que tenemos acceso, estaban dominadas por el hombre.

Una de las consecuencias de este predominio ha sido la falta de comprensión en cuanto a cómo el abuso sexual, la agresión, el acoso o cualquier trauma sexual afectan de forma específica al cuerpo sutil de la mujer. Nos encontramos en un momento de la Historia en el que, por fin, existe una verdadera voluntad de conseguir un cambio a nivel cultural y eso conlleva una oportunidad para empezar a sanar. Aunque existen numerosas modalidades disponibles para ayudar a las supervivientes de traumas sexuales, he descubierto que trabajar con los chakras tiene mucho que ofrecer. En cada capítulo ofreceré formas de trabajar con el potenciador correspondiente en el contexto de la curación de los traumas sexuales. La finalidad de esos potenciadores es la de complementar, no sustituir, otras formas de curación como la terapia, los grupos de apoyo, la terapia corporal o los tratamientos de salud médicos u holísticos.

Por supuesto que hay también muchos hombres víctimas de abusos y agresiones sexuales. Aunque los potenciadores de este libro están pensados para la mujer en base a nuestro cuerpo sutil, para mí, el mayor proceso de curación realmente es sobre y para todos nosotros. Si algo ha quedado de manifiesto al trabajar con los chakras es que todos estamos conectados a nivel energético. Cuando uno se involucra en este trabajo, en realidad nos beneficia a todos. Eso genera una repercusión en la red de energía de la que todos formamos parte. El fortalecimiento de la mujer puede suponer la liberación del hombre de las restricciones culturales e históricas impuestas a sus propias psiques y experiencias. Por lo tanto, mi ofrecimiento de estos potenciadores es para nuestros hermanos, padres e hijos tanto como para nosotras y nuestras hermanas, madres e hijas.

Cómo utilizar este libro

Cada capítulo comienza con la imagen del potenciador tal y como la imaginarás en tu propio cuerpo. Estas imágenes están disponibles a todo color en el inserto del libro y se muestran en la figura genérica de una mujer sentada con las piernas cruzadas, pero tú puedes estar de pie o sentarte en una silla si lo prefieres. Una vez te familiarices con la activación de un potenciador, puedes hacerlo en circunstancias más inmediatas (en un coche estacionado, en un baño, en tu mesa de trabajo o incluso en una habitación llena de gente) accediendo a lo que se llama «memoria instantánea». Los pasos de activación completa te ayudarán a desarrollar esta habilidad.

Debajo de la imagen del potenciador al inicio de cada capítulo encontrarás información básica sobre qué chakra o chakras utiliza el potenciador, qué energías generará dentro de ti y en qué clase de situaciones, o qué emociones podría ayudarte a abordar este potenciador en tu día a día o en tu vida.

Después de la imagen y la información del potenciador encontrarás las mismas secciones en cada capítulo:

- ***Resumen:*** Una introducción general de este potenciador, el o los chakras en los que se basa, las energías que fortaleces cuando lo activas y cómo puedes utilizarlo.
- ***Cuándo has sentido esto antes:*** Ejemplos de situaciones y actividades en las que puedes haber experimentado la energía de este potenciador. Puedes utilizar estos recuerdos para que te ayuden en el proceso de activación.
- ***Pasos para la activación:*** Una guía detallada para activar el potenciador. Además hay archivos de audio en mp3 que te guiarán, paso a paso, por cada potenciador y que puedes descargarte en la página web del libro.
- ***Cuando estás bloqueado:*** Ejemplos de cómo puede reflejarse en tu vida el bloqueo de este u otros chakras.
- ***Utilizar el potenciador:*** Ejemplos de situaciones cotidianas en las que podría convenirte activar un potenciador y las fases de tu vida en las que te convendría activarlo de forma regular para provocar cambios.
- ***Energética femenina:*** Formas en que el potenciador trabaja con el cuerpo energético de la mujer, así como principios relevantes de la energética femenina. En esta sección se abordan también los bloqueos de los chakras asociados al potenciador en cuestión que la mujer es especialmente proclive a experimentar.
- ***Curación de traumas sexuales:*** Las formas en que los chakras asociados al potenciador en cuestión se pueden bloquear o pue-

den sufrir debido al abuso, a la agresión o a los traumas sexuales y cómo puedes utilizar el potenciador para que te ayude en su proceso de sanación si es relevante para ti. Te animo a que leas esta sección aun cuando no creas haber sufrido ningún trauma sexual, aunque solo sea por el condicionamiento cultural que todos hemos vivido y por cómo puede ayudarte a librarte de este condicionamiento el trabajo con los potenciadores.

Además de estas secciones dentro de cada capítulo de los potenciadores, también encontrarás historias de dos mujeres presentadas como casos de estudio para que te ayuden a comprender cómo te puedes beneficiar del uso del potenciador. Estas historias son extractos de las vidas de mujeres reales con las que he trabajado, modificando todos los detalles identificativos y combinando múltiples historias en algunos casos en aras de aportar mayor claridad. He incluido a mujeres en diferentes fases de sus vidas, incluyendo a aquellas afectadas por traumas sexuales.

Es muy importante que actúes según lo que creas conveniente para ti mientras trabajas con cada potenciador, sobre todo si has vivido cualquier tipo de experiencia traumática en tu vida. He diseñado estos potenciadores para que sean sensibles al trauma y no dudes en modificarlos más si lo consideras necesario. Si cualquier parte del proceso de activación te resulta incómodo o es para ti un desencadenante, como por ejemplo cerrar los ojos o pronunciar las afirmaciones positivas en voz alta, adáptalo a lo que a ti te funcione. La visualización entraña un cierto desafío para todos, así que tómate tu tiempo y piensa que no es necesaria una visualización perfecta para conectar con los potenciadores. Los potenciadores tratan sobre todo de «sentir»; la visualización, las afirmaciones y los recuerdos son ayudas para cultivar eso. Cada uno conecta con un aspecto diferente del proceso de activación.

Además, no dudes en relacionarte con los chakras dentro de cualquier marco espiritual o psicológico que te funcione. Algunas personas no conectan con los chakras como energía, sino como arquetipos de aspectos de nuestra psique. Puedes relacionarte con los potenciadores de esta forma y serán igual de efectivos. En lo que respecta al ámbito religioso, considero que los chakras están más allá de cualquier tradición particular, como una tecnología disponible para todos. Por lo tanto, en este libro procuro no proyectar ningún contexto religioso ni espiritual sobre los potenciadores. Como es natural, tú puedes incorporarlo y en ciertos puntos te sugeriré cómo hacerlo.

Resulta muy útil aprender los potenciadores en orden y trabajar con cada uno de ellos durante un período de tiempo antes de pasar al siguiente. Los siete primeros potenciadores se centran en un chakra cada uno y proporcionan una base para los últimos potenciadores. Te aconsejo que aprendas y utilices un potenciador a la semana a lo largo de doce semanas. Sin embargo, si lees el libro entero y crees que hay uno o dos potenciadores en los que deseas centrarte, no pasa nada. Cada uno está diseñado para que se activen de manera independiente.

Por supuesto, es importante recordar que ninguno de estos potenciadores sustituye la atención médica, la terapia de salud mental ni la orientación espiritual profesional. Estos potenciadores están pensados para que actúen como complementos de todos esos recursos. Ruego que te asegures de contar con todo el apoyo que necesitas, sobre todo si trabajas con estos potenciadores para ayudar a curar traumas sexuales. Sin embargo, se trata del fortalecimiento personal y tienes más recursos dentro de ti de lo que sin duda imaginas. Aplicar los potenciadores de los chakras forma parte de lo que te ayudará a conectar con estos recursos internos.

Consejo final

¡Lánzate! Este libro trata de la experiencia directa, un método de inmersión para aprender a trabajar con tus chakras. En esta introducción te he ofrecido información que puede serte de utilidad, pero no olvides que la llave de todos estos potenciadores ya está en ti. Posees un profundo conocimiento de cómo utilizarlos. Yo solo trato de ofrecerte los activadores y la orientación que necesitas para generar esa curación. Experimenta y confía en ti misma.

1

El Cuenco raíz: Tus cimientos

Chakras relacionados: Tu raíz, o primer chakra.

Energías: Estabilización, seguridad, apoyo, presencia, vitalidad, equilibrio, resistencia.

Uso: Ansiedad, inestabilidad, agobio, falta de concentración, disociación, sensación de falta de apoyo, fatiga.

Al igual que los cimientos de una casa, el chakra raíz es tu cimiento energético. Su función más importante es la de favorecer tu capacidad de sentirte seguro en tu cuerpo. Cuando no nos sentimos seguros, nuestro miedo lo define todo y no podemos hacer mucho más aparte de reaccionar. Por lo general, pensamos en esto en relación al peligro físico; si un tigre está a punto de atacarnos, nuestro cuerpo y nuestra psique reaccionarán de tres formas posibles: lucharán, huirán o se paralizarán. Pero tenemos estas reacciones en nuestra vida cotidiana, aunque no haya ninguna amenaza mortal. En consecuencia, puede limitar nuestra capacidad de responder de forma eficaz y productiva ante una situación.

Por ejemplo, pongamos que un compañero de trabajo critica algo que haces delante de tu supervisor y sientes que está intentando desautorizarte. Te sientes amenazado, surgen sentimientos de ansiedad. Cuando vuelves a ver a este compañero estos sentimientos afloran y puede que te enfurezcas y te muestres combativo (lucha), que no sepas qué decir y seas incapaz de responder (parálisis) o que optes por escabullirte del encuentro lo antes posible (huir). Ninguna de estas reacciones te ayuda a responder de la forma más eficaz: lidiar con tu compañero de trabajo de un modo maduro y estratégico.

Sentirse seguro es el pilar de nuestra capacidad de responder de manera eficaz en cualquier situación. Sentirse seguro permite «elegir». Nos permite responder desde el conocimiento de uno mismo, de forma que podemos elegir nuestra respuesta. Creer en nuestra capacidad de elegir una respuesta eficaz sirve, a su vez, de base a la resistencia, la confianza en nosotros mismos para enfrentarnos a cualquier cosa que surja. Cuando creemos en nuestra resistencia, somos capaces de enfrentarnos al mundo sin temor. Confiamos en que somos capaces de manejar todo lo que se nos presente.

Esta confianza en uno mismo, esta creencia en nuestra capacidad de recuperación, no solo dota de unos cimientos fuertes a nuestra psique y a nuestra salud mental, sino también a nuestro cuerpo y a nuestra salud física. Ahora sabemos que el estrés y la ansiedad crónicos tienen un alto coste. Nuestro cuerpo reacciona al estrés elevando los niveles de ciertas hormonas que contribuyen a la capacidad que nuestro cuerpo tiene de reaccionar con rapidez y contundencia en casos de peligro real, pero un alto nivel persistente de estas hormonas está vinculado a numerosos problemas de salud. Nuestra capacidad de reaccionar con calma a situaciones difíciles de la vida, basada en la confianza en nosotros mismos y en nuestra resistencia, puede ayudar a evitar que nuestro cuerpo desencadene la respuesta al estrés vinculada a estas situaciones. Si has vivido algún trauma en tu vida, puede que te resulte especialmente difícil acceder a estos sentimientos de seguridad, confianza en uno mismo y resistencia, aumentando el riesgo de padecer problemas originados por el estrés.

El propósito del potenciador del Cuenco raíz es ayudarte a conectar con estos sentimientos en cualquier momento; si decides trabajar con él a largo plazo, te ayudará a fortalecer tus cimientos energéticos y psicológicos en general. Cuando estos cimientos son fuertes, tenemos más acceso a otras energías asociadas a nuestro chakra raíz, incluyendo el papel que juega en nuestra capacidad de expresar objetivos. Nuestro chakra raíz está vinculado a nuestra capacidad de hacer que las cosas se hagan realidad, de hacer que las cosas sucedan en nuestra vida. Empezamos con una idea, con algo en nuestra la cabeza, y para hacerla real y manifestarla, hemos de llevarla a la práctica; tenemos que fundamentarla. Las energías de nuestro primer chakra son las que nos permiten dotar a algo de cimientos de esta manera.

El Cuenco raíz es un potenciador esencial: ayudará a generar la energía de seguridad necesaria para potenciar tu sensación de resistencia y tu capacidad de elección, permitir que tu cuerpo conserve la calma y la salud cuando surjan desafíos e impulsar tu capacidad para convertir tus sueños y metas en una realidad palpable.

Lauren tenía veintisiete años y era muy espiritual, pero había pasado por una serie de trabajos sin futuro y no había sido capaz de alcanzar la seguridad económica. No le costaba que la contrataran y en cada trabajo empezaba bien, pero con el tiempo acababa surgiendo algún conflicto personal con otro compañero o con su jefe y su rendimiento comenzaba a resentirse. Empezaba a llegar tarde o a marcharse temprano, su actitud y sus relaciones laborales se deterioraban y al final la despedían o se marchaba antes de que pudieran hacerlo.

Al trabajar con Lauren nos centramos en sus sentimientos cuando surgían conflictos con los compañeros. Hasta un pequeño y desagradable encuentro le generaba ansiedad y pasaba horas dándole vueltas a lo que debería haber dicho o a lo injusta que era la situación. Aunque también evitaba los conflictos en su vida personal, esto se agudizaba más aún en el trabajo.

Comenzó haciendo el Cuenco raíz durante diez minutos al día, concentrándose en cultivar los sentimientos de seguridad y fortaleza. Después empezó a trabajar con el Cuenco raíz durante un par de minutos en el baño después de cualquier incidente en el trabajo que le provocara sentimientos de ansiedad o ira. Con el tiempo comenzó a recurrir al Cuenco raíz en medio de incidentes en los que se sentía angustiada o a la defensiva. Trabajó para cultivar la capacidad de mantener la calma y elegir su respuesta. En las situaciones en las que eso no salía bien, activaba el Cuenco raíz y volvía después a hablar con la persona para intentar arreglar las cosas.

Lauren comenzó a confiar en su capacidad para sobrellevar la negatividad y contrarrestar o cambiar las interacciones. También comenzó una terapia para explorar cómo se habían desarrollado estos patrones. A medida que su fortaleza y su conocimiento personal aumentaban, Lauren fue capaz de relajarse en situaciones de enfrentamiento y de olvidarse de ello después o encararlas de manera eficaz. Por primera vez pudo mantener un empleo el tiempo suficiente para que la ascendieran y ver un camino hacia la estabilidad económica.

A muchas mujeres les cuesta lidiar con el enfrentamiento o la negatividad debido al predominante condicionamiento de «buena chica» que se les ha impuesto. Esto se puede magnificar si has sufrido algún caso de abusos, ya que buscas la seguridad apaciguando a los que te rodean. Si eres una persona sensible a nivel energético, puede que además te resulte difícil olvidar las energías y emociones negativas que se generan en tales encuentros. Es posible que pases directamente a la ira como medida de protección, que te limites a retirarte de la situación o que osciles entre lo uno y lo otro, como en el caso de Lauren.

Trabajar con el Cuenco raíz puede ser una poderosa forma de generar las energías de seguridad, resistencia y confianza en uno mismo que necesitas para cambiar este patrón. Otros potenciadores de este libro, tales como la Segunda piel y el Fuego del ombligo, también pueden ser de ayuda. A medida que avancemos en este libro abordaremos cómo algunos de estos potenciadores pueden trabajar juntos.

Cuándo has sentido esto con anterioridad

Una parte clave de la activación de cada potenciador de chakras es aprender a utilizar el poder de la memoria para recordar las veces en que ya has sentido los estados correspondientes con anterioridad. A fin de cuentas, tus chakras han estado activos en cada momento de tu vida; ¡no han estado esperando a que te fijaras en ellos! Puedes utilizar el poder de los recuerdos para sintonizar con sentimientos que ya has experimentado en el pasado y utilizarlos para activar un potenciador con mayor rapidez.

Por ejemplo, ¿hay alguna persona cuya presencia haga que te sientas seguro y en la que confíes por completo? ¿Alguien con quien no sientas que tienes que fingir ser quien no eres? Con esa persona sientes que puedes ser tú misma y que te apoyará pase lo que pase. Si tienes a alguien así en tu vida, es un buen ejemplo de la clase de relajación, confort y sensación de seguridad que genera el Cuenco raíz; también puedes recurrir a recuerdos en los que estés con esa persona durante el proceso de activación.

Cualquier recuerdo que tengas en el que te hayas sentido especialmente fuerte y presente en tu cuerpo es otra opción relevante para el Cuenco raíz. Si eres deportista, una persona que hace mucho deporte o bailarín (cuenta incluso si bailas tú solo en tu sala de estar, algo que recomiendo mucho) y te sientes muy presente en tu cuerpo o muy «concentrado» durante estas actividades, es algo en lo que también puedes inspirarte. Son momentos en los que tienes una confianza absoluta en tu cuerpo, momentos en los que experimentas de forma espontánea el carácter físico de sentirte «segura». En estos momentos tu cuerpo está libre de ansiedad.

Esta relación con el aspecto físico y la sensación de presencia absoluta también se da con frecuencia en la naturaleza. Una forma muy común de trabajar con los chakras es a través de los elementos y el chakra raíz está vinculado a la tierra. Es muy probable que dedicar tiempo a pasear en la naturaleza, sobre todo en entornos de tierra fértil y gran profusión de árboles sanos u otra vida vegetal genera poderosas energías del chakra raíz. Además, debido al vínculo con el cuerpo y el ejercicio, es muy probable que las actividades rigurosas al aire libre basadas en la tierra, tales como el alpinismo y el barranquismo, te conecten con estas energías. Combinan un enfoque físico unidireccional con la conexión con el elemento tierra, activando conjuntamente los sentimientos asociados a tu chakra raíz.

El concepto de «estabilización» está estrechamente relacionado con la conexión con la tierra del chakra raíz. La estabilización de nuestro cuerpo energético es muy similar a la estabilización de una corriente eléctrica; significa que nuestra energía está conectada y anclada a una fuerza estabilizadora. Cuando estamos estabilizados, nos sentimos plenamente conscientes y en sintonía con nuestro cuerpo; nuestra mente no da vueltas sin control. No pensamos en el pasado ni en el futuro. Estamos justo en el momento presente con todo lo que nos ofrece, sin importar que consideremos que el momento en cuestión es maravilloso o terrible. Si puedes identificarte con los momentos de tu vida en los que te has sentido muy estabilizado y presente, entonces se trata de un poderoso recuerdo que puedes utilizar cuando intentes activar tu Cuenco raíz.

No pasa nada si no se te ocurre ningún ejemplo al respecto. Los recuerdos son una ayuda útil, pero ninguno expresa en su totalidad el poder del Cuenco raíz cuando está activado por completo. Si eres capaz de aflorar uno o dos de estos recuerdos, tal vez convenga que los anotes para usarlos cuando trabajes con los pasos de activación en la siguiente sección. Si no te viene ninguno a la cabeza, tal vez indique que te resultaría provechoso trabajar con el Cuenco raíz con mayor regularidad durante un tiempo, lo cual trataremos en una sección posterior.

Pasos para la activación

Dado que se trata de nuestro primer proceso de activación, he aquí algunos consejos sobre cómo prepararte mejor (esto se aplica a todos los potenciadores):

- Siéntate en un lugar tranquilo y privado.
- Siéntate con la espalda lo más erguida posible en una silla o sobre un cojín en el suelo. Puedes utilizar cojines para apoyar la espalda.
- Si utilizas recuerdos de la sección *Cuándo has sentido esto con anterioridad*, recuerda cuáles son; puedes anotarlos y tenerlos a mano si lo prefieres.
- Si utilizas el archivo de audio guiado de la página web del libro para orientarte, ponlo en la lista de reproducción.
- Mira la imagen del Cuenco raíz del inserto del libro hasta que te familiarices con ella y lee estas instrucciones hasta el final antes de empezar.
- A la mayoría le parece que cerrar los ojos es la forma más efectiva de realizar la visualización, pero si no te sientes cómoda con los ojos cerrados, no dudes en mantenerlos entreabiertos, dejando descansar tu mirada en un punto del suelo frente a ti, sin enfocar. La visualización tiene lugar en tu Tercer ojo, de modo que esto no impedirá que lo consigas.

- Recuerda que has de ser paciente y no mostrarte crítica contigo misma. Puede que te lleve algo de tiempo sentir o imaginar de verdad que el Cuenco raíz se está activando. Con la práctica mejorarás y serás más rápida y al final solo necesitarás visualizar un segundo o pronunciar una afirmación para sentir que está completamente activado.
- Respeta tus sentimientos. Si te sientes provocada, ansiosa o incómoda, tómate un descanso, modifica el proceso o vuélvelo a intentar otro día. No dudes en adaptar el proceso de activación y utilizar los aspectos que te resulten más eficaces. Este es tu proceso, así que confía en lo que tu intuición te dice que es adecuado para ti.

Cuando te hayas preparado, puedes empezar con los pasos de activación.

Paso 1: Imagina una preciosa luz roja en las entrañas de la tierra, bajo los cimientos del edificio en el que te encuentras, por muy abajo que esté, aunque sea un edificio alto. Baja a la tierra e imagina una potente y vibrante luz roja.

Paso 2: Imagina que esta vibrante luz roja brota de la tierra como una luminosa columna roja, ascendiendo con suavidad por tu coxis en la base de tu columna. Puedes colocar una mano en el coxis e imaginar una bola de luz roja que cobra intensidad ahí al hacerlo.

Paso 3: Luego, otra vez justo debajo de ti, en la tierra, imagina que la columna de luz roja que surge de las entrañas de la tierra se ramifica y forma un cuenco a tu alrededor. Imagínate sentada en un precioso cuenco hecho de radiante luz roja. Este cuenco te envuelve en una sensación de apoyo y protección.

Paso 4: Cuando sientas que estás preparada para continuar, imagina que la luz de tu coxis asciende ahora por todo tu cuerpo, por el centro de tu torso, vigorizando y difundiendo energía a su paso. Asciende por tu vientre, tu pecho, tu cuello, tu garganta, la parte superior de tu cabeza.

Paso 5: Contempla toda la imagen y retenla: una luz roja surge de la tierra; una parte asciende hasta tu coxis y de ahí sube por el centro de tu cuerpo hasta la parte superior de tu cabeza. Una parte de esta luz emana de ti y crea a tu alrededor un cuenco en el que estás sentada. Dentro de este cuenco te sientes a salvo, segura, protegida y apoyada.

Paso 6: Si trabajas con recuerdos, tráelos ahora a tu mente. Recorre cada uno, reteniéndolos en tu cabeza hasta que los sentimientos asociados surjan dentro de ti. Después céntrate de nuevo en la imagen.

Paso 7: Pronuncia cada una de las afirmaciones asociadas a este potenciador de una a tres veces, tratando de sentir lo que dices:

Estoy a salvo.
Cuento con apoyo.
Tengo energía.
Estoy estabilizada.
Soy fuerte.
Amo mi cuerpo.

Paso 8: Afirma la imagen una vez más y fíjate en cómo te sientes. Imagina que estás tomando una instantánea en tu mente de ti con el Cuenco raíz activado, comenzando a crear el atajo para activar estos sentimientos más rápidamente en el futuro. Esta es tu memoria instantánea.

Tal y como sucede con todos los potenciadores, la activación se produce al combinar la formación paso a paso de la imagen y la generación de los sentimientos asociados mediante los recuerdos y las afirmaciones. Trata con ahínco de cultivar esta sensación de que la tierra se alza para sostenerte, que crea el cuenco en el que te sientas y en el que estás protegida, apoyada, segura y a salvo. Conecta además con la vigorizante y vibrante energía vital que asciende de la tierra hasta tu coxis y que infunde energía a todo tu cuerpo, como si fuera a través de las raíces de un árbol. Esta energía sube por tu cuerpo igual que los nutrientes y el agua suben de la tierra a un árbol a través de las raíces.

Como es natural, al principio todo esto puede parecer mucho trabajo y quizá te cueste imaginar que puedas llegar a activar un potenciador en el momento en que lo necesites durante el día. Pero con el tiempo crearás tu propio atajo; esa instantánea que tomes en el paso final se traducirá en tu capacidad para cambiar y generar esas energías con una simple visualización o afirmación siempre que lo necesites.

Cuándo estás bloqueada

Una de las principales formas en que puede manifestarse en ti un chakra raíz bloqueado o debilitado es la sensación de falta de concentración o desconexión de lo que sucede a tu alrededor. Un chakra raíz potenciado crea una sensación de plena presencia; cuando es débil sentimos lo contrario. Puedes sentir que no eres capaz de concentrarte, que tu mente salta de un pensamiento a otro de forma aleatoria. O tal vez te sientes distraído o desconectado, dedicas el tiempo a mirar al vacío o a soñar despierto sin parar para evadirte del presente. Entre las formas más severas de evasión se puede incluir ver la televisión en exceso, jugar a videojuegos o, en los casos más graves, el abuso de sustancias.

Existe una serie de formas en las que podemos desconectar, pero todas tienen que ver con no estar presentes en nuestro cuerpo y buscar escapar del momento presente. Por supuesto que todos necesitamos divertirnos a veces y hay espacio para la evasión y la diversión en nuestras vidas. Solo es señal de un chakra bloqueado o débil cuando estas distracciones son crónicas, alcanzando el nivel de adicción o impidiéndonos lograr nuestros objetivos o que participemos en nuestras vidas de manera activa.

La otra forma principal en que puede manifestarse un chakra bloqueado o débil es la ansiedad constante. La ansiedad se relaciona con diversos chakras (volveremos a tratar este tema en otros capítulos), pero en el caso particular del chakra raíz puede manifestarse como una ansiedad crónica por culpa de la cual nunca nos sentimos seguros ni relajados. En concreto puede manifestarse como ansiedad física, que afecta a tu salud y a tu capacidad para conectar con tu cuerpo físico mediante el ejercicio y el cuidado personal.

Un tercer posible indicio de la existencia de problemas con tu chakra raíz es que tengas dificultad crónica para hacer que ocurran cosas en tu vida, sobre todo en ámbitos materiales como el trabajo, el dinero y un hogar seguro. Está claro que este tipo de temas (la salud o el dinero, por ejemplo) son complicados y no pueden reducirse a un único bloqueo en tu cuerpo energético. Resolverlos puede requerir trabajar en varios frentes. Trabajar con el Cuenco raíz ayudará sin duda y puede formar parte de la solución.

Todos podemos experimentar a veces falta de concentración, ansiedad o dificultad para lograr metas materiales y esto no significa que nuestro chakra raíz sea débil o esté bloqueado. En situaciones en las que experimentes cualquiera de estas cosas, trabajar con el Cuenco raíz en el momento te ayudará a abrirte paso hasta un lugar más productivo y lleno de energía. Sin embargo, si sientes que alguna o todas estas sensaciones son un problema crónico para ti, puedes considerar la posibilidad de trabajar con el Cuenco raíz como parte de un proceso de desarrollo personal más a largo plazo. La siguiente sección proporciona ideas de cómo puedes trabajar con el Cuenco raíz en cualquiera de los dos casos.

Utilizar el Cuenco raíz

Una forma de ver el uso del potenciador de chakras en tu día a día es la medicinal: ¿qué energía necesitas o a qué campo de conciencia quieres cambiar para abordar un sentimiento problemático o inhibidor que estás experimentando en el momento? Es posible que cuando tienes dolor de cabeza te tomes una aspirina y cuando tienes ardor de estómago, un antiácido. O quizá prefieras un enfoque holístico y vaporices aceite esencial de lavanda o bebas té de menta. Puedes utilizar los potenciadores de chakras en tu día a día de la misma manera, para generar una energía o conciencia contraria a la que está causando tu malestar.

A estas alturas ya entiendes el tipo de energías que el Cuenco raíz está destinado a generar y abordar. Teniendo esto en cuenta, he aquí algunos ejemplos de situaciones en las que tal vez quieras activarlo de inmediato en tu día a día:

- Según nuestro ejemplo en la primera sección, te enteras de que un compañero de trabajo ha criticado tu labor frente a un supervisor y te sientes amenazada, ansiosa o enfadada. Dedica unos minutos a activar el Cuenco raíz y después vuelve a pensar en la situación, planteándote cómo puedes responder mejor. Activa de nuevo el Cuenco raíz justo antes de la próxima vez que sepas que vas a ver a esa persona.
- Estás a punto de llamar a un cliente, a un pariente o incluso a un amigo que sabes que suele molestarte o estresarte. Activa el Cuenco raíz antes de llamar.
- Activa el Cuenco raíz siempre que tengas nervios previos a una presentación, una entrevista de trabajo, una actuación, una intervención médica, una conversación complicada u otro acontecimiento que te genere ansiedad.
- Después de conducir entre el estresante tráfico, un accidente cercano, una discusión o un enfrentamiento, utiliza el Cuenco raíz para restablecer la sensación de seguridad y pasar al siguiente acontecimiento de tu día.
- Si te sientes agobiada, frenética o te falla la concentración, activa el Cuenco raíz para sosegarte.
- Si te sientes desconectada o con ansias de escapar en un momento en que necesitas concentrarte, utiliza el Cuenco raíz para restablecer la conexión con el presente.

Puede que a medida que te sientas más cómoda con los potenciadores descubras que deseas combinarlos, activando primero uno y luego otro. Por ejemplo, si te diriges a una gran presentación o a una entrevista de trabajo tal vez quieras activar el Cuenco raíz para serenarte, seguido del Fuego del ombligo para sacar tu poder personal y concentrarte. O si te enfrentas a una conversación difícil con tu rebelde hijo adolescente, te conviene activar el Cuenco raíz para calmar los nervios, seguido de la Estrella del corazón para centrarte en tu amor y compasión maternal por él. No te compliques al principio, pero con el tiempo confía en lo que te dicte tu intuición sobre la mejor manera de combinar los potenciadores para generar lo que necesitas dentro de ti.

Si sientes que a lo largo de tu vida te ha sido difícil acceder a las funciones del chakra raíz, puedes trabajar con el Cuenco raíz de forma regular durante un período de tiempo para ayudarte a sanar y a desbloquear estas energías. Te recomiendo que actives un potenciador al menos diez minutos al día durante treinta días cuando quieras centrarte en esto. Sin embargo, puedes adaptarlo para establecer un objetivo que sea realista para ti, tal vez cinco minutos tres veces por semana durante dos meses. Si trabajas con un potenciador a la semana a medida que sigues este libro, te recomiendo que termines primero con eso y después decidas a qué potenciadores, si es que hay alguno, te gustaría dedicarle más tiempo.

Cuando se trabaja con un potenciador a largo plazo, a menudo surgen percepciones referentes a por qué te resulta difícil acceder a la energía de este chakra. Puede que quieras combinar este trabajo con llevar un diario, terapia, orientación personal o modalidades de curación que apoyen el cambio de hábitos y tendencias en las que estás trabajando. Pero el trabajo con los chakras también tiene su propio poder y los cambios suelen darse sin ningún análisis ni proceso mental. Esto no significa que el trabajo no se beneficie del análisis, ya que sí lo hace, y creo que el trabajo con los chakras y la terapia conversacional es una combinación particularmente poderosa. Pero para muchas personas, los potenciadores de este libro son un modo suave, aunque eficaz, de aumentar las energías en la conciencia por sí mismas.

Tal vez hayas leído algo acerca de limpiar, equilibrar o abrir tus chakras. Todas son formas distintas de trabajar con tu cuerpo energético; algunas se centran más en la conexión entre los chakras y el cuerpo físico, en tanto que otras se centran en los aspectos psicológicos o espirituales. Es importante entender que cualquier limpieza, equilibrio o apertura no es necesariamente a todos los niveles ni es permanente. Dicho trabajo es a menudo como darse un baño; tus chakras se pueden limpiar en el nivel físico-aúrico o abrir en el plano psicológico o espiritual durante un período de tiempo, pero si te ves forzado a una situación en la que se desencadenan patrones obstructivos subyacentes (en el caso del chakra raíz, si surge ansiedad extrema, evasión, fatiga o una enfermedad), el chakra puede contraerse o puede surgir un nuevo bloqueo. Es ahí donde los potenciadores resultan valiosos, pues están destinados a fortalecerte para que trabajes con tus chakras por tu cuenta cuando te sea necesario a lo largo de tu vida.

He aquí algunos ejemplos de cuándo y por qué debes trabajar con el Cuenco raíz de manera regular durante un período prolongado:

- Si estás en rehabilitación o sigues otro programa de tratamiento contra el abuso de sustancias, trabajar con el Cuenco raíz te proporcionará un apoyo adicional de relajación y estabilización.
- Si crees que te evades demasiado viendo la televisión, jugando a videojuegos, navegando por internet o con cualquier otro medio de comunicación y te gustaría aumentar tu capacidad de estar presente en tu cuerpo en el momento.
- Si luchas contra la ansiedad constante o estás atravesando un período de especial agitación en tu vida. Claro que el Cuenco raíz no puede reemplazar la terapia de salud mental profesional ni la medicación necesaria, pero sí complementar estos medios si son necesarios.
- Si estás en tratamiento médico por una enfermedad o sientes fatiga crónica.

- Si te estás embarcando en un nuevo régimen de ejercicio o un programa de pérdida de peso, el Cuenco raíz puede ayudarte a fortalecer tu relación con tu cuerpo físico.

Una vez más, estos son solo algunos ejemplos, y como sucede con los ejemplos de uso cotidiano, puedes optar por combinar el trabajo a largo plazo con el trabajo con otros potenciadores al mismo tiempo. En los siguientes capítulos te ofrezco más ejemplos.

Energética de la mujer: La conexión con el cuerpo

El cuerpo energético del hombre está anclado en el chakra raíz, en tanto que el nuestro lo está en el segundo chakra, también llamado «sacro». Una de las consecuencias es que las energías y los aspectos psicológicos del chakra raíz suelen ser más esenciales para que el hombre alcance su poder e identidad personal en el mundo, mientras que para la mujer son más primordiales las energías y los objetivos del chakra sacro. Nuestro poder a nivel del cuerpo sutil se entrelaza con las energías del chakra sacro; trabajar para potenciar este chakra será para nosotras más provechoso que hacerlo con cualquier otro. Por esta razón ahondaremos más en los principios fundamentales de la energética de la mujer y en el cuerpo sutil femenino en el próximo capítulo.

Sin embargo, nuestro cuerpo sutil es un sistema equilibrado y se ha de trabajar con los chakras de manera integral. La salud y la potenciación de cada uno de ellos son necesarias para nuestra salud y nuestro fortalecimiento en su conjunto, por lo que es fundamental que las mujeres trabajemos para fortalecer nuestro chakra raíz, más aún porque con demasiada frecuencia se nos ha impedido histórica y culturalmente asumir en su totalidad los poderes de este chakra como propios.

Hasta cierto punto, el chakra raíz representa lo físico y el segundo chakra representa lo emocional. Desde una perspectiva histórica, se ha dado por sentado que el ámbito físico es dominio del hombre y el emocional lo es de la mujer. Esto se ha visto reflejado en estructuras de poder cimentadas originariamente en el dominio físico del hombre, perpetuadas a largo plazo mediante el sexismo cultural e institucionalizado, y ha sido perjudicial para todos. Se ha menospreciado, e incluso demonizado, el equilibrio y el bienestar emocional, así como las energías sexuales y procreadoras de la mujer. Se ha privado al hombre de la saludable expresión de sus energías sacras y a la mujer del sano fortalecimiento de las energías de su chakra raíz.

Por fortuna, en este momento de la Historia estos patrones están cambiando (aunque a veces con un gran esfuerzo) y todos formamos parte de ello. Es de vital importancia que las mujeres de hoy día nos centremos en curar y potenciar nuestro chakra raíz, y los grandes cambios energéticos que se producen lo respaldan. Creo que el aspecto primordial de esta tarea tiene que ver con sanar nuestra relación con nuestro cuerpo. Recibimos muchos mensajes negativos relacionados con nuestro cuerpo: que no somos tan fuertes como los niños o los hombres y que es un problema; que la menstruación, una particularidad de habitar el cuerpo de una mujer, es una molestia en el mejor de los casos, y una maldición en el peor; y, lo que es aún más grave, que nuestra valía radica en gran medida en el «aspecto» de nuestro cuerpo. A pesar de que tanto hombres como mujeres están sujetos a estándares relativos al aspecto físico, es algo más acusado en el caso de la mujer.

En resumen, a menudo estamos condicionados a creer que nuestro cuerpo es un problema. O no es lo bastante fuerte, lo bastante delgado o lo bastante bonito, o nos incomoda o es un lastre. Se nos lleva a creer que nuestro cuerpo es un problema que tenemos que solucionar o algo que hay que cambiar. Esta idea crea una ruptura en las energías de nuestro chakra raíz, el cual tiene que ver con estar presente en el momento y eso incluye sentirse plenamente presente en el propio cuerpo. Si no nos sentimos cómodos con nuestro cuerpo, a menudo somos incapaces de estar totalmente presentes en él o de habitarlo por completo.

Por lo tanto, una gran parte del trabajo del chakra raíz en la mujer se centra en generar el «amor por el cuerpo». Levántate y libérate de las opiniones que tienes sobre tu cuerpo, sobre todo respecto a la imagen corporal, y en su lugar céntrate en todo lo que tu cuerpo hace por ti. Elabora una lista de aspectos de tu cuerpo que son fuertes o que son tus favoritos, desde la perspectiva del ejercicio, la salud y la belleza. Puede que siempre hayas tenido unas piernas fuertes, pero que pases demasiado tiempo juzgando lo gruesas que son. Céntrate en su fuerza y expresa tu gratitud por ello. Quizá rara vez enfermes; céntrate en la gratitud por tener un sistema inmune fuerte. Piensa también en todas las actividades que disfrutas haciendo con tu cuerpo; puede que te guste hacer senderismo o realizar otras actividades al aire libre. Cuenta incluso darse un baño caliente o un masaje; después de todo, ¿cómo podrías experimentar eso sin tu cuerpo? Nuestro cuerpo nos permite disfrutar de innumerables placeres y experiencias. Adoptar una relación de gratitud por todo esto puede ayudarnos a cambiar la relación que mantenemos con él.

La gratitud y el amor por el cuerpo no significan que debas evitar centrarte en los cambios relacionados con este, sobre todo en los que tienen que ver con tu salud, como el aumento del ejercicio, la mejora de la dieta o incluso la pérdida de peso, si es necesario. El objetivo, más bien, es cambiar tu intención y tu motivación al hacerlo. Participa de ello como actos de amor por el cuerpo en vez de odio por el cuerpo. Son actos de cuidado personal en vez de autocrítica. Incluso las citas y los cambios estéticos se pueden abordar de esta forma, como actos para sacar a la luz y celebrar tu verdadera belleza, en vez de tapar o alterar aquello que es «feo».

Cambiar esta relación con tu cuerpo te ayudará a fortalecer todos los demás aspectos de tu chakra raíz y contribuirá a tu capacidad de activar por completo el Cuenco raíz. Habitar tu cuerpo de forma plena aumentará tu capacidad de generar las energías de sosiego, conexión, seguridad, estabilidad y vitalidad del Cuenco raíz. Esto potenciará, a su vez, la confianza en ti misma, la sensación de resistencia y de libertad para elegir tus reacciones a las situaciones. En el caso de la mujer, cambiar la relación con el cuerpo es clave para generar los cimientos energéticos que necesitamos para prosperar y crecer. Esos cimientos formarán la base para cualquier otro trabajo energético que decidas realizar a través de los potenciadores.

Marie tenía treinta y seis años y acababa de pasar por una ruptura difícil. Era una ejecutiva de marketing de éxito que quería casarse y tener hijos, pero nunca había tenido una relación que durara más de un año. Se había criado en una casa con un padre alcohólico y sufrió abusos sexuales a manos de un tío que vivió con ellos varios meses cuando ella tenía ocho años. Trabajó con un terapeuta durante varios años cuando tenía veintitantos, además de con Al-Anon, para que le ayudara a superar las cicatrices emocionales relacionadas con aquello. Si bien ese trabajo la había ayudado mucho, sentía que tenía un muro infranqueable en lo referente a las relaciones personales.

Marie quería centrarse en abrir su chakra del corazón, pues creía que no era capaz de abrirse y conectar en lo referente a las relaciones. La animé a que trabajara con el Cuenco raíz durante una temporada, colocando primero los cimientos de seguridad y confianza en sí misma necesarios para empezar a abrirse a los demás. Al principio, a Marie le resultó muy difícil sentir la energía de la seguridad y la fortaleza. Entendía que dichos sentimientos le eran por completo ajenos y que, de hecho, siempre estaba en guardia, atenta a posibles amenazas. A pesar de que podía estar presente, los sentimientos de seguridad y resistencia y la consiguiente confianza en sí misma y la relajación eran algo muy nuevo para ella.

Marie también descubrió que era inmune a las afirmaciones de amor corporal. Sana y en forma, no se había percatado de que tuviera una imagen corporal pésima de sí misma, pero en realidad era muy crítica con los «defectos» físicos que percibía y consideraba que su cuerpo y sus ciclos eran algo que tenía que soportar. Después de trabajar para conectar con estos ciclos, con el amor por su cuerpo y con el Cuenco raíz durante varias semanas, Marie notó por primera vez que era más divertida y espontánea con sus compañeros de trabajo. Estaba empezando a relajarse y eso se reflejaba en sus interacciones sociales. También habitaba su cuerpo de una manera nueva, de tal forma que una amiga lo notó y la felicitó por ello.

Con el tiempo trabajamos juntas con otros chakras, incluyendo el chakra del corazón de Marie. Su siguiente relación fue con un tipo de hombre muy diferente y ella fue muy diferente en la relación. Se dio cuenta de que, debido a que en el pasado no se había sentido lo bastante segura como para abrirse a una conexión profunda con el corazón, se había sentido atraída por hombres que intuía que tampoco eran capaces de eso. A medida que iba cambiando también lo hacía el tipo de personas que le atraían. Al momento de escribir esto, a Marie y a su nuevo novio les va bien y están muy enamorados.

A menudo la mujer siente la necesidad de trabajar con su chakra del corazón después de que una relación haya fracasado o si está teniendo dificultades para conocer a posibles parejas. Solemos estar condicionadas a asumir la responsabilidad de todo cuanto ocurre en una relación; incluso después de haber salido de una relación abusiva, a veces nos culpamos o creemos que la culpa fue nuestra por «atraer» a una pareja violenta o que no nos hemos entregado lo suficiente para sanar el daño de nuestra pareja. Al igual que Marie, muchas mujeres sienten que tienen que ser más abiertas, afectuosas y puras de corazón para atraer a la pareja adecuada.

De hecho, cada vez con más frecuencia se dan patrones de ansiedad y baja autoestima que es necesario abordar, problemas del chakra raíz y del chakra sacro, más que del chakra de corazón. Los chakras inferiores son la base de nuestro cuerpo energético; a nivel psicológico representan la sólida base sobre la que se forma una psique sana. A menudo generamos cambios en todo nuestro cuerpo sutil y nuestra psique después de trabajar para cultivar las energías de uno o de ambos chakras, como en el caso de Marie.

Curación de traumas sexuales: Sentirte segura y estar presente

Si has sufrido abusos sexuales, agresión, acoso o cualquier tipo de trauma sexual, curar la relación que mantienes con tu cuerpo es más crucial incluso para trabajar con el Cuenco raíz. Puede que tu agresor te hiciera sentir que la culpa del abuso o la agresión era tuya o de tu cuerpo. Quizá recibieras mensajes en los que se culpa a la víctima de personas en las que confiabas o de los medios de comunicación en general. Quizá simplemente no puedas relacionarte con tu cuerpo porque lo consideras el lugar de tu trauma o sientas que te ha traicionado.

Estos sentimientos se manifiestan de formas diversas en las víctimas o en las supervivientes, que es el término que prefiero. Algunas mujeres experimentan problemas de salud derivados de la falta de cuidado personal o se autolesionan. Otras se ven obligadas a esconder sus cuerpos bajo ropa holgada o el aumento de peso. Algunas pueden sufrir trastornos alimentarios que conducen a una perjudicial pérdida de peso en un intento de hacerse invisibles. Las hay que se avergüenzan de su cuerpo hasta tal punto que se embarcan en interminables dietas para mejorar su aspecto y su silueta, sin llegar nunca a sentirse satisfechas con el resultado. No importa cuál sea el patrón, pues el fondo de la cuestión es la desconexión o incluso odio hacia el propio cuerpo, que además obstaculiza la capacidad para conectar con las energías del chakra raíz y las cuestiones relacionadas: la sensación de seguridad, protección, estabilidad, vitalidad y fortaleza.

Así pues, si bien centrarse en la aceptación y el amor al cuerpo es importante para todas las mujeres, lo es más si cabe para ti si eres una superviviente de un trauma sexual. Cabe incluir aquí la identificación de los sentimientos de vergüenza o culpa que has interiorizado. Desde una perspectiva energética, estos sentimientos están más relacionados con el segundo chakra y hablaremos más sobre ellos en el siguiente capítulo, pero aquí es importante reconocer cuándo necesitas ayuda para hacer frente y dejar atrás dichos sentimientos.

Otra forma en que los traumas sexuales afectan al chakra raíz es la dificultad para acceder a los sentimientos de seguridad. A menudo, cuando trabajo con una superviviente con el Cuenco raíz o con los potenciadores relacionados, llega un momento en el que ella dice: «Pero ¿qué pasa si en realidad no estoy a salvo?». La realidad es que si has sufrido abusos o una agresión sexual, ya sabes que tu seguridad no está garantizada en todo momento. Si sufriste abusos de niña, puede que nunca hayas desarrollado una fuerte sensación de seguridad en el mundo; tal vez uno de los adultos encargados de mantenerte a salvo fue quien de hecho abusó de ti (tal y como es habitual). Si tu agresión tuvo lugar más tarde, puede que entonces se haya destruido todo sentido de seguridad y protección.

Cualquier experiencia traumática puede tener este efecto, pero en el caso de los supervivientes de traumas sexuales suele estar muy acentuado debido a que la gran mayoría de las agresiones sexuales las cometen personas que conocemos. Estos depredadores no solo socavan nuestra sensación de seguridad en el mundo en general, sino también nuestro sentido de la confianza en aquellos que nos rodean y en nuestra capacidad para juzgar a las personas. Como ya hemos explicado, la confianza en uno mismo y la sensación de seguridad están ligadas, formando los cimientos del sentido de nuestra propia resistencia. En consecuencia, los traumas sexuales minan nuestra capacidad para acceder a todo este espectro de energías del chakra raíz.

Con el Cuenco raíz estás creando la sensación de seguridad para acceder a ellas cuando estés realmente segura. La consecuencia del trauma es que a menudo nos sentimos inseguros todo el tiempo y reaccionamos desde una actitud de «lucha, huida o parálisis» cuando no existe ninguna amenaza real. Vivir en este exacerbado estado de ansiedad y de alerta limita tu capacidad para enfrentarte de manera eficaz a las situaciones cotidianas y perjudica tu salud y tu estabilidad. El Cuenco raíz es un potenciador para ayudarte a que empieces a romper este ciclo.

La sensación de inseguridad también puede estar vinculada a la tendencia a la desconexión o la evasión, como las que ya hemos mencionado en relación a un chakra raíz bloqueado o débil. En el caso de los supervivientes de traumas sexuales se puede presentar como un patrón de disociación más grave. Durante una agresión o un episodio de abusos, el instinto de conservación de una víctima puede manifestarse como intentos de disociación en forma de desmayo, retracción a un lugar intocable dentro de la mente o dedicarse a actividades como recitar de manera mental y repetitiva palabras o canciones con el fin de desvincularse de la traumática experiencia corporal del momento presente. Esto puede convertirse en una pauta que continúe una vez haya terminado el abuso o la agresión. La disociación puede ser evadirte de la realidad mediante las drogas, el alcohol, la televisión, los videojuegos, etcétera, o puede reflejarse de modo más sutil, como por ejemplo el hábito de encerrarte siempre en ti mismo, de preocuparte siempre o incluso mantenerte ocupado en todo momento. En realidad, cualquier cosa que te aparte del momento presente hasta un grado restrictivo puede ser una forma de disociación. Romper patrones de disociación muy arraigados a menudo requiere de ayuda profesional, pero el apoyo del chakra raíz mediante la activación del Cuenco raíz es un poderoso aliado en este proceso.

Una mención especial cuando trabajes con el Cuenco raíz si crees que tienes patrones de disociación: desde una perspectiva energética, la disociación es una tendencia a vivir en los chakras superiores sin un sostén equilibrado en los chakras inferiores. Se tiende a evitar centrarse en los chakras inferiores y a sentirse más cómodo en los reinos mental y energético superior. A veces esta tendencia se manifiesta como la dificultad e incomodidad al centrarse en los chakras inferiores o simplemente en la parte inferior del cuerpo. Si experimentas esto has de saber que tratarlo es solo una parte natural del proceso de aprender a activar este potenciador. Empieza poco a poco y con suavidad concentrándote durante cortos períodos de tiempo en el Cuenco raíz. No te fuerces nunca; para si te sientes agobiada o alterada. Es probable que descubras que con tiempo, paciencia y autocompasión comenzarás a sentirte más cómoda con este potenciador y empezarás a experimentar la energía asociada.

Si no te resulta cada vez más fácil, no pasa nada; «no te ocurre nada malo». Es muy importante que recuerdes que los supervivientes de un trauma suelen interiorizar la idea de que han sufrido un daño irreparable y que nada puede ayudarles. Tal vez lo que necesites sea más apoyo, proceder más despacio o adaptar los pasos de activación. O puede que te funcione mejor otro potenciador; distintos potenciadores funcionan para diferentes personas o incluso diferentes modalidades. Te animo a que continúes buscando lo que te funciona a ti. En la página web del libro ofrezco recursos adicionales que pueden ayudarte.

2
El Loto sacro: Tu inspiración

Chakras relacionados: Tu segundo chakra, o chakra sacro.

Energías: Inspiración, creatividad, pasión, sensualidad, fluidez, adaptabilidad, sexualidad, poder femenino.

Uso: Intransigencia, depresión, insensibilidad emocional, desconexión, resolución de problemas, sensación de atasco o bloqueo, estimular la creatividad, conectar con el poder femenino, despertar la sexualidad.

Si te comprometes con un solo potenciador de este libro, ¡que sea este! El loto sacro fortalece tu segundo chakra, o chakra sacro; es el pilar de tu cuerpo energético femenino. Asimismo, el potenciador del Loto sacro afecta a todo tu cuerpo sutil, no solo a tu segundo chakra. A lo largo de la Historia se han menospreciado y devaluado muchas expresiones de la energía femenina del segundo chakra. Aprender a valorar y cultivar estas energías es vital para el cambio reparador que ahora mismo necesita nuestra sociedad en su conjunto, tanto hombres como mujeres. Y, como mujer, generar esto dentro de ti es vital para tu bienestar.

Las energías de nuestro chakra sacro aportan fluidez, conexión e inspiración a nuestra vida. Este chakra le da sabor a la vida; cuando estas energías fluyen, experimentamos el mundo como algo vibrante y lleno de color, sabor y maduro, como la fruta perfecta. Siempre que nos sentimos emocionados o inspirados por una idea, por una persona o por algo que hemos leído, presenciado y oído, las energías de este chakra se han activado. Cuando experimentamos placer en cualquiera de sus formas, ya sea por una bonita puesta de sol, un postre delicioso o una suave caricia, las energías del chakra sacro son fuertes. Cuando nos sentimos conectados a otros de forma emocional o física, cuando nos sentimos en sincronía con ellos a cualquier nivel, también está ligado a las energías sacras.

Debido a que este chakra está vinculado a las glándulas y a los órganos reproductores internos en los sistemas de trazado energético, a menudo se le considera el chakra del sexo o el chakra de la procreación. Es evidente que tanto el nacimiento como la energía sexual (sobre todo la energía sexual femenina) están ligados a este chakra, que es en parte la razón por la que las culturas patriarcales han menospreciado e incluso demonizado sus energías a lo largo de la Historia. Sin embargo, una verdadera comprensión de este vínculo requiere que expandamos nuestra visión tanto de la sexualidad como del nacimiento más allá de lo físico.

Vayamos primero con la sexualidad: ¿qué es el deseo sexual como energía? Es el impulso de conectar con la persona que deseamos. Se puede mezclar con otras emociones, pero a nivel energético, es un intento de conectar. En el momento de la conexión, cuando el que desea conoce al deseado, nos sentimos satisfechos, saciados o incluso completos de manera temporal.

Esta vía hacia la conexión es una de las energías primarias del chakra sacro y la energía sexual es solo una de sus expresiones. En realidad esta energía es lo que nos impulsa a comprometernos con el mundo; nuestro deseo de conectar con las personas, las vistas, los sonidos, los alimentos, los lugares, las experiencias y más cosas nace de esta energía sacra. Si bien la energía del chakra raíz es estática y representa la estabilidad y la seguridad, la energía del chakra sacro representa nuestra apertura al mundo. La energía sacra es como las ramas de un árbol, que se elevan hacia el sol y se mecen con la brisa, mientras que las raíces se hunden en la tierra y crean unos cimientos sólidos. Un equilibrio saludable entre las dos es esencial; un árbol con una copa frondosa y poco apoyo en la raíz se volará con una tormenta, mientras que un árbol que carece de ramas será incapaz de absorber la luz del sol que necesita para sobrevivir y de florecer y prosperar.

El florecimiento culminará con el nacimiento, la otra energía principal del chakra sacro. Para comprenderlo de verdad es necesario que consideremos el nacimiento más allá del plano físico. Cuando damos a luz a un hijo, estamos trayendo a un ser al mundo que comienza en nuestro propio cuerpo, como parte de nosotras. Pero a través del acto del alumbramiento se vuelve independiente y adquiere entidad propia. El nacimiento es esto: el impulso de crear algo independiente de nosotros. En este sentido, todas las formas de creatividad son un alumbramiento, tanto si creamos un niño como un cuadro, un libro, una aplicación o un negocio. Cuando creamos, estamos alumbrando algo y dejando que salga al mundo.

Conectar y crear en el mundo son la esencia del segundo chakra y de ahí surge lo que da sabor a la vida…, además de la espontaneidad. Este chakra no va de reglas ni de estructura, sino del placer y la pasión del momento, de fluir y forzar los límites. Tiene que ver con cómo «sientes» algo y está vinculado a nuestra vida emocional. También tiene que ver con los ciclos, las fluctuaciones de energías en el tiempo, en nuestros cuerpos, en nuestras emociones. Tiene que ver con el movimiento y el cambio. Necesitamos el cambio, la vida es cambio, pero resistirnos a ello está en nuestra naturaleza. El miedo al cambio y a la transitoriedad forma parte de lo que ha alimentado el miedo a las energías sacras en sus expresiones más intensas.

Estas energías creativas son las que intentas generar con el potenciador del Loto sacro, y cuando lo consigues, se pueden usar de numerosas formas en tu vida. La energía sacra puede utilizarse para conectar a un nivel más profundo con las personas en tu día a día, incluyendo un amante si expresas esta energía de manera sexual. Se puede utilizar para ayudarte a conectar de modo más pleno con tu experiencia sensorial o con tu entorno, ya se trate de disfrutar de una copa de vino o de una bonita puesta de sol. Podrías utilizar la energía sacra para potenciar tu creatividad o abordar de otra manera un problema laboral complejo. O si te sientes atascada y encorsetada en tu vida, el Loto sacro te ayudará a encontrar la frescura e inspiración que necesitas para crear algo nuevo.

Que el segundo chakra sea el pilar del cuerpo energético femenino no significa que ser una mujer fortalecida consista en convertir sus energías en tus energías principales. No estoy diciendo que el estado natural de una mujer sea el de sentir deseo, ser espontánea, apasionada, creativa, sexual y sensual. En el caso de algunas mujeres, estas cualidades pueden, de hecho, ser las principales maneras de expresar su poder en el mundo... ¡y pueden serlo también para algunos hombres! Sentir todo tu poder y activar todos tus chakras es descubrir y reconocer la forma en que la energía te recorre de forma única. No se trata de que las energías de un chakra en particular, ni siquiera el sacro, sean dominantes en tu personalidad y tu conciencia. Tampoco se trata de definir al hombre y a la mujer, lo masculino y lo femenino, de una manera inflexible. Lo que un chakra sacro fortalecido hace es ayudarte a liberar «tu» verdadera naturaleza, la emisión única de «tu» energía y tu conciencia en el mundo. Las energías sacras nunca guardan relación con la conformidad.

Alea era una artista que había tenido un grave bloqueo creativo. Durante mucho tiempo se había ganado la vida con la venta de joyas artesanas y cuadros en las tiendas locales de su ciudad costera. Entonces descubrió que le faltaba la inspiración y la motivación. Harta de hacer siempre lo mismo, había intentado experimentar con formas y objetivos nuevos, pero de repente se vio paralizada por las dudas y la falta de ideas. Estaba aburrida y se sentía incapaz de expresar sus sentimientos.

Comenzó a trabajar con el Loto sacro a diario. Al activar estas energías, empezó a reconocer otros cambios que se estaban obrando en su vida. En los últimos años, la vida sexual con su pareja se había reducido casi a la nada y no lo habían hablado. Además, aunque ambos habían acordado que no querían hijos, en esos momentos lamentaba haber perdido esa posibilidad. A pesar de todo, por la mente de Alea rondaban muchos temas relacionados con la sexualidad y con habitar el cuerpo de una mujer.

Alea continuó con su sesión diaria con el Loto sacro y empezó a abordar algunos de esos problemas. Su pareja y ella hablaron de su vida sexual y decidieron tomar medidas para aumentar su intimidad. Se dio cuenta de que seguía sin querer tener sus propios hijos, pero sí quería conectar más con sus jóvenes sobrinas para así satisfacer sus deseos de cuidar a otros. Además, comenzó a cambiar su forma de trabajar y a iniciar cada sesión de estudio dedicando un rato a la «improvisación», precedido por la activación del Loto sacro durante uno o dos minutos nada más. Durante ese tiempo pintaba con los dedos, garabateaba, bailaba o hacía cualquier cosa que se le ocurriera, sin prejuicios y sin pensar en el producto final. Curiosamente, las primeras veces que lo intentó se vio pintando distintas versiones de cómo imaginaba el Loto sacro. Con el tiempo, Alea comenzó a desarrollar la idea para una nueva serie de pinturas y también comenzó a trabajar con la cerámica. Se sintió de nuevo inspirada y conectada con su creatividad.

No tienes que ser artista para tener un bloqueo. Todos recurrimos a nuestra creatividad de alguna manera en nuestra vida y todos pasamos por fases en las que nos sentimos faltos de inspiración e incapaces de expresar nuestras emociones. Ya estés tratando de resolver un problema laboral, redecorar tu casa o planear un evento, si estás falto de ideas, prueba con el Loto sacro para abrirte y liberarte. La historia de Alea también apunta a la profunda conexión entre nuestro nivel de inspiración y nuestro sentido de identidad como mujeres. No es casualidad que estuviera enfrentándose a problemas relacionados con la sexualidad, la procreación y la creatividad a la vez. Trabajar con el Loto sacro la ayudó a abrirse en esas tres áreas.

Cuándo has sentido esto con anterioridad

Has sentido las energías del Loto sacro siempre que te has sentido inspirada por una idea, una persona, una obra de arte o cualquier cosa con la que hayas conectado y que te haya animado y generado en ti el sentido del potencial. A fin de cuentas, la inspiración es eso, un edificante sentido del potencial. En verdad, cuando el chakra sacro se activa mediante la inspiración, la sensación que produce es la de un aumento de energía en tu cuerpo. Puedes pensar en la inspiración tal como la sientes en el corazón, como una oleada de emociones positivas, o en tu mente, como una explosión de ideas repentinas, pero cuando sintonices más a fondo con la inspiración, serás capaz de percibir la energía ascendiendo desde las profundidades de tu pelvis. Puede resultarte muy útil recurrir a los recuerdos de momentos de inspiración pasados cuando actives el Loto sacro.

La inspiración como musa de la creatividad es otra forma en la que puedes haber experimentado ya las energías de este chakra. Si eres artista, piensa en lo que sientes cuando se te ocurre una idea nueva y te ves arrastrado por la emoción de su evolución. O quizá tu trabajo evoluciona a medida que te comprometes con él y en vez de venirte una idea a la cabeza, te ves inmerso en un mágico flujo en el que estás creando algo que antes jamás habrías podido concebir. En cualquier caso, un estallido de creatividad es energía sacra. Y, como es natural, no es necesario ser artista para experimentar tal cosa; quizás ocurra mientras piensas en nuevas ideas en el trabajo con tu equipo de proyecto, redecoras tu casa o planeas una fiesta de cumpleaños para tu hijo. Siempre que te ves inmersa en un flujo de ideas relacionadas con la creación de algo estás experimentando este aspecto de la energía sacra.

Otra forma en que puedes haber experimentado las energías de este chakra es en tus experiencias sensoriales más poderosas. Cuando muerdes un delicioso trozo de chocolate, te sientes impresionada por una preciosa vista del mar, conmovida por una hermosa pieza musical o sosegada gracias a un tranquilo paseo por el bosque, estás envuelta en la energía sacra. Son momentos de comunión con tus sentidos, cuando la experiencia del placer sensual provoca una sensación de saciedad y plenitud. Por supuesto, esto se aplica también al placer sexual y a la sensación de unidad con una pareja. En su máxima expresión, la unión sexual abarca el flujo, el placer, la espontaneidad y la pasión, aspectos todos ellos del chakra sacro.

Si puedes relacionarte con cualquiera de estas energías, anota los recuerdos de los momentos en que las hayas experimentado y utilízalos durante los pasos de activación del Loto sacro.

Pasos para la activación

Primero revisa los pasos preparatorios del capítulo dedicado al Cuenco raíz. Acomódate en un lugar tranquilo y privado. Prepara el archivo de audio si estás utilizando las grabaciones guiadas *online* y revisa cualquier recuerdo de los momentos en que has sentido eso con anterioridad. Contempla la imagen del Loto sacro disponible en el inserto mientras realizas unas respiraciones para concentrarte antes de comenzar.

Paso 1: Coloca las manos sobre la parte inferior del vientre, a la altura de las caderas, y respira contra ellas unas cuantas veces para concentrarte.

Paso 2: Empieza a visualizar dentro de la pelvis, bajo las manos, un gran y luminoso loto de color ámbar mirando hacia arriba, como un cuenco grande que descansa sobre la parte inferior de tu torso.

Paso 3: Dedica un poco de tiempo a crear el loto. Puedes experimentar con la forma y el tamaño de los pétalos y con distintas tonalidades de ámbar, dorado y naranja.

Paso 4: La energía del loto es fluida, conmovedora, abierta, femenina, creativa, sensual y poderosa. Para conectar con la sensación de fluidez puedes mecer tu cuerpo, si quieres, mientras lo imaginas. Puedes mantener las manos sobre el bajo vientre o apoyarlas en las rodillas o en el regazo.

Paso 5: Una vez te sientas conectada con la imagen del loto dentro de tu pelvis, empieza a imaginar unas raíces que bajan por tu coxis hasta alcanzar la tierra, anclando el loto.

Paso 6: Visualiza unos rayos de luz ambarinos, dorados y anaranjados irradiando el resto de tu cuerpo y de tus chakras. Imagina que fluyen y brotan de la parte superior de tu cabeza.

Paso 7: Si trabajas con recuerdos en los que has sentido la energía sacra con anterioridad, tenlos ahora presentes. Revisa cada uno de ellos hasta que surja dentro de ti este sentimiento asociado. Imagina dicho sentimiento brotando de tu Loto sacro y propagándose por tu cuerpo igual que la luz ambarina.

Paso 8: Recita cada afirmación asociada a este potenciador de una a tres veces, tratando de sentir lo que estás diciendo mientras lo haces:

Soy creativa.
Fluyo con la corriente.

Soy un ser sensual.
Soy apasionada.
Estoy inspirada.
Soy asombrosa.

Paso 9: Retén esta imagen durante uno o dos minutos (¡estupendo si es más tiempo!). Cuando tu mente divague, recréala siguiendo el mismo orden: loto, raíces, irradiación de luz. Continúa meciéndote si quieres. Si mientras lo haces sientes que surge una sensación o esa energía en particular, relájate y deja que guíe tu visión y tu experiencia.

Paso 10: Anota cómo te sientes y toma tu recuerdo instantáneo para disponer más tarde de una referencia rápida. Disuelve la imagen dentro de ti y siéntate con los ojos cerrados durante un rato más para asimilarlo. Abre los ojos e imagina que ves el mundo de una forma nueva.

Ahora relájate y haz balance de cómo te sientes. Sintoniza con tu cuerpo y fíjate en cualquier sensación. Anota tu estado de ánimo y si ha cambiado de como era antes de empezar. Abre tu conciencia a las sutilezas físicas y emocionales en las que no sueles centrarte. No te preocupes si no notas nada, pero tómate tiempo para hacer balance de esto cada vez que completes una activación. En un mundo con exceso de estímulos como el de hoy, la mayoría nos hemos vuelto insensibles a los cambios vibratorios, y puede que tardes un poco en sensibilizarte... ¡pero ocurrirá! Mantén la mente abierta y recuerda que estás inmersa en un proceso empírico.

Un aspecto singular del Loto sacro (junto con otro potenciador de este libro, el Sendero femenino) es que mecer tu cuerpo puede ayudarte a conectar con las energías que estás activando. Tal vez no te sea posible mecerte mientras activas este potenciador en un momento concreto del día, pero inténtalo cuando practiques por primera vez la activación del Loto sacro por tu cuenta en casa.

Cuándo estás bloqueada

Una de las principales formas en que la energía sacra bloqueada puede manifestarse en ti es con la sensación de estar atascada. En tu vida cotidiana se puede manifestar como la sensación de estar atrapada en una situación o en una dinámica particular con alguien. Quizás estés literalmente atascada en una reunión y eso da lugar a sentimientos de frustración que impiden que colabores. Quizás estés atrapada por la irritación hacia tu cónyuge y a pesar de jurar relacionarte de forma diferente, te sorprendas yendo a casa y cayendo en el mismo patrón de irritación todos los días. O puede que te sientas atascada en un contexto más amplio, atrapada en la rutina de tu vida, lastrada por tus responsabilidades, insensible y falta de inspiración por la monotonía de cada día.

Otra manifestación del «estancamiento» que prevalece cuando tus energías sacras no están activas es sentir que tu creatividad está bloqueada. Si eres artista puede que sientas que la musa te ha abandonado. En el trabajo o en cualquier otra tarea en la que estés inmersa puede que sientas que la inspiración te ha abandonado. Cuando intentas solucionar un problema o eres creativa sientes que te has topado con un muro. Es posible que tus esfuerzos te parezcan arduos y forzados; no hay fluidez, no hay empuje ni poder que genere ideas.

La intransigencia y la incapacidad para aceptar el cambio cuando se presenta es otra forma en que puede manifestarse un bloqueo de este chakra. Por ejemplo, digamos que tienes planes para ir a cenar con una amiga. Hace ya tiempo que fijasteis la fecha y la hora, pero tu amiga te llama en el último momento y te dice que tiene que aplazarlo porque la han llamado del trabajo. A nivel racional sabes que esto escapa a su control, pero una parte de ti se crispa ante el cambio y te sientes molesta con tu amiga, tal vez nerviosa y confusa por el cambio en tu velada. Eres incapaz de aceptar el cambio y sientes una especie de desasosiego y rigidez interior. Un patrón de intransigencia que también puede expresarse como una necesidad de planificarlo todo hasta el punto de ejercer un control exacerbado.

La insensibilidad emocional indica también un chakra sacro bloqueado o débil. La insensibilidad no es lo mismo que la tristeza, pues cuando estamos insensibles no podemos permitirnos sentir ninguna emoción, ya sea positiva o negativa. Ponemos límites a nuestra vida emocional o solo permitimos ciertas emociones, reprimiendo otras. Las pautas de control e intransigencia se aplican a nuestra vida emocional y nos sentimos secos y faltos de inspiración. Esto puede llevar a una incapacidad de experimentar el placer, aun planes sencillos como disfrutar de una buena comida o de una canción conmovedora. Quizás haya una desconexión total con la experiencia sensorial, con un excesivo énfasis en la mente y en la experiencia mental en vez de en la física basada en los sentidos.

Esto se puede manifestar a nivel sexual como una incapacidad de sentir placer o conectar con una pareja sexual de forma íntima. El sexo puede ser mecánico y desprovisto de emociones. Incluso si experimentas placer físico, puedes desconectarte de las emociones o incluso sentir remordimiento por el placer. La vergüenza sexual (y, de hecho, la vergüenza en todas sus formas) también está vinculada a los bloqueos de las energías sacras. La vergüenza es un sentimiento de baja autoestima, un sentimiento de ser malo en esencia, y a menudo nos confina en los patrones de intransigencia e insensibilidad relacionados con un chakra sacro bloqueado.

Utilizar el Loto sacro

Una vez estés cómoda activando el Loto sacro mediante el proceso completo, puedes experimentar activándolo con el atajo del recuerdo instantáneo que creaste en el paso final. Proyecta con rapidez la imagen y la sensación de este recuerdo y comprueba si puedes incorporar esa energía en un momento en que la necesitas. Puede que al principio tengas que hacerlo sola durante un par de minutos en un lugar tranquilo, pero con el tiempo serás capaz de evocarlo en el acto para acceder a más energías del Loto sacro cuando las necesites.

He aquí algunos ejemplos de situaciones cotidianas en las que tal vez quieras activar el Loto sacro:

- Antes o durante un descanso en una reunión de trabajo en la que se están intercambiando ideas o tratando de abordar un problema de una forma nueva.
- Para generar ideas para una actividad creativa como pintar, escribir, planificar un evento o redecorar una habitación.
- Mientras estás preparando una charla inspiradora o motivadora dirigida a los empleados en el trabajo, a un equipo deportivo infantil al que estés entrenando o, incluso, a tu hijo antes de un gran acontecimiento en su vida.
- Cuando te cueste adaptarte a un cambio.
- Cuando te sientas atrapada o frustrada por circunstancias que escapan a tu control, como un atasco de tráfico o una reunión que se alarga.
- Cuando te sientas desconectada de la belleza o de la experiencia sensorial en la que estés.
- Antes de un encuentro íntimo, ya sea de naturaleza sexual o emocional (o ambos).

Igual que con todos los potenciadores, puede que a veces quieras combinarlos entre sí, activando primero uno y después el otro. El Cuenco raíz y el Loto sacro funcionan especialmente bien juntos cuando reconoces que estás siendo demasiado controladora. Dado que esta conducta suele ser fruto de la ansiedad, activa primero el Cuenco raíz para invocar una sensación de seguridad. A continuación activa el Loto sacro para generar las energías de fluidez, adaptabilidad y de fluir con el momento. Por supuesto, si los problemas de control no son algo nuevo para ti, es posible que desees considerar el uso del chakra sacro para el crecimiento a largo plazo, como con cualquiera de los bloqueos.

También es posible que desees activar este potenciador cuando te encuentres en una fase de tu vida en la que sientas que tienes ante ti un gran desafío y te creas incapaz de acceder a las energías sacras. Recuerda que cuando estás trabajando con un potenciador para alcanzar un crecimiento a largo plazo, te comprometes a activar el potenciador de manera regular e independiente de las situaciones desencadenantes (como el ejercicio o una rutina de meditación) a fin de reforzar las energías asociadas con el tiempo en tu conciencia y en tu cuerpo energético.

He aquí algunos ejemplos en los que puede que quieras trabajar con el Loto sacro de esta forma:

- Si te sientes atrapada en tu vida y no puedes decidir cómo cambiarla. Puede que te sientas atrapada en tu trabajo, en tu relación, con tu salud, con tu economía o con todo lo anterior.

- Si sientes que eres inflexible o estás en tensión con los demás. Si sientes que esto es una manifestación de ansiedad, tal vez quieras también trabajar con el Cuenco raíz, pero en lo que concierne a tu capacidad de estar presente y fluir en los encuentros sociales, trabaja con el Loto sacro.

- Si sientes que tus emociones están reprimidas, dando lugar a una especie de frialdad emocional o insensibilidad. Por supuesto, si sientes que has reprimido emociones relacionadas con sucesos traumáticos de tu vida o estás pasando por una depresión es posible que debas buscar asesoramiento sobre salud mental. Pero si piensas que el problema es tu relación con tus propias emociones y un patrón de bloqueo de las mismas, utilizar el Loto sacro durante un período de tiempo te ayudará a abrir tu alcance emocional. Esto puede ser un buen complemento para la terapia o el asesoramiento sobre temas emocionales.

- Si estás a punto de embarcarte en un gran proyecto creativo, piensa en activar el Loto sacro a diario durante una temporada, ya sea justo antes de empezar o durante las primeras etapas.

- Cuando intentes quedarte embarazada: el inicio de la creación física (junto con el Sendero femenino).
- Si estás pasando por un bloqueo creativo utiliza el Loto sacro para reconectar con tu musa.
- Si te sientes desconectada de tu experiencia sensorial, atrapada en tu mente y en una relación totalmente cerebral con el mundo. Por supuesto, si crees que esto es una forma de disociación que tiene su origen en un trauma deberías buscar apoyo psicológico si no lo has hecho ya.
- Para encender o reavivar tu vida sexual. Sin embargo, si las dificultades sexuales tienen su origen en un trauma sexual, es importante abordar primero otros aspectos de tu chakra sacro y problemas psicológicos y nunca forzar la actividad sexual antes de que estés preparada. Este tema se aborda más a fondo en la sección de «Trauma sexual» de este capítulo.
- Para dejar atrás los sentimientos de vergüenza y baja autoestima, sobre todo la vergüenza ligada a tu sexualidad o tu cuerpo femenino.
- Antes de reunirte con un grupo de mujeres con el que quieras conectar a un nivel profundo en lo tocante a temas femeninos.
- Para conectar con la femineidad divina y tu propio poder femenino.

Otros dos potenciadores clave de este libro involucran el chakra sacro: los Rayos sanadores y el Sendero femenino. En los capítulos dedicados a estos potenciadores hablaremos más sobre el papel del chakra sacro para ayudar a la curación y apoyarnos durante los avatares de la vida, y sobre sus vínculos con nuestros ciclos y fases reproductivas.

Energética de la mujer: Nuestra base femenina

Una metáfora muy utilizada para el poder latente de los chakras es la de una serpiente enrollada en la base de la columna vertebral, la sede del chakra raíz. Cuando empezamos a trabajar con nuestros chakras, la serpiente se yergue, muy parecido a la forma en que se eleva una cobra bajo la influencia de un encantador de serpientes. La energía de la serpiente asciende, serpenteando por nuestros canales de energía y nuestros chakras, hasta que llega al chakra de la corona, momento en el que ilumina este centro de comprensión espiritual. A veces la energía ascendente se muestra como dos serpientes alzadas, como en el símbolo griego del caduceo empleado para representar la medicina.

Si bien esta puede ser una metáfora útil para comprender el sendero ascendente de la energía a través de los chakras, se basa principalmente en el cuerpo energético masculino, que tiene su base en el chakra raíz. Para las mujeres, el Loto sacro ofrece una imagen más certera de nuestro cuerpo energético femenino. Podrías imaginar el capullo del Loto sacro que aún no se ha abierto como el equivalente de la serpiente que yace enroscada. A medida que tu sacro se abre hasta convertirse en la flor de la imagen del Loto sacro y echa fuertes raíces que penetran a través del chakra raíz, una luz y una energía radiantes emanan del resto de tus chakras.

Las enseñanzas de la espiritualidad femenina suelen hablar de la energía del útero y del poder creativo que nos brinda nuestra conexión con la procreación. Nuestro segundo chakra está conectado con nuestro útero y nuestros ovarios en la medicina energética. Hoy en día, muchas mujeres se resisten a pensar que su poder tiene su origen en el útero, en los órganos reproductores o en el segundo chakra porque eso parece ratificar el punto de vista misógino según el cual es nuestro papel procreador lo que nos define, que el valor de una mujer reside en dar a luz a los hijos.

En realidad, alabar y aceptar la capacidad de procrear no hace que nuestro poder tenga su origen en nuestro segundo chakra. El vínculo tiene más que ver con cómo se desarrolla nuestro viaje hacia el poder y los objetivos subyacentes. No tenemos por qué tener hijos y tenerlos tampoco garantiza un segundo chakra abierto y fuerte. En cambio, aceptar nuestro poder implica el desarrollo completo de los impulsos primarios de nuestro segundo chakra de «conectar con» y «crear en» el mundo. Cuando nos centramos en fortalecer todas las energías de este chakra mediante el Loto sacro, nuestra comprensión de nosotros mismos y cómo podemos crear la vida que queremos provienen de estas energías. Todas las energías del segundo chakra tienen un papel destacado en nuestro desarrollo; inspiración, creatividad, emoción, placer, sensualidad y sí, también sexualidad.

A un nivel más técnico, el hecho de que nuestro cuerpo energético esté arraigado en nuestro segundo chakra tiene otras implicaciones. Mientras que el chakra raíz tiene que ver con la estabilidad y la seguridad, el chakra sacro tiene que ver con el flujo y el movimiento expresados tanto en la búsqueda de la conexión como en el proceso de creación. Desde un punto de vista energético, esto se traduce en dos características predominantes del cuerpo energético de la mujer en comparación con el del hombre:

- **El cuerpo energético de la mujer es más centrípeto.** Aunque todo cuerpo energético atrae e irradia energía, el nuestro es más absorbente y receptivo en general, captando energía de alrededor. Esta energía puede ser en forma de emociones y pensamientos de otros, en forma de vibraciones del entorno físico o en forma de aporte etéreo y espiritual. Dependiendo de cómo aprendamos a manejar esta afluencia de «datos» energéticos, podemos ser muy intuitivos, sugestionables o simplemente estar agobiados (muchas pasamos de lo uno a lo otro). Por esta razón nos centraremos en los límites energéticos, sobre todo en el capítulo dedicado al potenciador de la Segunda piel.
- **El cuerpo energético femenino discurre en ciclos y fases.** El chakra sacro se centra en el movimiento, el flujo y el cambio; en las mujeres se manifiesta como ciclos físicos y energéticos. Así como nuestro cuerpo físico vive un ciclo hormonal cada mes en los años previos a la menopausia, nuestro cuerpo energético flu-

ye en el tiempo con ellos. Nuestro cuerpo energético también cambia durante el embarazo, el posparto y la menopausia. Hablaremos de todos estos cambios en capítulos posteriores.

Los hombres también absorben energía del mundo que les rodea y, por supuesto, su cuerpo físico y energético tiene también fases y ciclos. Es más una cuestión de énfasis que de diferencias. En el caso de la mujer, el trabajo personal más profundo a menudo se centra en eliminar sentimientos de inferioridad, vergüenza o debilidad asociados al hecho de habitar un cuerpo de mujer, de modo que dichas diferencias se puedan asumir como una fuente de fortaleza y de dones. A medida que el empoderamiento de la mujer avanzaba durante las últimas décadas, se ha centrado de forma acertada en el acceso de la mujer al poder en el ámbito social, cultural y político. Pero es importante señalar que el éxito en sí se ha basado en gran medida en que las mujeres triunfen en mayor número en las estructuras de poder construidas por hombres en la historia patriarcal. El mantra ha sido: «Las mujeres pueden hacer todo lo que pueden hacer los hombres» y no cabe duda de que es cierto. Pero muchas mujeres tienen la sensación de que han de «maquillar» o compensar el hecho de tener un cuerpo de mujer para «demostrar» que no es una desventaja en vez de dedicarse a desarrollar sus puntos fuertes y sus energías inherentes únicas. La denigración del cuerpo de la mujer y de muchas de sus energías asociadas al chakra sacro, incluyendo las emociones, que suelen considerarse una debilidad, solo ha reforzado esta tendencia.

A un nivel más profundo, trabajar con el Loto sacro forma parte de reclamar tu conexión con la energía femenina como fuente de poder. No se trata de expresarte solo a través de las energías sacras ni de definirte en base a tu papel procreador. Se trata de sacar a la superficie y dejar atrás cualquier sentimiento de ser «inferior» que aún albergues como mujer. Se trata de sintonizar con quien eres como individuo y manifestar una vida basada en la felicidad y el fortalecimiento arraigados en este conocimiento. Es un derecho que se debería otorgar a todos, hombres y mujeres, y a medida que los cambios en nuestra sociedad continúen, tendremos más libertad para hacerlo.

Curación de traumas sexuales: Liberar la vergüenza, aceptar el placer

Los abusos y la agresión sexual tienen que ver con el poder. Es una cuestión de dominación, de pérdida de poder y de manipulación. Para un agresor, el poder y el sexo están vinculados de una manera disfuncional y una parte del daño infligido a las supervivientes de traumas sexuales es que la sociedad a menudo también les impone esta disfunción. Las supervivientes reciben innumerables mensajes de culpabilización de la víctima de todo cuanto les rodea, que les dicen que la culpa es de su propia sexualidad y de su energía sexual y/o que son débiles. Su propia energía sexual y su sentimiento de impotencia se vinculan y se les hace sentir vergüenza; la vergüenza queda vinculada al hecho de tener un cuerpo femenino. El odio hacia el cuerpo, la impotencia y el sentimiento de que ser mujer es un lastre acostumbran a intensificarse.

Si bien esto no afecta del mismo modo a todas las mujeres, por regla general hay varias áreas del chakra sacro que están bloqueadas de alguna forma. Y debido a la crucial relevancia del chakra sacro en el cuerpo energético femenino, esto afecta a tu cuerpo energético en su totalidad. Si consideras que este es tu caso, una gran parte de tu curación radica en deshacerte de la vergüenza y de la creencia de que tu energía sexual es un lastre y un punto débil. Una de las formas en que esto puede manifestarse es con una represión interna de las energías sacras. Imagina cada una de las principales energías sacras de las que hemos hablado en este capítulo, al margen de la sexualidad por ahora: la inspiración, la creatividad, la sensualidad, la fluidez y la emoción. ¿Cuáles notas que son más fuertes y más débiles en ti? ¿Has desconectado de alguna de estas energías porque no sientes que sea segura para ti? De ser así, puede resultarte beneficioso trabajar con el Cuenco raíz y el Loto sacro durante una temporada. Puedes cultivar la sensación de seguridad que necesitas con el Cuenco raíz y a continuación fortalecer tus energías sacras más débiles a través del Loto sacro.

Solo el ejercicio de posar las manos en tu bajo vientre y visualizar un hermoso loto en tu pelvis es en sí y de por sí curativo. Comenzará a eliminar el condicionamiento en torno a esta zona de tu cuerpo y a que las energías sacras son malas o vergonzosas. Intenta cultivar una nueva conexión con esta parte de tu cuerpo, una nueva sensación de amor y de agradecimiento.

Por supuesto, el centro sacro está ligado a la sexualidad, un aspecto muy afectado en la mayoría de supervivientes de traumas sexuales. Algunas supervivientes no pueden mantener relaciones sexuales mientras que otras sí pueden, pero no lo entienden como una fuente de placer o intimidad. A menudo se requiere terapia para resolver los problemas sexuales de esta naturaleza, sobre todo si la actividad sexual desencadena recuerdos o una disociación. Además, trabajar con el loto sacro puede ser una poderosa ayuda. Experimenta con la activación del Loto sacro durante un período de tiempo antes de realizar alguna experiencia placentera basada en los sentidos que no sea de naturaleza sexual; escuchar música, visitar una galería de arte, darte un baño con velas o incluso tomar tu comida favorita. A medida que te sientas más cómoda con el placer sensual «ajeno» al sexo y que las energías del Loto sacro aumenten en tu cuerpo energético, esto empezará a trasmitirse a tu relación con el sexo en sí.

Algunas supervivientes de traumas sexuales actúan movidas por el sentimiento de baja autoestima o de vergüenza adoptando una conducta sexual peligrosa o manteniendo encuentros sexuales que imitan o copian los abusos o agresiones de los que fueron objeto. Si este es tu caso, sopesa la posibilidad de descansar de tu actividad sexual durante un período de tiempo que consideres sensato y concentrarte en el Loto sacro a diario durante ese tiempo. Trata de establecer un vínculo saludable entre tus energías sacras, tu cuerpo y tu psique.

Sin embargo, tener un chakra sacro y un cuerpo energético femenino fortalecidos no requiere que seas sexualmente activa. Por el contrario, en algunas tradiciones espirituales femeninas históricas, las curanderas y adivinas eran célibes por elección, en parte porque esto significaba que podían canalizar las energías sacras en su trabajo. Del mismo modo, un sacro fuerte no tiene nada que ver con alumbrar hijos, pues hay muchas otras maneras de manifestar nuestras energías creativas en el mundo. Lo más importante es que tú decidas qué es lo mejor para ti con respecto a tu sexualidad y a tus energías sacras en general y que aceptes que esto cambie con el tiempo.

Desde una perspectiva energética, las mujeres que sufren traumas sexuales suelen sentirse doblemente victimizadas: primero por el abuso o la agresión en sí y luego otra vez por la desconexión con sus propias energías sacras que esto suele llevar aparejado. Una parte importante de la curación es aceptar la necesidad de sanar en ambos niveles. Busca el apoyo que necesitas para recuperarte del trauma físico y psicológico. Después céntrate durante un tiempo en restablecer el vínculo con las energías de tu chakra sacro. Cultiva una relación sana y afectuosa con tu propio cuerpo y con tus energías sacras. Trabajar con los demás potenciadores de este libro continuará tu evolución en este sentido.

Emily concertó sesiones de trabajo con las energías porque fue violada en la universidad y nunca lo aceptó. Había leído acerca de mi trabajo energético para tratar los traumas sexuales y quería explorarlo, pues pensaba que era posible que su experiencia estuviera afectando a su capacidad para encontrar una relación sana. Lo primero que noté en Emily fue que pedía disculpas incluso cuando no era necesario; primero lo hizo por llegar tarde, cuando no era así; en segundo lugar por no enviarme más información básica antes de la sesión, lo cual era opcional, y tercero por tener una leve laringitis, algo de lo que ni me di cuenta.

Mientras hablábamos de lo que le había pasado quedó claro que Emily se culpaba a sí misma. Había acompañado a su agresor a su habitación de forma voluntaria y habían empezado a besarse. Cuando él trató de llevar las cosas más lejos, ella dijo que no. Cuando él no lo aceptó, ella intentó apartarle. Esto continuó durante un rato, hasta que Emily intentó alejarse y marcharse de la habitación. En ese momento la forzó y ella se quedó inmóvil para terminar de una vez. Cuando más tarde le contó lo sucedido a una amiga, esta se mostró comprensiva y le dijo: «Menudo imbécil», pero no parecía pensar que fuera algo raro y le narró un incidente parecido que le había pasado a ella. Eso hizo que Emily normalizara el encuentro, no considerándolo una agresión y echándose la culpa. Apartó el recuerdo de su cabeza y no volvió a hablar de ello.

Animé a Emily a que buscara asesoramiento para agresiones sexuales y le aconsejé buen material de lectura y recursos *online* que le ayudaran a entender la violación en una cita y sus reacciones. Después empezamos a trabajar con el Loto sacro y el tema de la vergüenza y el sentimiento de culpa. Le pedí a Emily que activara el Loto sacro cada día durante una semana y que intentase activarlo con rapidez durante el día cuando se percatara de que acababa de decir «lo siento» por algo que en realidad no era culpa suya o que ni siquiera era un problema.

Emily me informó a la semana siguiente que no había podido hacer el segundo ejercicio del todo porque había descubierto que se disculpaba por costumbre con tanta frecuencia que habría sido imposible. Se dio cuenta de que se sentía mal y culpable en todo momento. De hecho, se percató de que este patrón había estado presente antes de su agresión y estaba vinculado a sentimientos de baja autoestima y perfeccionismo surgidos en la infancia, pero que se habían acentuado tras la agresión.

Continuó trabajando con el Loto sacro de forma regular, sobre todo cuando notaba que se sentía culpable o arrepentida. Con el tiempo se liberó de la vergüenza que sentía por su agresión y les contó a su madre y a una amiga de confianza lo que había ocurrido. Ser capaz de compartir su historia la fortaleció y contribuyó a su recuperación. A medida que abandonaba el hábito de sentirse siempre culpable y reconocía su derecho a estar en el mundo en sus propios términos, comenzó a vivir desde un lugar más fortalecido dentro de ella misma.

La historia de Emily es muy común y se refleja en muchos otros escenarios. Aunque no hayas sufrido una agresión sexual explícita, cabe la posibilidad de que hayas experimentado acoso sexual o incomodidad en cierto momento de tu vida que te generó sentimientos de vergüenza o de culpa. Aun sin dichas experiencias, se suele educar a las mujeres para que crean que son responsables de todo lo que les ocurra a ellas y a su alrededor y eso puede manifestarse en la tendencia a pedir disculpas por todo que mostraba Emily. Trabajar con el Loto sacro puede ayudarte a eliminar estos sentimientos y a reclamar tu legítimo lugar en el mundo como mujer que espera que se la respete.

3

El Fuego del ombligo: Tu poder personal

Chakras relacionados: Tu tercer chakra, o chakra del ombligo.

Energías: Sentido de la identidad, poder personal, fuerza de voluntad, determinación, confianza, disciplina, resistencia, organización, asimilación de información, ejecución, indiferencia, objetividad.

Uso: Pasividad, inseguridad, falta de confianza, procrastinación, falta de motivación, obstáculos, falta de concentración, hiperactividad, siempre que necesites potenciar tu capacidad de liderazgo, presentar o actuar.

Cuando decimos que alguien «tiene fuego en las tripas» nos referimos a que tiene determinación y es capaz de superar cualquier obstáculo para lograr su meta. Esta es una expresión de las energías del chakra del ombligo y es lo que activa el Fuego del ombligo. Cuando tu Fuego del ombligo está encendido sientes que puedes lograr lo que te propongas y superar cualquier desafío. Estás centrada y motivada, decidida y organizada. Tienes un plan y la voluntad y la concentración para llevarlo a cabo.

Las energías del chakra del ombligo son el centro desde el que interactuamos con el mundo. Es el nexo de nuestro sentido de la identidad en el mundo; nosotros en relación con el mundo. Por lo tanto, tiene mucho que ver con nuestra capacidad de actuar. ¿Qué nos sentimos capaces de hacer «ahí afuera», fuera de nosotros mismos? Mientras que el chakra raíz y el chakra sacro se ocupan de la relación con nuestro cuerpo y emociones, y nuestra sensación de seguridad y de conexión, el chakra del ombligo trata sobre el siguiente paso, el paso de cara al exterior; nuestra intención, acción e impacto.

A nivel de nuestra psique, las energías del chakra del ombligo reflejan la confianza en nosotros mismos y nuestra autoestima; ¿creemos que podemos actuar de manera eficaz en el mundo? En lo que a la habilidad se refiere, estas energías se manifiestan como la capacidad que tenemos de aprovechar nuestra energía mental de forma eficaz; ¿tenemos la concentración, la determinación, la capacidad organizativa y la resistencia para lograr lo que nos hemos propuesto? Trabajar con el Fuego del ombligo te ayudará en ambos frentes. Te ayudará a aflorar y hacer desaparecer las creencias sobre ti mismo que te frenan y también te ayudará a aumentar tu concentración y claridad mental, además de activar tu voluntad y tu resistencia. En el caso de las mujeres, una parte importante de trabajar con el Fuego del ombligo es disipar cualquier creencia limitadora que hayamos interiorizado referente a nuestra capacidad o derecho a actuar en el mundo o en ciertos ámbitos del mundo.

Debido a que el chakra del ombligo es el centro de nuestra energía relacionada con el mundo, lo define un flujo constante de intercambio. Lo ideal es que haya un equilibrio entre la receptividad y la asertividad;

nuestra capacidad de «asimilar» el mundo y nuestra capacidad de actuar en él. Pero si hay un desequilibrio, puede convertirse en pasividad o agresión, o una oscilación errática entre ambas (conducta pasivo-agresiva). Un chakra del ombligo eficaz y fortalecido tiene que ver con el equilibrio, un equilibrio entre nuestra capacidad de observar y entender el mundo y nuestra capacidad de actuar y dejar nuestra huella en él.

La metáfora del fuego resulta muy útil para entender este equilibrio. Cuando intentas encender un fuego con una chispa o una brasa, necesitas la cantidad justa de aire para que prenda y se genere una llama. Da igual que abaniques, que soples o que uses unos fuelles, la cantidad justa de aire es crucial; suficiente para que la brasa prenda, pero no tanto como para que la llama se apague antes de que prenda o se apague la brasa. Asimismo, trabajar con tu Fuego del ombligo es cuestión de equilibrio. Una llama viva y descontrolada no es lo que buscas; eso solo genera energías de dominación, agresión y destrucción. Tampoco quieres una llama débil y tenue porque entonces no estás reclamando el espacio que necesitas y mereces en el mundo. Lo que necesitas es un calor y una expresión de poder equilibrados, sanos y centrados.

Nuestro chakra del ombligo tiene también mucho que ver con los límites, las líneas que trazamos entre nosotros mismos y los demás. Se refiere a límites relativos a nuestra capacidad para decir que no (romper con la conducta complaciente), límites relativos a insistir en el trato respetuoso que merecemos y límites energéticos; nuestra capacidad para crear un filtro energético que filtre las energías de otras personas y del mundo que nos rodea que dejamos que entren en nuestro cuerpo energético. En este capítulo hablaremos sobre todo de límites relativos a los dos primeros tipos, pero trataremos los límites energéticos en el capítulo dedicado al potenciador de la Segunda piel.

El Fuego del ombligo es también un gran potenciador para despejar energías de nuestro cuerpo energético y nuestra psique que no son saludables para nosotros, como una limpieza de energía. Podemos quemar emociones negativas o tensión que hemos recogido de personas a nuestro alrededor o de un entorno en el que hemos estado. Este proceso tiene un efecto clarificador y centralizador, desintegrando cualquier fuerza dentro de nosotros que haya alterado nuestro equilibrio. Nos centra de nuevo en nuestro poder.

Shanea tenía treinta y tantos años, y su actual búsqueda de empleo la tenía frustrada. Pese a haberse ganado constantes elogios en su trabajo como desarrolladora de páginas web, reconocida por ser una trabajadora tenaz y una buena integrante del equipo, eso no se había traducido en un ascenso. Había visto avanzar a los compañeros que la rodeaban, incluyendo a las mujeres. Sentía que estaba infravalorada, que la consideraban «Shanea la responsable», pero nunca le daban nuevas oportunidades en su empresa. Decidió buscar otro empleo y consiguió un par de entrevistas a través de una empresa de selección de personal, pero estaba tan nerviosa en ambas que no lo hizo bien y no le ofrecieron ninguno de los trabajos.

Shanea se sentía muy atraída por la ley de la atracción y las enseñanzas del pensamiento positivo. Había creado muchos tableros de objetivos y otros potenciadores que le ayudaran a alcanzar sus metas. Además, había leído muchos libros sobre la mujer en el mundo de los negocios y reconocía algunos patrones de capitulación y complacencia de la gente que a ella no le estaban sirviendo. Sentía que estos libros y los potenciadores le habían ayudado a aclarar sus propósitos y su comunicación, pero empezaba a culparse por no haber logrado aún lo que quería. Se preguntaba si no se estaba esforzando lo suficiente, si no era lo bastante buena, si se estaba conteniendo, si era demasiado cómoda o incluso si era perezosa. Se preguntaba si se estaba saboteando a sí misma o si no realizaba sus afirmaciones diarias de manera correcta. Estaba llena de dudas, incertidumbre y sentimientos de baja autoestima.

En nuestra primera sesión guie a Shanea en la activación de su Fuego del ombligo y nos centramos en sus dudas de una en una, imaginándolas como bloques negros alrededor de su ombligo y la zona del plexo solar. Visualizamos su Fuego del ombligo propagándose y reduciendo a cenizas esas dudas, igual que una vela quema trozos de papel. Luego pedí a Shanea que se concentrara en tres logros recientes en su empleo actual, que imaginamos como bolas de luz en su vientre, que iluminaron aún más su Fuego del ombligo e hicieron que todo su ser irradiara luz. Por último, le pedí que se imaginara manteniendo de manera sucesiva conversaciones confidenciales con su actual jefa, con la empresa de selección de personal y en una entrevista imaginaria durante las cuales su Fuego del ombligo estuviera encendido y emanara luz y poder.

Le sugerí a Shanea que después de la sesión guardara por el momento sus tableros de objetivos y sus afirmaciones basadas en objetivos y que en su lugar repitiera la segunda mitad del ejercicio que habíamos hecho juntas cada día: activar su Fuego del ombligo, concentrarse en los éxitos recientes e imaginarse irradiando la luz de esos éxitos y de su Fuego del ombligo mientras mantenía con soltura conversaciones con su jefa, la empresa de selección de personal y futuros entrevistadores. También le sugerí que intentara tomarse un minuto de descanso si era posible durante el día siempre que surgieran las dudas o la conducta complaciente y se imaginase acabando con ese sentimiento o tendencia como un bloque en su vientre con su Fuego del ombligo.

Shanea comenzó a mostrarse más firme en el trabajo. Se ocupó de notar y magnificar sus éxitos y de comunicarlos a los demás cuando era apropiado. También pidió a la empresa de selección de personal información más específica de sus entrevistas anteriores y lo que recibió le ayudó a modificar su currículum para destacar mejor sus logros. Practicó la comunicación de estos logros en el contexto de una entrevista y al final le surgió una nueva. Antes de la entrevista, Shanea activó su Fuego del ombligo y se recordó una vez más sus logros pasados. Se sentía mucho menos nerviosa en la entrevista y recibió la oferta de trabajo que deseaba. Para su sorpresa, su actual jefa se disgustó de manera sincera cuando Shanea le comunicó que se marchaba y le hizo una contraoferta. Shanea decidió empezar de cero en la nueva empresa. Continuó trabajando con temas relacionados con asumir su poder y tener confianza y ha seguido triunfando en su trabajo desde entonces.

La experiencia de Shanea pone de manifiesto una de las formas más relevantes de desarrollar las energías del chakra del ombligo y la confianza y el poder personal asociados, centrándonos en los logros que ya hemos alcanzado. Una vez más, la metáfora del fuego es muy oportuna; un fuego se hace más grande cuando le proporcionas más combustible y destacar logros y éxitos pasados es combustible para tu Fuego del ombligo. Cuando hacemos un trabajo de desarrollo personal o aspiracional es fácil quedarse atascado en nuestras deficiencias; todos los objetivos que todavía no hemos logrado o todas las formas en que estamos haciendo algo «mal». Podemos quedarnos atascados en este estado de ánimo negativo, que es igual que arrojar una manta mojada sobre nuestro fuego.

Las aspiraciones y los objetivos son importantes y ponerte objetivos ambiciosos puede ser una parte crucial del desarrollo de tu poder personal en el mundo. Pero si descubres que te has centrado en tu fracaso para lograr una meta y te acosan las dudas y la autocrítica, entonces permítete dejar eso atrás y concéntrate en el combustible que son los éxitos pasados mientras enciendes tu Fuego del ombligo. Por supuesto, el éxito también tiene que ver con la concentración y el trabajo duro, y en este caso, Shanea siguió adelante, recibiendo comentarios de su empresa de selección de personal, modificando su currículum y perfeccionando sus habilidades de cara a las entrevistas. Al final fue la combinación de esta diligencia junto con sus cambios internos lo que le permitió dar este paso y lograr cambios duraderos.

Cuándo has sentido esto con anterioridad

La historia de Shanea pone de relieve una de las principales ocasiones en que has sentido la energía del Fuego del ombligo con anterioridad; siempre que has logrado algo y te has sentido realmente orgullosa de ti misma. Si te cuesta reconocer tus propios logros, te animo a que te sientes y recapitules tu vida, centrándote en los momentos de éxito. No tienen por qué ser éxitos reconocidos por otros; lo importante es que en el momento concreto sintieras que habías logrado algo. Lo que pasó después de tu logro tampoco es relevante en este caso (ejemplo: si estás orgullosa del jardín que plantaste en tu última casa, pero sabes que los actuales propietarios arrancaron dicho jardín). Lo que importa es que en el momento en que terminaste el jardín te sentiste orgullosa de ello.

Cualquier actividad en la que te sientas segura de tu capacidad es también un momento en el que tu chakra del ombligo es fuerte. Quizá te sientas llena de confianza en el trabajo, en el colegio, criando a los hijos o en algún otro ámbito mundano que sea reconocido por los demás. Pero no te quedes ahí; piensa en términos más amplios. ¿Tienes alguna afición en la que te sientas segura de ti misma? ¿Un deporte o un régimen de ejercicio? ¿Te sientes confiada cuando cocinas o escuchas los problemas de una amiga o cuando haces senderismo? Céntrate en los momentos en los que no tienes dudas ni incertidumbre.

Otra expresión del Fuego del ombligo que tal vez hayas sentido antes es la determinación. Piensa en un momento de tu vida en el que hayas sentido una gran determinación o una actividad en la que hayas tenido que recurrir a ella. Hay una forma muy rápida de acceder a esta expresión concreta de la energía del chakra del ombligo que puedes realizar ahora. Pregúntate a ti misma: ¿cuántas flexiones, abdominales o elevaciones de piernas puedo hacer de forma realista? Establece un número y después inténtalo de inmediato. Cuando alcances tu objetivo, o en el momento en el que quieras abandonar, desafíate a ti misma a hacer solo dos o tres más (¡no te hagas daño, ya que no es el fin de este ejercicio!). En esos pocos momentos en los que haces caso omiso del deseo de abandonar y sigues adelante, estás accediendo a la vertiente de la determinación de tu chakra del ombligo. Cuando pares dedica un momento a recordar lo que se siente en esos momentos, la sensación de determinación en tu cuerpo.

Igual que con los demás chakras, el hecho de que la determinación sea un ejemplo del uso de tu chakra del ombligo no significa que lo sientas necesariamente en tu vientre. Puede que lo sientas en algún otro lugar o como una sensación en todo el cuerpo. Sin embargo, en lo que a tu cuerpo energético se refiere, esta energía se centra en la zona de tu vientre y puedes recurrir a este recuerdo cuando trabajes para activar tu Fuego del ombligo en concreto.

La energía del chakra del ombligo no es solo cuestión de sentir, sino también de precisión en forma de organización y de eficacia. Si eres alguien que puede dividir un proyecto en pasos más pequeños y trazar un camino específico hasta su consecución, es otro ejemplo al que puedes recurrir al activar tu Fuego del ombligo. Si se te da bien organizar a otros o un espacio, incluso tu ropero o los armarios, piensa en la lucidez mental que experimentas mientras lo haces. Si se te da bien descifrar datos, procesando información de un modo útil, aprovecha entonces el estado mental y la concentración que adquieres mientras lo haces. Todas estas son también expresiones del Fuego del ombligo en su emisión activa y orientada.

Otro ejemplo de este aspecto de las energías del chakra del ombligo es la capacidad de distanciarte de una situación y evaluarla de manera objetiva (o tanto como sea posible). La capacidad de abrirse paso a través de las emociones y las ataduras, considerar ambos lados de un problema o un conflicto, o dar un paso atrás y ver el panorama general está ligada al efluvio equilibrado y más abstracto de las energías del chakra del ombligo. Si se te da bien mediar en disputas, escuchar los problemas de una amiga y ayudarla a verlo de otra forma u orientar a un grupo en la resolución de problemas para alcanzar un objetivo estratégico, son también ejemplos a los que puedes recurrir.

Pasos para la activación

Como siempre, busca un lugar tranquilo y privado cuando estés aprendiendo a activar tu Fuego del ombligo. Prepara el archivo de audio y ten a mano tus referencias de la sección de *Cuándo has sentido esto con anterioridad*. Tal vez quieras tener también una lista de dudas o creencias que te limitan y que has identificado que están activas en tu caso.

Contempla la imagen del Fuego del ombligo durante un minuto para familiarizarte con ella. También puedes encender una vela y colocarla delante de ti. A algunas personas les resulta útil imaginar la llama de una vela reflejada en su ombligo mientras trabajan por primera vez para activar este potenciador.

Paso 1: Toma asiento y coloca las manos justo debajo de tu ombligo. Inspira hondo unas cuantas veces al tiempo que te concentras en expandir tu vientre justo debajo de su ombligo mientras lo haces, como un globo que se expande y se contrae con cada respiración.

Paso 2: Puedes mantener las manos en el estómago si prefieres o dejarlas sobre el regazo. Empieza a visualizar una brillante llama amarilla justo bajo tu ombligo, como la alargada llama de una vela que desprende una cálida e intensa luz. Si usas una vela real, abre los ojos y fíjalos en su llama, imaginando que se refleja bajo tu propio ombligo.

Paso 3: Dedica algo de tiempo a respirar frente a esta llama, siente cómo tu vientre sigue subiendo y bajando al ritmo de tu respiración e imagina que tu aliento aviva la llama, que poco a poco va cobrando intensidad, propagando calor por todo tu cuerpo.

Paso 4: Si tienes dudas o inseguridades concretas presentes en tu vida en estos momentos, trae brevemente a tu mente cada una e imagina que es un pedazo de materia oscura en la zona de tu vientre. Después imagina que el Fuego del obligo prende este pedazo de materia y queda reducido a cenizas para desaparecer por completo a continuación. Repite el mismo proceso con cada duda o inseguridad con la que estés trabajando.

Paso 5: Ahora recuerda uno a uno tus momentos de éxito y otros recuerdos de la sección de *Cuándo has sentido esto con anterioridad*. Recuerda la sensación de estos momentos e imagina que están avivando el Fuego del ombligo, haciendo que arda con más fuerza. Siente ese calor propagarse por todo tu cuerpo.

Paso 6: Cultiva la sensación de que este fuego es el centro de tu confianza y que emana de ti. Cultiva la sensación de concentración y determinación con la precisión de un láser. Dado que se trata de energía consolidada, algunas personas descubren que les es de mucha ayuda cerrar los puños para avivar esta sensación de poder, concentración y estar centrado.

Paso 7: Imagina que irradias esta confianza, este poder, este calor por todas partes. Estás rodeada por una esfera de luz amarillenta y anaranjada que emana en todas direcciones, centrada en el Fuego del ombligo.

Paso 8: Recita cada una de las afirmaciones asociadas mientras sientes ese calor y ese poder:

Soy poderosa.
Tengo confianza.
Soy organizada.
Estoy decidida.
Estoy concentrada.
Estoy centrada.

Paso 9: Mantén esta imagen y sensación tanto tiempo como quieras. Toma tu «instantánea» de este estado para acceder rápidamente a él cuando lo necesites. Cuando estés lista, deja la imagen y abre los ojos.

Este es un potenciador que a menudo provoca sensaciones físicas, sobre todo de calor o de cosquilleo en tu vientre. No todos pasamos por las mismas cosas y no es un problema si ese es tu caso. Pero si tú lo sientes puedes centrarte en ese calor o cosquilleo como parte de tus pasos de activación. Inclúyelo en tu instantánea y procura cultivar esa sensación siempre que necesites activar este potenciador en tu día a día.

Cuándo estás bloqueada

Una forma de identificar los bloqueos de tu chakra del ombligo es pensar en si tu Fuego del ombligo arde poco o mucho. Si es poco, tu luz se atenúa en el mundo. Puede que te sientas invisible o no reconocida por algunas o por todas las personas de tu vida. Puede que seas pasiva y evites decir lo que de verdad sientes o quieres. Es posible que sientas que te dan por sentada o que estás atrapada en patrones de conducta complaciente. Es posible que sientas que asumes las emociones de los demás o que los demás desahogan en ti sus emociones negativas.

Por otro lado, si la llama de tu Fuego del ombligo es demasiado intensa y descontrolada, es posible que seas obstinada y dominante. Tal vez arrollas a la gente o adoptas un comportamiento excesivamente controlador y manipulador. Puede que tengas muchos conflictos o que te enfades con mucha rapidez y frecuencia. Tal vez tu energía sea demasiado intensa o frenética para los demás. Tal vez seas hiperactiva, estés dispersa o seas incapaz de continuar moviéndote en una única dirección, hacia un único objetivo. Puede que no seas capaz de aceptar críticas o sintonizar con lo que otros tienen que decirte.

La mayoría oscilamos un poco entre estas dos expresiones, entre la pasividad y la agresividad. O podemos ser de una manera en las relaciones, pero de otra en el trabajo, o diferenciar en función de los distintos tipos de relaciones; por ejemplo, pasivas en las relaciones románticas, pero dominantes como progenitora. A menudo hay algunas dinámicas de poder familiares de nuestra infancia que se manifiestan en nuestra vida adulta como problemas con el chakra del ombligo. Identificar cómo puedes ejercer tu poder personal por completo es cuestión de descubrir dónde y de qué manera te falta el equilibrio en lo que a tu dinámica de poder con los demás se refiere.

A nivel energético, este equilibrio también tiene relación con el flujo de energías entre nuestros tres chakras inferiores. En condiciones óptimas, nuestro chakra raíz nos proporciona la sensación de seguridad y la base para que la energía fluya desde él hacia nuestro chakra sacro. Así nuestro chakra sacro fortalecido es capaz de fluir libremente, proveyéndonos de inspiración y del deseo de conectar con el mundo.

De ese modo, ambas energías avivan el chakra del ombligo para expresarse en un poder equilibrado y centrado. Pero cuando los dos chakras inferiores no son fuertes, suele haber una retención en nuestro chakra del ombligo. Intentamos generar nosotras mismas nuestro propio poder en vez de sentirnos impulsadas por las energías de los chakras raíz y sacro. Esto resulta extenuante y agotador, y a menudo se manifiesta con patrones que oscilan entre la llama tenue y la potente: la conducta pasiva-agresiva.

Un Fuego del ombligo equilibrado brilla con una sensación de poder que fluye «a través» de nosotros, no emana de nosotros. Cuando nuestro Fuego del ombligo es fuerte no nos sentimos como una isla, generando nuestro propio poder. No sentimos que tenemos que controlar a todos o dejar que todos nos controlen para sentirnos bien. Podemos dar y tomar, y alternar ambas cosas de manera natural, centrados en nuestro propio sentido de la identidad. Podemos lidiar con los «golpes» a nuestro ser, esos momentos en los que alguien dice algo hiriente o intenta apagar nuestra luz, sin que nos afecten de verdad. Estamos iluminados desde dentro y nadie puede arrebatarnos eso.

Utilizar el Fuego del ombligo

Debido a que las energías de nuestro chakra del ombligo tienen tendencia a pasar de ser demasiado débiles a demasiado potentes, de pasivas y complacientes a agresivas o desagradables, resulta útil pensar en ambos tipos de situaciones de tu día a día en las que tal vez quieras usar el Fuego del ombligo. Hay momentos en los que puedes necesitar avivar el fuego y otros en los que necesitas contenerlo y enfocarlo.

He aquí algunos ejemplos de momentos en los que tal vez quieras concentrarte en generar y fortalecer tu Fuego del ombligo:

- Antes o durante el ejercicio para aprovechar tu máxima determinación.

- Para despejar tu campo de energía de emociones negativas que crees que has recogido de la gente que te rodea o de un entorno. Hablaremos más acerca de esto en el capítulo dedicado a la Segunda piel.
- Cuando necesites no dejarte pisotear. Puedes activar este potenciador antes de una reunión o un encuentro con alguien que sabes que puede intimidarte o hacer que te sientas insegura.
- Antes de ir a una entrevista, una presentación, una gran reunión, un evento deportivo o cualquier evento en el que necesites proyectar tus conocimientos y tu capacidad.
- Antes y durante un desafío físico y mental, por ejemplo, un triatlón o una gran prueba, en la que necesites recurrir a tu determinación y resistencia.
- Cuando te sientas dispersa o desorganizada, o siempre que estés a punto de embarcarte en un gran proyecto que requiere capacidad de concentración y organización.

A continuación te muestro algunos ejemplos de situaciones en las que podrías necesitar contener o calmar tu Fuego del ombligo. Lo harás de la misma manera, pues sigue siendo una activación, pero tu intención se centra más en enfocar tu poder que en aumentarlo.

- Cuando sientas que la ira aflora o justo después de una acalorada discusión. Puedes terminar cambiando a la Estrella del corazón (abordada en el siguiente capítulo), pero durante o después de una sensación de enfado a menudo necesitamos centrarnos primero en las energías del chakra del ombligo antes de poder trabajar con el chakra del corazón.
- Cuando sientas que estás siendo controladora o dominante en exceso o cuando te des cuenta de que lo has sido. Una vez más, es posible que te resulte útil activar también otro potenciador,

dependiendo de cuáles creas que son las causas de esta tendencia, por ejemplo, el Cuenco raíz si se basa en el miedo.

- Cuando te sientas hiperactiva o frenética, ya sea mental o físicamente o ambas.
- Cuando ardas en deseos de realizar alguna actividad que sabes que no será saludable para ti. Podría ser cualquier cosa, de un atracón a una borrachera, pasando por llamar a un ex del que sabes que estás mejor sin él. No sustituye a ningún trabajo terapéutico o curativo a largo plazo que puedas necesitar para tratar el problema, pero si ya estás dedicada a esa labor, utilizar el Fuego del ombligo en el momento te ayudará a enfocar tus energías y a aprovechar la fuerza de voluntad necesaria para superar el ansia del momento.

Tal vez quieras trabajar con el Fuego del ombligo a diario durante un tiempo cuando estés tratando de superar patrones de impotencia, inseguridad o falta de confianza. Si nunca has sentido de verdad que eras dueña de tu poder o estás intentando cambiar la situación de tu vida o la dinámica de poder, te conviene aumentar las energías asociadas al Fuego del ombligo y permitir que esa ardiente energía arrase tus viejos patrones y las creencias que te limitan. Trabajar con el Fuego del ombligo de esta forma recuerda a la historia del ave fénix (piensa en Fawkes si eres fan de Harry Potter), que arde hasta quedar reducido a cenizas de vez en cuando y luego renace de ellas con poder y sabiduría renovados. Al utilizar así el Fuego del ombligo en una fase de crecimiento personal, estás creando para ti una pequeña versión del ciclo del ave fénix.

Aquí tienes algunos ejemplos de situaciones de vida o patrones a largo plazo en los que puedes utilizar el Fuego del ombligo cada día:

- Si sientes que nunca has reivindicado de verdad tu poder ni tomado el control de tu vida. Puedes sentir que te has dejado arrastrar por la vida, sin tomar nunca tus propias decisiones, o puedes sentir que has vivido de acuerdo a las expectativas de los demás.

- Si sientes que fuerzas externas, ya sea por obra de personas de tu vida o de la discriminación de género, institucional o cultural, racial, religiosa o sexual, han reprimido tu capacidad de expresar tu poder y de vivir tu vida. Está claro que fortalecerte mediante el Fuego del ombligo no acabará por arte de magia con estas fuerzas, pero te permitirá elaborar estrategias para luchar mejor contra ellas o para cambiarlas.

- Cuando estés recibiendo un tratamiento contra el cáncer o te estés recuperando de una enfermedad o lesión que te debilita. Quizá quieras combinarlo con los Rayos sanadores (capítulo 10). El Fuego del ombligo te ayudará a acceder a la determinación y la resistencia que necesitas en tanto que los Rayos sanadores te ayudarán a aumentar tu propia capacidad de curarte y calmarte.

- Cuando te enfrentes a un obstáculo u oposición para alcanzar un antiguo objetivo.

- Cuando estés tratando de dejar los mitos del poder (abordados en la siguiente sección) y estés preparada para replantear la percepción de tu propio poder.

- Si sospechas que tienes dificultad para pensar de forma lineal y organizada.

- Cuando trates de superar un antiguo miedo o una fobia mediante terapia u otros tratamientos.

Jean tenía cuarenta y tantos años y había levantado de la nada un negocio de éxito ella sola. Se crió presenciando los repetidos abusos físicos a los que su padre sometía a su madre hasta que acabó abandonando a la familia cuando ella tenía doce años. Después de eso tuvieron escaso contacto con él y no contribuyó con el dinero de la manutención de ella ni de su hermano menor, lo que dejó a la familia en una situación económica desesperada. Jean creció decidida a no ser nunca vulnerable o pobre como su madre. Trabajó provisionalmente de recepcionista mientras asistía a la escuela nocturna y con el tiempo montó su propia empresa de trabajo temporal, que se expandió a tres ciudades y tenía más de cincuenta empleados.

Cuando empezamos a trabajar juntas, Jean acababa de pasar por un doloroso divorcio y luchaba por relacionarse con su hijo de trece años, que había optado por vivir con su padre. Se sentía furiosa y abatida al mismo tiempo. Admitió haberse enfrentado a arrebatos de ira toda su vida y tenía antecedentes de altercados con empleados, con vecinos, con su marido y con su hijo. Aunque nunca fue algo físico, cualquier desaire percibido podía provocar estos arrebatos; una vez ocurría, solía lanzarse a la yugular y decir lo que más daño haría a la otra persona. De hecho, un juez acababa de condenarla a que asistiera a clases para el control de la ira por una denuncia que un vecino presentó contra ella por acoso verbal (la disputa había comenzado cuando ella se quejó por el ruido, pero se convirtió en un altercado muy acalorado por el que otro vecino llamó a la policía). Jean llevaba algunos años recibiendo clases de *power yoga* y, por consejo de su profesora, había decidido probar el trabajo con los chakras para complementar el curso de control de la ira.

En nuestra primera sesión fue difícil conciliar toda esta información con la mujer destrozada y abatida con la que estaba hablando. Jean creía que la ira le estaba arruinando la vida y temía haberlo heredado de su padre y que no hubiera nada que pudiera hacer para cambiarlo. En las clases para el control de la ira estaba aprendiendo a reconocer las señales físicas en su cuerpo del estallido de la ira, además de ejercicios de respiración para tratar de tranquilizarse cuando los detectara. Le enseñé el potenciador del Fuego del ombligo y le sugerí que lo combinara con sus ejercicios respiratorios, imaginando que su respiración se estabilizaba y fortalecía su autocontrol y su centro en forma de llama constante y serena. Practicamos esto trabajando con el recuerdo de su último altercado fruto de la ira, sintiendo que la energía furiosa dispersa por su cuerpo se consolidaba en la llama constante y cálida en su chakra del ombligo. También le pedí que probara el Fuego del ombligo a diario durante diez minutos, imaginando que cada una de sus actuales dudas y ansiedades ardían en el fuego generado.

Con el tiempo, Jean empezó a ver el patrón de oscilación de las energías de su chakra del ombligo en relación con otros, así como las causas de dicho patrón. Se dio cuenta de que necesitaba sentir que tenía el control y la autoridad en toda interacción y podía sentir la tensión en la zona de su chakra del ombligo que los acompañaba. Si una persona o una situación amenazaban esta sensación de control o de autoridad, podía sentir que las energías de su chakra del ombligo se disparaban, levantando muros y luchando contra la «amenaza» a través de la ira. También podía sentir que eso la dejaba agotada y exhausta, haciendo que se sintiera oprimida y sin esperanza, el otro extremo del espectro del chakra del ombligo en que se movía. Reconocía las causas de ambos extremos de este espectro en el juramento que hizo de adolescente de no volver a ser vulnerable ni débil.

Cuando Jean comenzó a trabajar en sus problemas a un nivel más profundo, empezó también a trabajar con el Cuenco raíz y el Loto sacro. Trabajos para crear un flujo ascendente de energía desde estos chakras para alimentar el Fuego del ombligo en vez de lo que había estado haciendo: sentir que tenía que generar ella misma todo su poder. Continuamos trabajando con el Fuego del ombligo como medio para erradicar las viejas creencias y para centrar y estabilizar su sentido del poder en relación con los demás. Empezó a sentir un flujo de reciprocidad más orgánico entre ella y los demás, y fue capaz de recibir y asimilar mejor las críticas y la negatividad dirigidas a su persona. A medida que cambiaba, Jean pudo reparar la relación con su hijo y poner fin a los arrebatos de ira que la habían perseguido en todas las vertientes de su vida.

La ira es solo una de las formas en que se manifiesta un chakra del ombligo desequilibrado y, por supuesto, los bloqueos de otros chakras pueden estar vinculados a problemas de la ira. A menudo hay temor, vergüenza y un daño profundos subyacentes a la ira, de modo que es necesario trabajar con el chakra raíz, el chakra sacro y el chakra del corazón. Pero empezar por estabilizar el Fuego del ombligo y emplear esta energía para centrar y conseguir autocontrol cuando la ira comienza a desencadenarse, puede ayudarte a ver en funcionamiento la dinámica de poder y las formas en que puedes defenderte para no sentirte vulnerable. También fortalecerá la sensación de que puedes cambiar y te ayudará a liberar (es decir, arrasar) viejas creencias sobre ti misma.

La historia de Jean también recalca lo agotador que puede ser tener una excesiva dependencia del chakra del ombligo como un intento de frenar la vulnerabilidad. Había usado bien su poder personal para levantar un negocio de éxito, pero como estaba generando ese poder de forma constante sin una sensación de seguridad subyacente ni el respaldo de la inspiración de las energías de su chakra raíz y su chakra sacro, solía sentirse exhausta y sola. Esos sentimientos magnificaban a su vez la tendencia a perder el control de la ira ante la menor provocación. Trabajaremos más en el flujo entre los chakras en el capítulo dedicado al Sendero femenino.

Energética de la mujer: Los mitos del poder

Los puntos focales de los tres chakras inferiores son los que más varían en los mapas energéticos de culturas y tradiciones distintas. Las ubicaciones las elegí porque son las más útiles para la mujer en base a nuestro sistema energético general. En los mapas de chakras con menos de siete chakras, el chakra raíz y el chakra sacro suelen fusionarse en un chakra inferior y/o el chakra sacro y el chakra del ombligo también pueden fusionarse. En el caso de la mujer, diferenciar el chakra sacro y trabajar con él en la parte baja de la cavidad pélvica, centrada en el cuello uterino (la puerta literal de la vida), es fundamental para conectar con nuestra principal energía creativa. Es vital distinguir esto de nuestro chakra raíz, nuestra conexión básica con nuestro cuerpo físico y la seguridad en el mundo material; las dos energías son muy diferentes y necesitamos ambas.

Otra diferencia común es que en los mapas de siete chakras el punto focal del tercer chakra está más arriba (en el plexo solar, justo debajo del esternón), en vez de justo debajo del ombligo, tal y como estamos utilizando para el Fuego del ombligo. En los mapas de chakras con más de siete chakras se suele considerar al ombligo y al plexo solar chakras distintos. En el mapa que estoy utilizando, el tercer chakra aún se considera vinculado a toda la zona del estómago por encima de él; abarca la zona del plexo solar. Solo el punto focal primario difiere; en el Fuego del ombligo, esta ubicación justo debajo del ombligo es un área clave para muchas mujeres. En las artes marciales orientales y en la medicina china, esta zona corresponde al nexo principal del *hara* o *dan tian*, los centros de poder personal, y en particular la emisión de poder personal al mundo.

Descubrir y desarrollar esta clase de poder, un poder personal que podemos irradiar y ejercer en el mundo, es muy importante ahora mismo para las mujeres. Nuestro chakra sacro en el sistema que estamos utilizando representa nuestro poder interior, la conexión con nuestra feminidad y las energías de creación intrínsecas a la misma, que tradicionalmente se han menospreciado e incluso demonizado. Nuestro chakra del ombligo representa nuestro poder exterior, nuestro poder en relación con el mundo, que históricamente se nos ha prohibido. Como mujeres en el mundo actual, estamos trabajando para reclamar y entender nuestro poder interior y exterior. Diferenciar estos dos chakras y sus energías correspondientes es la forma más útil de impulsar ambas cosas. También trabajo con el plexo solar como un centro de energía, sobre todo en los hombres, pero he descubierto que es más provechoso cuando se trabaja con cuestiones de identidad en vez de poder.

La mayoría de mujeres tienen todavía una complicada relación con el poder mundano. Gran parte de nuestro condicionamiento aún nos incita a no quererlo o no ejercerlo. Por estas razones, gran parte del trabajo que las mujeres tenemos que hacer cuando tratamos de cultivar nuestro Fuego del ombligo implica identificar y desterrar lo que yo llamo «mitos del poder». Podemos tener creencias erróneas y restrictivas que, de forma consciente o no, impiden que seamos dueños de nuestro poder. A continuación se muestran algunos de los mitos del poder sobre las mujeres más comunes. Al leerlos te recomiendo que pienses en cómo cada mito podría estar actuando en tu vida. Puedes utilizar el Fuego del ombligo para acabar con los mitos y sustituirlos por verdades.

Mito 1: Las mujeres poderosas o asertivas son desagradables. Si reclamo el poder en el mundo o me expreso de manera agresiva, no caeré bien ni me querrán.

Se trata de un mito nacido del miedo, según el cual las mujeres asertivas y fuertes harán temblar el *statu quo*. Las mujeres tienen derecho a reclamar el poder, a manifestar tantas variantes de personalidad como los hombres y a expresarse de múltiples formas. Las relaciones verdaderas se basan en el respeto y en la igualdad mutuos. Te mereces esta clase de relaciones, no aquellas basadas en la represión de lo que quieres o piensas ni en complacer a los demás.

Verdad: Si planto cara al mundo ejerciendo mi poder atraeré a personas a mi vida que me aprecien tal y como soy en realidad y tendré relaciones basadas en el respeto y el apoyo mutuos.

Mito 2: Los hombres son estables, fuertes y poderosos por naturaleza mientras que las mujeres son creativas, receptivas y protectoras.

Todos poseemos todas estas energías. Las energías masculinas arquetípicas son estables, fuertes y poderosas, y reflejan los aspectos más fuertes del chakra raíz. Las energías femeninas arquetípicas son creativas, receptivas y protectoras, y reflejan los aspectos más fuertes del chakra sacro. Pero todos estamos compuestos de todas ellas. El hecho de que el cuerpo energético del hombre tenga su base en el chakra raíz y el de la mujer en el chakra sacro no significa que los hombres reflejen «solo» las energías del chakra raíz mientras que las mujeres reflejan «solo» las energías del chakra sacro. Significa que la fuente de nuestro poder y la naturaleza de nuestras trayectorias de crecimiento personal están vinculadas de forma intrínseca a estos chakras. Pero somos seres holísticos; todos necesitamos desarrollar todas las facetas de nosotros mismos. La división de energías y rasgos en esta línea han sido tradicionalmente una excusa para excluir a las mujeres de la autoridad y el poder externo.

Verdad: Soy estable, fuerte, poderosa, creativa, receptiva, protectora y muchas otras cosas. Soy un ser completo, único y me valgo por mí misma. Reclamo mi derecho a ser todo esto y más.

Mito 3: El poder es malvado y corrupto. Si lo reclamo, acabaré volviéndome también así.

El poder en sí mismo es solo poder; se puede usar para el bien o para el mal. Hitler era poderoso; también lo era Rosa Parks. Algunas personas utilizan su poder para hacer el bien y otras no. Algunas ejercen su poder a voces y otros en silencio. He visto que muchas mujeres, sobre todo aquellas que han sufrido abusos o discriminación a manos de personas u organizaciones poderosas, se niegan a sí mismas el poder como una forma de rebelión, aunque muy a menudo son las más perjudicadas, y que a otras se les niega el beneficio de su voz y sus dones.

Verdad: Utilizaré mi poder como desee, a voces o en silencio, para hacer el bien a los demás o a mí misma. El poder es una elección.

Mito 4: El poder no es espiritual.

A veces este mito tiene sus raíces en el ideal monacal de que alejarse del mundo o vivir en él, aunque manteniendo las distancias, es superior a nivel espiritual. O a veces se basa en la idea de «poner la otra mejilla» e interpretar esto como no entrar nunca en conflicto ni reivindicar ningún tipo de autoridad. Pero el despertar espiritual y la acción espiritual en el mundo requieren poder: un poder fruto de la compasión y la luz. No va en contra de la espiritualidad actuar en este mundo de acuerdo a tus creencias.

Verdad: Todos somos representantes del poder, como creadores en conjunto de este mundo, y la espiritualidad se basa en la posesión de este.

Mito 5: Mi poder es limitado y si lo uso demasiado se acabará.

En última instancia, el poder viene a través de nosotros, no de nosotros. Somos un conducto y trabajar con el Fuego del ombligo y con los demás potenciadores de este libro es un modo de abrirte a la ilimitada fuente a tu disposición. Esto no significa que no vayas a cansarte en el plano físico, emocional o energético. Pero esto no es algo permanente; la revitalización es solo cuestión de tomarte tiempo para recargarte a todos tus niveles. Nunca se acabará una vez hayas descubierto esto y tu capacidad para acceder y retener más aumentará a lo largo de tu vida.

Verdad: Soy un conducto para el poder ilimitado.

Curación de traumas sexuales: Reclamar tu fuego interior

Muchos de los mitos del poder se magnifican en el caso de las supervivientes de traumas sexuales. Pero hay un mito adicional que a menudo es el más destructivo: el mito de que alguien puede arrebatarte tu poder. En concreto:

Mito 6: Mi agresor me arrebató mi poder personal.

No. Nadie puede quitarte tu poder personal. Pueden causarte dolor. Pueden herirte. Pueden limitar tu acceso al poder organizativo. Pero en realidad no pueden arrebatarte tu fuego interior. Tu acceso a este poder es un derecho natural. El dolor puede atenuarse, las heridas pueden sanar y tú puedes luchar contra los límites que te imponen desde fuera; puedes reclamar tu fuego interior.

También puedes sentir que tu agresor o agresores te han arrebatado algo y que todavía lo tienen. Pero nadie puede hacer eso. Cualquier cosa que creas que te han quitado (tu autoestima, tu capacidad de confianza, tu voz) sigue estando a tu disposición. A medida que avances en tu viaje hacia la recuperación, recobrarás el acceso a él dentro de ti. Tu agresor no tiene nada que sea tuyo. No es necesario que les reclames nada. Has acabado con ellos.

Verdad: Mi agresor o agresores abusaron del poder para hacerme daño y herirme. Pero puedo sanar. No me arrebataron nada y no tienen nada mío que tenga que recuperar. He acabado con ellos.

Reforzar esta verdad es una parte fundamental del viaje para conseguir recuperarte del trauma sexual. Decir que has terminado con tus agresores no significa que no busques justicia, que no les plantes cara o que no cuentes tu historia a otros. Solo significa que te olvidas de la idea de que necesitas recuperar algo de tu agresor para sanar. A menudo esta idea persiste. Puede que creas que necesitas que reconozcan lo que te hicieron o que necesites que otros lo hagan. O es posible que creas que necesitas alguna señal de remordimiento o alguna señal de que están sufriendo por lo que hicieron. Pero si esperas alguna de esas cosas, puede que esperes para siempre; mientras lo haces, tu agresor aún controla dónde te encuentras en tu proceso de recuperación.

Así que olvídate de eso. Esto es lo que significa decir: «He acabado con ellos». No es necesario que recuperes tu poder ni ninguna otra cosa de ellos. Está todo dentro de ti y tienes que trabajar en restablecer tu propia conexión con él. Hacer esto no impide que busques justicia ni que hagas todo lo que tengas que hacer para luchar contra tu agresor o para luchar por lograr un cambio social. A esto es a lo que el Fuego del ombligo y todos los potenciadores de este libro tienen que ayudarte.

Los otros bloqueos comunes relacionados con el chakra del ombligo que ya hemos abordado suelen también magnificarse en el caso de las supervivientes de traumas sexuales. Puede que sientas que has cedido todo tu poder a otros y que te vuelves pasiva o tímida, una adaptación de la impotencia que experimentaste con tu agresor. Si es así, querrás trabajar con el Fuego del ombligo de forma intensa, arrasando todos tus temores o sentimientos de baja autoestima y prendiendo una «llama» de confianza, seguridad y compostura. Quizá jurases que no volverías a ser vulnerable y te hayas vuelto tan autosuficiente y controladora que te has aislado y no puedes conectar con los demás de un modo significativo. Es conveniente que trabajes con el Fuego del ombligo para estabilizar y contener tu fuego. En ambos casos, también es útil trabajar con el Cuenco raíz y el Loto sacro, dependiendo de tus pautas emocionales subyacentes.

4
La Estrella del corazón: Tu centro

Chakras relacionados: El segundo chakra, o chakra del corazón.

Energías: Amor, compasión, equilibrio, paz, ecuanimidad, generosidad, conexión, humor, alegría.

Uso: Baja autoestima, soledad, crítica excesiva, frialdad, celos, trastornos emocionales, agobio, estrés, tensión, mezquindad, codicia, pesadez, falta de humor, falta de alegría.

Si eres nueva con los chakras puede que te confunda el color verde de la luz de la Estrella del corazón. En Occidente representamos los corazones de San Valentín de color rosa o rojo, y el verde lo consideramos el color de la envidia. Pero el verde de la Estrella del corazón es el verde de las nuevas hojas de la primavera y el follaje floreciente. Piensa en el oxígeno que generan las plantas a nuestro alrededor, tan inherente a nuestra supervivencia. De esta manera el verde representa el aire puro y por eso representa la respiración; el ciclo fundamental de nuestro cuerpo. El chakra del corazón está ligado a esto y a la energía esencial de nuestra psique y nuestro espíritu: el amor. Recibir y dar amor es para nosotros tan básico como el oxígeno y nuestro chakra del corazón es el centro principal mediante el cual esto tiene lugar.

El chakra del corazón también representa el centro de nuestro ser. En el sistema de siete chakras, el chakra del corazón está justo en la mitad, con tres chakras por debajo y tres por encima. Por lo tanto, el chakra del corazón representa el equilibrio; el equilibrio entre las energías de nuestros chakras inferiores y superiores, nuestro ser interior y exterior, nuestras necesidades y las necesidades de los demás y el dar y el recibir. Representa el equilibrio en nuestra relación con los demás. El chakra del corazón es nuestro centro relacional.

Hablamos del amor en relación a la gente de nuestra vida de dos maneras diferentes. Por un lado, hablamos de ello como una emoción que va y viene, como sentirse feliz o triste. Pero, por otro, hablamos de «seres queridos» para referirnos todo el tiempo a un grupo concreto de personas de nuestra vida, incluso en un momento en que no sentimos la emoción del amor hacia ellos. La emoción del amor puede ir y venir, dependiendo de lo que esté pasando entre una de estas personas y nosotras, pero si nos preguntan en un sentido más amplio: «¿Los quieres?», seguimos respondiendo que sí.

También hablamos de amor en un sentido mucho más amplio, como un estado de existencia. En un sentido espiritual, cuando hablamos de vivir desde el amor o actuar con amor en el mundo, no nos referimos al amor en relación a una persona concreta. Hablamos entonces del amor como un estado, como una fuerza con la que podemos conectar y que puede venir de nosotros mismos, guiando nuestra forma de vivir. El amor se considera una fuerza divina y un reflejo del poder divino en casi todas las religiones.

Así pues, ¿qué es lo que une estas distintas formas de amor? La conexión y la similitud. Todas las diferentes formas de amor que experimentamos surgen de un profundo sentido de la conexión y de lo común. Sentimos una parte de nosotros mismos en otro ser o seres. Una chispa de nosotros está conectada a una chispa de ellos. Esto es así tanto si hablamos del amor romántico, del amor paternal, del amor de los amigos o un amor más amplio por la humanidad, los animales o el espíritu. Abrirnos a sentir esta conexión, a sentir esta chispa, es de lo que trata la Estrella del corazón.

Todas estas formas de amor son expresiones del chakra del corazón y gran parte de nuestro trabajo con este chakra es diferenciar estos tipos de amor del apego. Los apegos se basan en la necesidad y en lo que queremos de los demás. Es posible que deseemos aprobación, reconocimiento, seguridad, adulación; sea lo que sea, cuando nuestra relación con alguien se basa en el apego, lo que sentimos por la persona en un momento dado depende de si obtenemos o no lo que queremos o creemos necesitar de ella. La mayoría de las relaciones son una mezcla de amor y apego, de modo que cuando trabajamos con la Estrella del corazón lo que buscamos es esclarecer esto y fortalecer nuestra capacidad de recibir y dar amor basado en la conexión, no en el apego.

La empatía y la compasión (nuestra capacidad de sentir el sufrimiento de los demás y el deseo de ayudarles a aliviarlo) también están ligadas al chakra del corazón. Una vez más, se trata de conectar y de ver más allá de lo que necesitamos de otra persona para poder ver y sentir lo que ellos necesitan de nosotros. Esta acción es otra forma de abrir nuestros corazones. Muchas personas, sobre todo las mujeres, son demasiado abiertas en este aspecto, propensas a anteponer las necesidades de los demás a las propias. Esto puede deberse a que no hemos sido dueñas de nuestro propio poder lo suficiente para saber qué necesitamos, pues estamos condicionadas a creer que nuestras propias necesidades no importan o porque, en cierta medida, creemos que nuestra valía se deriva de satisfacer las necesidades de los demás.

Si este es tu caso, trabajar con la Estrella del corazón tiene mucho que ver con aprender a recibir tanto como con aprender a dar.

El chakra del corazón no trata solo del amor y la compasión. También trata del equilibrio y de los estados de ecuanimidad, paz interior e incluso humor. Cuando logramos el equilibrio entre dar y recibir amor en nuestras vidas, cuando alcanzamos el equilibrio entre nuestras necesidades y las de los demás, cuando logramos un sosegado estado interior de equilibrio y bienestar, obtenemos una vasta perspectiva de la vida que nos permite reír. No es necesario que controlemos la vida de manera tan estricta, que seamos tan rigurosos para cerciorarnos de que todas nuestras necesidades queden satisfechas. Podemos aflojar y encontrarle el humor a todo y disfrutar. Esto también forma parte de los hermosos cambios que la Estrella del corazón puede ayudarte a activar dentro de ti.

Rochelle era asesora en un refugio para víctimas de violencia doméstica y durante veinte años su afecto, vitalidad y energía, en apariencia sin límites, había sido un sostén para las mujeres y los niños a su cargo. Pero ahora estaba teniendo dificultades, se sentía quemada y resentida. Se sentía desconectada de su trabajo, y al tener sus propios problemas personales, le costaba sentir compasión por los que estaban a su cargo. Se sentía culpable por ello y pensaba que tal vez era una señal de que debía dejar su profesión y dedicarse a otra cosa.

El hijo adulto de Rochelle estaba luchando contra la adicción, lo que la había sometido a una gran tensión emocional y económica. Estaba claro que estaba sufriendo mucho por esta causa. Además, cuidaba a menudo de los hijos de su hija adulta, y si bien quería a sus nietos, deseaba reducir el tiempo que dedicaba a cuidar de ellos, pero no quería decepcionar a su hija. Al final resultó que había muchas personas a las que Rochelle ofrecía sus servicios de una u otra forma y muchas a las que no quería decepcionar. Rochelle anteponía las necesidades de los demás a las suyas y así lo había hecho durante mucho tiempo. Había alcanzado su límite..., no le quedaba nada más por dar.

Guie a Rochelle con la Estrella del corazón, poniendo especial énfasis en la parte receptora. Le pedí que visualizara a distintas personas de su vida y que las imaginara prodigándole luz y amor, que ella recibía en su corazón. Rochelle hallaba gran consuelo en su fe cristiana, por lo que también se imaginó recibiendo esa luz de Cristo. Por último, se imaginó irradiando esa luz hacia el exterior, abastecida por una fuente inagotable en su interior. Se dio cuenta de que le costaba mucho recibir la luz y pensaba que se debía a los patrones de baja autoestima muy arraigados dentro de ella, vestigios de una infancia difícil. Se había pasado toda la vida tratando de «compensar» estos sentimientos, dando y dando, procurando ser tan «buena» que al final no se sentía lo «bastante buena».

Rochelle trabajó por su cuenta con la Estrella del corazón durante varias semanas, centrándose en recibir y en sentir una fuente ilimitada de luz y amor fluyendo hacia ella y a través de ella. Pasado ese tiempo, incorporamos el trabajo con la Segunda piel (un potenciador del que hablaremos más adelante), fortaleciendo sus límites y la capacidad para imponerlos ante los demás. Rochelle comenzó a utilizar ambos potenciadores de forma cotidiana para imponer sus límites y conectar con la inagotable fuente de luz del chakra del corazón de su interior.

Rochelle empezó a sentirse conectada de nuevo con su trabajo y con la compasión hacia sí misma y su compasión natural hacia los demás. Comprendió que todavía le importaba su trabajo, pero necesitaba dedicar más tiempo a sí misma y dejar espacio en su vida para recuperarse de su propio dolor y conectar con la familia, con los amigos y con las rutinas positivas que la animaban a seguir adelante.

Rochelle estaba experimentando una forma de «fatiga por compasión», un término empleado en las comunidades terapéutica y médica para describir cuando las personas que se dedican a curar y a cuidar se queman por el aluvión constante de necesidad al que se enfrentan. Muchas mujeres experimentan cierto grado de esta fatiga, incluso aquellas que no se dedican al campo de la curación ni del cuidado, debido al aún desproporcionado papel que desempeñamos en el cuidado de los hijos, de los mayores y de apoyo a la comunidad. Al igual que Rochelle, muchas de nosotras se ven también atrapadas en síndromes de perfeccionismo o de la «niña buena», en los que de manera constante intentamos compensar nuestra sensación interna de carencia siendo útiles a los demás, buscando aprobación realizando un servicio que, de hecho, se nos da bien y en el que somos valiosas. Rochelle era una persona muy compasiva, pero se estaba excediendo demasiado debido a esos patrones.

Para ser capaces de dar debemos también ser capaces de recibir. Tenemos que cerciorarnos de que contamos con el apoyo que necesitamos y comprometernos con el cuidado personal requerido para que tengamos la energía del chakra del corazón para conectar de verdad con los demás y ofrecer nuestras atenciones como una verdadera expresión de amor. Tal y como nos dicen los asistentes de vuelo en los aviones, primero tenemos que ponernos nuestra propia máscara de oxígeno antes de que podamos ayudar a nadie más. Aprender a recibir y aprender a cuidar de nosotras mismas suele ser la labor más importante que podemos realizar con la Estrella del corazón.

Cuándo has sentido esto con anterioridad

El chakra del corazón es un centro de energía que muchas personas sienten de forma muy física desde el principio. Para descubrir si es o no tu caso, piensa en un ser al que quieras sin complicaciones; suelo recomendar una mascota, un niño o un abuelo. Por supuesto que puedes pensar en tu cónyuge, amante, padre o en un amigo, pero las relaciones con esas personas a menudo son complicadas, lo que puede hacer que sea más difícil acceder de inmediato a las energías de tu chakra del corazón. Lo que buscas en realidad es un ser por el que sientas un afecto inmediato.

Imagina a este ser delante de ti y cultiva el sentimiento de afecto que surge en tu interior. Con frecuencia es literalmente un deseo de estrecharlo en un abrazo contra tu pecho, tu centro del chakra del corazón. ¿Sientes un calor o un cosquilleo en el centro del pecho? Si es así, este es tu chakra del corazón. No pasa nada si no lo sientes, pero imagínate abrazando a este ser contra ti: ¿dónde se ubica aquello con lo que más quieres conectar con este abrazo? A menudo esto también está en la zona de nuestro chakra del corazón. Este es, desde luego, un sentimiento que puedes usar cuando trates de activar la Estrella del corazón.

Siempre que hayas sentido amor, compasión o empatía por otro ser, habrás sentido la energía de tu chakra del corazón, sin importar si lo has sentido o no de forma física. Recuerda las veces en que has presenciado el sufrimiento de otro ser, ya sea animal o humano, y sentido ese dolor junto con un acuciante deseo de aliviarlo. O piensa en cualquiera de tus seres queridos y en las veces en que te has sentido apoyada y respaldada al sentirte entre ellos. Todos estos son ejemplos de la energía del chakra del corazón a la que puedes recurrir.

Y, como es natural, queda aún el gran AMOR; el amor romántico. Cuando nos enamoramos, es embriagador e incluso abrumador. Quizá queramos pasar con esa persona cada momento del día. En esa etapa de una relación se mezclan con el amor grandes dosis de deseo y de apego (¡y de hormonas!), pero el impulso de conectar sigue siendo real y profundo. Es también un ejemplo de la energía del chakra del corazón. Si puedes abstraerte de los sentimientos de deseo y de apego y en su lugar conectar con ese profundo impulso de conexión, los recuerdos del enamoramiento son también buenos ejemplos de la energía del chakra del corazón a los que puedes recurrir cuando trabajes con la Estrella del corazón.

Otra forma en la que puede que hayas experimentado la energía de la Estrella del corazón en tu vida es a través del humor. No me refiero al humor mezquino basado en un sentimiento de superioridad o en la ridiculización de la persona de quien se hace burla, sino a un humor alegre; auténtico gozo o incluso gracia tonta. Cuando te sientes desenfadado y con ganas de hacer el tonto y eres capaz de manifestar o apreciar esta clase de humor, se produce una relajación, una sensación de abandono y liberación vinculada al chakra del corazón. De repente ves tu dilema desde una perspectiva más amplia y te das cuenta de lo absurdo que es algo, de hasta qué punto te has aferrado a eso. Cuando te burlas de ello o de ti misma, estás conectando con la ligereza de tu corazón.

Sentimientos de paz, bienestar, satisfacción y tranquilidad son también emisiones de tu chakra del corazón. ¿Qué hay en tu vida que aporte estos sentimientos, aunque sea tan solo durante un segundo? ¿Ver una puesta de sol? ¿El trino de un pájaro en un árbol? ¿La sensación de paz cuando todos tus hijos están en casa por la noche? En cualquier momento en que sientes o has tenido estos sentimientos de satisfacción, paz, bienestar y tranquilidad, también has sentido las energías de tu chakra del corazón.

La generosidad es también una emisión del chakra del corazón. Piensa en una ocasión en la que quisiste dar de forma sincera, no por un sentimiento de obligación o por una cuestión de moralidad, sino porque simplemente te apetecía compartir. Tu regalo puede haber sido material (monetario o físico), pero también podría ser emocional; por ejemplo, pasar más tiempo con un hijo que anhela tu atención o ayudar a un pariente mayor en un momento de necesidad. Cuando practicamos la verdadera generosidad, no sentimos que sea una imposición o que no hay suficiente tiempo o dinero, etcétera, para todo. La verdadera generosidad lleva aparejado un sentimiento de apertura y expansión más que un sentimiento de pérdida. Esta apertura y expansión se da en el corazón.

Pasos para la activación

Como siempre, acomódate en tu espacio, prepara el archivo de audio guiado si lo vas a utilizar y cualquier recuerdo relevante perteneciente a la última sección. Contempla la imagen de la Estrella del corazón durante unos minutos para familiarizarte con ella.

Paso 1: Sitúa ambas manos sobre tu chakra del corazón; en el centro de tu pecho, en el esternón, entre tus pechos. De forma alternativa puedes colocar las manos en posición de oración, con los pulgares juntos en el centro de tu esternón. Respira hacia el punto donde la palma o los pulgares tocan tu pecho.

Paso 2: Durante la visualización puedes mantener las manos en posición o puedes bajarlas. En cualquier caso, empieza a imaginar una diminuta estrella verde donde tus manos y tu pecho se tocan. Esta estrella está hecha de luz del vibrante color de las hojas nuevas de la primavera. Esta diminuta y vibrante estrella verde es tridimensional e irradia luz a tu cuerpo en todas las direcciones.

Paso 3: Si trabajas con recuerdos de los momentos en los que ya has sentido la energía de tu chakra del corazón, evócalos ahora. Elige uno o dos o recorre cada uno de ellos hasta que los sentimientos de amor, compasión, paz, equilibrio o alegría surjan como un sentimiento tangible para ti. Imagina que estos sentimientos alimentan tu Estrella del corazón.

Paso 4: A continuación imagina que esos rayos de luz verde fluyen hacia tu Estrella del corazón de todas direcciones; por encima, por debajo, por delante y por detrás de ti y en cualquier otra dirección. Puedes imaginar a las personas que te aprecian generando parte de esa luz y/o cualquier fuerza espiritual en la que creas. Por último, deja que estas imágenes se disuelvan; limítate a ver la luz brotando a tu alrededor.

Paso 5: Imagina que tu Estrella del corazón se vuelve más grande y más brillante a medida que esa luz entra en ti. Al final tu Estrella empieza a irradiar luz al resto de tu cuerpo. Tómate tu tiempo para sentir y experimentar estos rayos de luz verde primavera que emanan de tu corazón a todas las partes de tu cuerpo; los dedos de tu manos, de tus pies, tu cabeza..., a todas partes.

Paso 6: Ve cómo la luz verde restaura el equilibrio y genera una energía tranquilizadora en todas las partes de tu cuerpo. Si estás sufriendo un dolor emocional en tu vida (una pérdida, una traición o simplemente han herido tus sentimientos), también puedes imaginar esta luz fluyendo hacia esa parte de ti donde sientes eso.

Paso 7: Por último, imagina esos rayos de luz verde desbordándose para salir de tu cuerpo al mundo. Imagina estos rayos derramándose sobre animales, sobre personas, sobre la tierra, o simplemente sobre el mundo y el universo en general. El centro de tu corazón es tu brillante Estrella del corazón y sientes que no hay límite a lo que puede fluir a través de ti.

Paso 8: Vuelve a la imagen de tu Estrella del corazón sin imaginarte dando ni recibiendo. Permítete sentirte centrada, equilibrada y en paz. Cuando estés preparada, recita de una a tres veces cada una de las afirmaciones asociadas a este potenciador, esforzándote por sentir cada una de ellas mientras lo haces:

Soy tolerante.
Soy amada.
Soy compasiva.
Estoy en paz.
Estoy equilibrada.
Soy generosa.

Paso 9: Fíjate en cómo te sientes y toma tu instantánea mental. Disuelve la imagen, pero quédate sentada mientras sientes la Estrella del corazón un poco más. Abre los ojos cuando estés lista.

Con la Estrella del corazón resulta muy útil resaltar su tridimensionalidad. Procura imaginar y sentir con todas tus fuerzas que esos rayos de luz se expanden por encima, por debajo, por delante y por detrás de ti, envolviéndote como un orbe. Tu Estrella del corazón trata sobre tu relación con el mundo y visualizarla así te permitirá acceder a un profundo sentido psicológico de relacionarte con todos los aspectos del mundo y con todos los seres que lo comparten contigo.

Cuándo estás bloqueada

Por irónico que parezca, una de las principales formas en que puede manifestarse un bloqueo del chakra del corazón es como una fijación por encontrar el amor. Las mujeres en particular solemos proyectar en nuestra idea de un alma gemela todas las virtudes que creemos que harán que nos sintamos completas. El anhelo de una relación es en realidad el anhelo de sentirse completa. Sin embargo, esa integridad no puede venir nunca de otra persona, y si tu anhelo supera a todo lo demás que hay en tu vida, puede indicar sentimientos de carencia o las heridas emocionales de vergüenza o baja autoestima.

¡Por supuesto que creo en el amor romántico y lo fomento! Sin embargo, la realidad es que muchas relaciones están sumidas en el apego y la codependencia, con ambos miembros de la pareja estancados en un ciclo constante de cumplir y no cumplir las expectativas del otro. Puede parecer un cliché, pero para amar de verdad a otra persona, antes debes amarte a ti mismo..., y tu pareja también debe amarse a sí misma. En el caso particular de la mujer, abrir el chakra del corazón es aprender primero a amarse a una misma, a cuidarse y a aceptar el apoyo; permitirte recibir amor de verdad. El trabajo de la Estrella del corazón es aprender a recibir y dar amor. Cuando se trata de la mujer, a menudo el trabajo inicial es el de aprender a recibir.

Si tu capacidad de recibir está bloqueada, puede manifestarse de distintas formas. Puedes ser muy precavida y no compartir demasiado con los demás, tal vez parecer fría o tímida en algunos casos. Puedes que estés aislada o sola, o que te afanes tanto en hacerlo todo tú misma que no permitas que nadie te ayude ni que vean que tienes problemas o estás sufriendo. O un bloqueo de la capacidad de recibir se puede manifestar de forma totalmente distinta; tal vez busques en todo momento la seguridad de que te aman y te apoyan, incluso hasta el punto de montar un drama para provocar una respuesta consoladora de aquellos que te rodean..., pero nunca parece suficiente. No importa cuánto traten de darte los demás, pues nunca te sientes segura; no puedes creer que les importes y en realidad no dejarás que entre.

Los celos son a menudo un reflejo de este tipo de bloqueo del corazón. Si sentimos celos en una relación romántica en la que no tenemos motivos racionales para desconfiar de nuestra pareja, suele significar que no somos capaces de creer que esa persona nos ama de verdad (la cosa cambia si mantenemos una relación con alguien que nos traiciona o nos da motivos para desconfiar). Da igual lo que digan o hagan, somos incapaces de aceptar que esto sea posible, nos es imposible creer que en realidad puedan querernos. Creer que es imposible que nos quieran puede también reflejarse en la clase de personas con las que acabas manteniendo una relación; tal vez te conformas con que te traten con indiferencia, con que te maltraten e incluso abusen de ti.

Si sentimos celos de otras personas de nuestra vida, por ejemplo de los logros o las cualidades de un amigo, nos afecta otro tipo de bloqueo del chakra del corazón: la comparación. Cuando no nos sentimos completos con nosotros mismos o cuando sentimos que algo falta, nos comparamos sin parar con los demás y no estamos a la altura. Podemos sentir celos de lo que, a nuestro parecer, ellos tienen y nosotros, no.

Este tipo de celos a menudo se relaciona con patrones de comparación y de juicio. Con «comparación» no me refiero a una naturaleza competitiva sana en la que a veces comparas los logros con los de otra persona para estimularte a ti misma; hay un lugar para eso. Sin embargo, si estás inmersa en una comparación constante o juzgas en todo momento a otros o a ti misma (y ambas cosas suelen ir de la mano), existe un sentimiento de carencia en el chakra del corazón. Una comparación de esta naturaleza te coloca en una montaña rusa emocional; cuando te comparas o juzgas a otra persona y te crees «mejor», el sentimiento interior de carencia o de baja autoestima se mitiga de forma temporal, pero al día o al momento siguiente, puedes no estar a la altura en el juego de la comparación y sentirte muy mal contigo misma.

Se asemeja al patrón de crear una crisis o un drama para conseguir que te consuelen o que alguien de tu vida haga que te sientas querida;

puede que de momento te sientas mejor, pero al final no parece suficiente. Estas estrategias en las que participamos para sentirnos valiosas o queridas son, en realidad, parches en nuestro corazón. La curación y plenitud auténticas requieren que descubramos la fuente del amor dentro de nosotras al querernos a nosotras mismas. El chakra del corazón es nuestro centro relacional, por lo que nuestra tendencia es buscar primero fuera de nosotras mismas, pero en realidad es necesario lo contrario: buscar dentro, recibir hacia dentro y después propagar hacia el exterior la energía de tu chakra del corazón.

De esto se deduce que si no nos sentimos lo bastante buenas o sentimos que no tenemos lo suficiente, puede que nos cueste ser realmente generosas, por lo que la tacañería es otro reflejo de los bloqueos en el chakra del corazón. Puede ser tacañería con el dinero o con los bienes materiales, o puede ser tacañería con los cumplidos, el afecto o las muestras de amor. Por supuesto, con todos los juegos a los que recurrimos para obtener la sensación de ser amadas, también podrías dar y dar en un intento de sentirte «lo bastante buena», o de recibir a cambio gratitud o incluso dependencia de los demás. Cuando se trata del corazón, la verdad tiene siempre que ver con la «intención» que hay detrás de lo que hacemos. Ver la verdad requiere mucha perspicacia y honestidad. Trabajar con nuestro corazón nos hace sentir muy vulnerables, pues estamos mirando nuestras sombras más profundas. Protegernos a nosotras mismas para evitar ser vulnerables suele ir aparejado.

Si das demasiado sin cuidarte a ti misma puedes terminar agotada, resentida o ambas cosas. El chakra del corazón trata de alcanzar el equilibrio, incluyendo el equilibrio entre el cuidado personal y el de los demás. El desequilibrio puede reflejarse como una oscilación en nuestro nivel general de energía (que también puede incluir al chakra raíz) o puede ser una oscilación de las emociones (en cuyo caso suele incluir al chakra sacro). La forma más común de desequilibrio en el chakra del corazón es una oscilación entre sentirse bien y mal con una misma; superioridad e inferioridad, arrogancia y odio hacia una misma. Si eres proclive a la arrogancia, puede que entonces arremetas contra los demás; básicamente puedes ser mezquina. La mezquindad es la forma más dura de autoprotección. Si eres proclive a odiarte a ti misma, puede entonces que corras el riesgo de autolesionarte de forma grave.

Los bloqueos del chakra del corazón a menudo tienen como resultado una falta del sentido del humor o una tendencia al humor mezquino a diferencia de la alegría. Si no puedes reírte de una tontería, hacer el tonto o permitirte un humor alegre y divertido, incluyendo meterte contigo misma de manera suave e inofensiva, puede ser también una señal de la existencia de problemas con el chakra del corazón. O si siempre estás seria, inmersa en una perspectiva cerebral de abordar el mundo, sin espacio para dejarte llevar ni para la espontaneidad, trabajar con la Estrella del corazón puede ser lo indicado.

Cuando estamos atrapadas en cualquiera de estos ciclos, estamos estresadas y el estrés en sí es también un bloqueo del chakra del corazón. No es casualidad que el estrés afecte también a nuestro corazón físico, a modo de presión arterial alta, hipertensión y otros problemas cardíacos relacionados con el estrés. Ya hemos hablado del estrés en el contexto de los otros chakras, puesto que el estrés es a menudo una cuestión de varios chakras, ya esté causado por no sentirte nunca a salvo (vinculado al chakra raíz), por la sensación de falta de control (inflexibilidad en el sacro o problemas de poder en el ombligo), y así sucesivamente. Y la especialmente estresante sensación de sentirte «agobiada» suele tener un componente del chakra del corazón.

Cuando nos sentimos agobiados no tenemos el equilibrio interior para hacer frente a lo que nos pasa en la vida o, en cualquier caso, creemos que no lo tenemos. El equilibrio necesario para eso se asienta en el chakra del corazón. La Estrella del corazón no trata solo de los rayos que entran y salen, también trata del punto central. Cuando nos centramos ahí, poseemos ecuanimidad; somos la calma en el ojo del huracán. Pase lo que pase a nuestro alrededor, podemos ver con claridad y elegir nuestra reacción.

Utilizar la Estrella del corazón

Como puedes ver, el chakra del corazón es en realidad fundamental para muchos aspectos de nuestro ser. Y dado que es nuestro centro relacional, el núcleo desde el que nos relacionamos con otras personas de nuestra vida, podemos beneficiarnos de este poniéndonos en contacto con él de forma frecuente. En mi caso acudo a mi Estrella del corazón muchas veces al día, más que a cualquier otro potenciador de chakras. Aquí tienes algunos ejemplos de cuándo puedes activar la Estrella del corazón en tu día a día, siguiendo todos los pasos de activación o echando un rápido vistazo a tu memoria de instantáneas.

- Cuando te agobies pensando en todo lo que tienes que hacer o lograr. Puede que además quieras utilizar el Cuenco raíz para que te ayude a estabilizar tu cuerpo energético y mitigar la ansiedad o el pánico.
- Asimismo, activa la Estrella del corazón siempre que te sientas tensa o estresada. Una vez más, el Cuenco raíz también te será de utilidad si tu emoción principal es el temor, pero la Estrella del corazón te conectará con la ecuanimidad y la paz interior, desde la cual puedes abordar mejor lo que está pasando.
- Justo después de un encuentro que ha desencadenado la ira, sobre todo si fue con un ser querido. La Estrella del corazón te ayudará a serenarte, incluso hará que veas el encuentro con algo de perspectiva y que elijas tu reacción. Puede que antes necesites el Fuego del ombligo para concentrarte.
- Después de un encuentro que te ha hecho sentir que no vales o te ha provocado celos; cualquier situación en la que te sorprendas comparándote con otra persona de forma poco favorable. Esto incluye leer mensajes publicados en redes sociales, como el anuncio de un ascenso de un *amienemigo* o las fotos de un compañero de trabajo de sus increíbles vacaciones. Céntrate en la Estrella del corazón para conectar con tu autoestima interior y dejar de compararte.
- Cuando te veas envuelta en corrientes de pensamiento moralistas o hipercríticas sobre ti misma o sobre los demás.

- Cuando te sientas sola y excluida. Quizás acabes de enterarte de una fiesta a la que no te invitaron o por casualidad hayas escuchado una conversación amistosa entre compañeros de trabajo en la que no te han incluido. Deja que la Estrella del corazón ayude a sanar esa dolorosa sensación.

- Justo antes de pasar tiempo con un ser querido; la Estrella del corazón puede ser muy útil como un potenciador de transición mientras cambias los engranajes energéticos entre el trabajo y la casa.

- Justo antes de una conversación con un ser querido que sabes que puede ser difícil y quieres abordarla con compasión.

- Cuando te sientas agotada y necesites recibir apoyo y sanar. Por supuesto, dependiendo del problema puede que necesites buscar la ayuda de las personas de tu vida, pero contactar con la Estrella del corazón puede ser el primer paso. En algunas circunstancias, puede ser cuanto necesitas.

- Siempre que te sientas arisca, falta de alegría, fría o desconectada de tu lado más amable y compasivo. En el ajetreo de nuestras vidas resulta fácil desconectarse de nuestro chakra del corazón.

- Cuando hayan herido tus sentimientos. Somos criaturas tan sensibles, que a lo largo del día experimentamos infinidad de golpes que afectan a nuestro corazón. Activa la Estrella del corazón para conectar a un nivel más profundo, a un nivel de tu corazón en el que siempre te sientas completa y querida. Permite que este nivel sane y alivie las abrasiones superficiales causadas por nuestra participación en el mundo.

Tal vez quieras trabajar con la Estrella del corazón a diario durante un tiempo prolongado cuando te enfrentes a antiguos patrones de baja autoestima, hipercrítica (hacia ti o hacia los demás), agotamiento, celos o agobio. Es posible que también quieras trabajar con este potenciador cuando estés herida a nivel emocional. Por supuesto, tal y como ya he mencionado muchas veces, el trabajo con este chakra no pretende sustituir la terapia o el asesoramiento cuando lo necesites, pero es una excelente herramienta complementaria para el cambio personal y la curación. En algunos casos puede ser cuanto necesitas.

Aquí tienes algunos ejemplos concretos en los que realizar un intenso trabajo con la Estrella del corazón puede resultar útil a largo plazo:

- Cuando trates de generar un sentido de la autoestima alimentado desde dentro, que no se base en las percepciones o proyecciones de otros sobre ti.
- Cuando intentes recuperarte de un profundo sufrimiento emocional o de un trauma. Inundar tu cuerpo de esta energía sanadora y afectiva te ayudará a superar las fases más difíciles de un trabajo personal más profundo.
- Si sientes que estás atrapada en patrones de juicio y crítica hacia ti misma y hacia los demás. Esto puede convertirse en una pauta en los matrimonios o en las relaciones a largo plazo; puede resultar muy útil trabajar con la Estrella del corazón cuando trates de arreglar una relación conflictiva.
- Si pasas por un período muy estresante de tu vida, interpersonal o relativo a plazos o a presión en el trabajo u otras áreas de tu vida. La Estrella del corazón potenciará el equilibrio interior y la ecuanimidad.
- Cuando lamentes el final de una relación o estés de luto por el fallecimiento de un ser querido.
- Cuando te embarques o te dediques con regularidad a labores de servicio a otros.

A sus treinta y cuatro años, Susan nunca había tenido una relación que durara más de unos cuantos meses y empezaba a asaltarla el pánico, pues creía que se le «agotaba el tiempo». A la mayoría de los hombres los conocía en una página web de citas, algo que le parecía desmoralizador, pero que consideraba su mejor opción en la gran ciudad en la que vivía. A menudo pasaba mucho tiempo hablando con alguien primero por teléfono y solo quedaban en persona si sentía que había un buen entendimiento. Por lo general se sentía decepcionada cuando los conocía, pues creía que la mayoría de los hombres no cumplían con sus expectativas. En los raros casos en que las citas se prolongaban durante un tiempo, era Susan quien normalmente ponía fin a la relación al sentir que no había posibilidad de futuro a largo plazo.

Susan quería intentar cambiar lo que ella llamaba «campo de atracción», pues pensaba que el problema era que atraía al tipo equivocado de hombre. Le sugerí que empezáramos trabajando con la Estrella del corazón y a continuación la guie en el proceso. Le costó mucho imaginarse recibiendo energía interior. Al final se relajó y fue capaz de sentirlo un poco, y entonces esto desencadenó un aluvión de emociones. Al principio liberó un río de amargura e ira contra todos los hombres con los que había salido, enumerando todas las cosas malas que tenían y todas las formas en que le habían hecho daño. Cuando se calmó le pregunté si había llegado a sentir algo por alguno de ellos y acabó admitiendo que hubo uno y que se sintió muy herida por su final falta de interés. Le pedí que se concentrara en la Estrella del corazón todos los días durante una semana, sobre todo en recibir, y que imaginara que parte de la luz verde se propagaba hacia el dolor interior que le producía el rechazo de los hombres con los que había salido, sobre todo el de aquel en particular.

Después de eso Susan informó de un cambio. Ahora sentía que tal vez el problema era ella, que no podía recibir la energía positiva y que por eso no podía conectar con los hombres que conocía. Hizo una lista con todas las razones por las que se le daban fatal las citas y las relaciones. Quería trabajar para mejorar en ambas cosas. Le sugerí que volviéramos a activar la Estrella del corazón y que esta vez se centrara en recibir y dirigir parte de esa luz hacia su vertiente autocrítica. Al igual que en nuestra primera sesión, esto desencadenó una fuerte reacción emocional. Susan enumeró todas las cosas que le desagradaban de sí misma. Le pedí que llevara la luz de la Estrella del corazón hacia esa sensación y ella comenzó a dejar de criticarse. Susan empezó a reír mientras decía: «Me pasé la primera sesión criticando a todos los hombres con los que he salido y ahora dedico esta a criticarme a mí misma, ¿verdad?». Al darse cuenta de eso empezó a ver el patrón; el juez interior que siempre estaba operando en su mente, con ella y con los demás, actuando como protector y destructor de sí misma.

Después de aquello, Susan se tomó un descanso de las citas. Trabajó con la Estrella del corazón para cultivar un sentimiento de plenitud verdadero. Fue a terapia durante un tiempo para trabajar en los problemas de la infancia. Se dedicó más a cuidar de sí misma en su vida, incluyendo hacer ejercicio y comer de forma más saludable. Pasó más tiempo cultivando amistades y trató de dejar de lado la constante y decepcionante búsqueda del hombre «perfecto». Trabajó con la Estrella del corazón durante su día a día cada vez que se juzgaba a sí misma o a los demás, o cuando comenzaba a sentirse estresada por no tener una relación.

Tal y como sucede a veces en estos casos, tenía una gran pareja justo delante de sus ojos. Susan tenía un vecino al que conocía desde hacía años y que había mostrado cierto interés en ella, pero ella nunca le había tenido en cuenta, alegando que no era su tipo. A medida que fue conociéndole mejor mediante sus interacciones cotidianas, comenzó a darse cuenta de que era amable, inteligente y divertido. Comprendió que le había descartado porque no cumplía con los criterios de su «lista» interna del tipo de hombre con el que se veía. Su amistad dio paso a las citas y ahora están casados y han formado una familia.

Suele decirse que encontrarás el amor cuando dejes de buscarlo y la historia de Susan es el clásico ejemplo de ello. En su caso, había tenido ante sí la posibilidad de encontrarlo desde hacía tiempo, pero no estaba abierta a ello; estaba actuando en base a un sentimiento de carencia en su interior que le había hecho buscar fuera de sí misma. A partir de ahí, siempre encontraba defectos a sus parejas o a sí misma. También había establecido las expectativas para su pareja basándose en una lista de cualidades que pensaba que debía tener una posible pareja, que acabó dándose cuenta de que estaba orientada a rasgos de los que ella temía carecer. Además, se había presionado para encontrar rápidamente a alguien, ya que le preocupaba su reloj biológico y se había hecho a la idea de que se le estaba acabando el tiempo. En cuanto Susan comenzó a dejar atrás esa carga y a centrarse en quererse y en cuidar de sí misma, todo cambió para ella y se abrió al amor. En su caso, ni siquiera fue necesario que conociera a alguien nuevo; solo tenía que estar preparada y ser capaz de quererse a sí misma.

Por supuesto, lo que le pasó a Susan no siempre sucede; en el amor no hay garantías. Lo importante es que cuando te quieras a ti misma, estarás bien pase lo que pase. Emparejarse porque sí (algo que a las mujeres se les presiona para que hagan) nunca es la respuesta. Cualquiera que haya vivido una ruptura difícil o un divorcio te dirá que el dolor de una relación disfuncional es el peor que podemos experimentar. Te conviene centrarte en quererte a ti misma o trabajar para alcanzar eso cuando buscas o mantienes una relación. Para ser claros, nadie es perfecto. Este trabajo no consiste en esperar a quererte a ti misma antes de buscar una relación, que puede ser otra clase de trampa. Las relaciones son un proceso de aprendizaje del amor en ellas y de ellas, y tu pareja ideal es alguien dispuesto a recorrer este camino contigo.

Energética de la mujer: Los senderos de energía

Hasta ahora hemos mirado cada chakra de forma independiente, aunque hemos explorado cómo puedes usar algunos potenciadores de chakras de manera conjunta. En realidad, los chakras son un sistema integral; el flujo entre ellos es tan importante como las energías individuales. Nuestros chakras están conectados entre sí de varias formas con las que trabajaremos más adelante; conexiones entre grupos específicos de chakras que yo llamo «senderos». Hay cuatro caminos principales:

- El sendero ascendente, desplazando energía del chakra raíz al chakra de la corona, asociado al crecimiento personal y a la realización espiritual.
- El sendero descendente, desplazando energía del chakra de la corona al chakra raíz, asociado a la expresión; hacer realidad las ideas.
- El sendero masculino o *yang*, que conecta las energías entre el chakra raíz (el primero), el chakra del ombligo (el tercero), el chakra de la garganta (el quinto) y el chakra de la corona (el séptimo). Es un sendero de emisión de energía hacia el mundo.
- El Sendero femenino o *yin*, que conecta las energías entre el chakra sacro (el segundo), el chakra del corazón (cuarto) y el Tercer ojo (sexto). Este es el sendero para recibir las energías del mundo.

Este último es la razón por la que menciono los senderos. Además de ser el punto central de todo el sistema de los siete chakras, el chakra del corazón es también el punto central del sendero de la energía femenina de nuestro cuerpo energético. Aunque vayamos a trabajar de manera formal con este sendero en el capítulo dedicado al potenciador del Sendero femenino, entender su conexión con nuestro chakra sacro es clave. Cuando trabajamos con cualquier chakra en un sendero, fortalecemos todo el sendero. Y cuando un chakra está débil, el sendero entero se debilita.

Si bien todos estos senderos están presentes en cada persona, el Sendero femenino es el sendero energético principal del cuerpo energético de la mujer, así como el chakra sacro es el epicentro de nuestro cuerpo energético. Esto significa que el chakra sacro, el del corazón y el del Tercer ojo tienen una especial relevancia para nosotras. También son los chakras más receptivos y sensibles del sistema de chakras. Aunque todos los chakras tienen una función emisora y receptiva, la configuración «predeterminada» de estos chakras es la receptiva. Para la mayoría de las mujeres esto se traduce en un alto nivel de sensibilidad energética en todo nuestro sistema energético.

Más adelante hablaremos de nuevo sobre esta sensibilidad energética, pero la presento ahora con el fin de ayudar a crear un contexto para el papel que juega el chakra del corazón en la vida de la mayoría de mujeres. A menudo estamos condicionados a definirnos de acuerdo a nuestras relaciones y a dar mucha importancia a cultivar y mantener relaciones de todo tipo; experimentamos la vida a través de una perspectiva muy ligada a las relaciones. Esto hace que estemos muy sensibilizadas a cómo reaccionan los demás hacia nosotras en cada momento. Las redes sociales solo han exacerbado esta tendencia. Centrarse en las reacciones y en las respuestas de los demás hacia nosotras, ya estemos leyendo las expresiones faciales de los demás en busca de aprobación o esperando los «me gusta» en una publicación, es algo que se experimenta energéticamente a través del centro relacional de nuestro chakra del corazón. Los centros de nuestro chakra del corazón pueden quedar fácilmente desprotegidos como trozos de madera flotantes en el agua, sacudidos por las olas de los demás. El importante trabajo del chakra del corazón es canalizar nuestra autoestima hacia dentro en vez de hacia esta tormenta externa.

Desde una perspectiva energética, el centro de la Estrella del corazón es este punto de anclaje. Cuando nos centramos por completo en este núcleo interno, los altibajos de los cambios y reacciones relacionales se dan en la superficie y no determinan cómo nos sentimos acerca de nosotras mismas. Es como la calma en las profundidades del océano, bajo la agitación superficial del oleaje. Ya no somos trozos de madera a la deriva. Pase lo que pase, estamos anclados.

En el caso de la mujer, este es el trabajo más importante que podemos hacer con nuestro chakra del corazón. Anclarlo de esta manera estabiliza nuestro Sendero femenino y todo nuestro sistema de chakras. Nos ayuda a vencer el hábito de definirnos y basar nuestra autoestima en las reacciones de los demás hacia nosotras. Es fundamental para vencer la codependencia y los patrones de relaciones abusivas. Y es esencial para encontrar una pareja sentimental, si es lo que deseamos, pues de ese modo no buscamos para intentar llenar un vacío o un sentimiento de carencia, sino porque sabemos quiénes somos en nuestro interior.

Curación de traumas sexuales: Las relaciones como espejos

En el caso de las mujeres supervivientes de traumas sexuales, la repercusión en el chakra del corazón es a menudo la magnificación de los patrones que acabamos de abordar. La vergüenza puede generar sentimientos profundamente arraigados de baja autoestima que derivan en un chakra del corazón sin arraigo, a merced absoluta de otros. La desconfianza supone, además, un enorme problema por razones obvias y puede afectar de manera muy profunda al tipo de relaciones que las supervivientes son capaces de tener.

A menudo nuestras relaciones son espejos que reflejan creencias restrictivas, sobre todo nuestras relaciones románticas. Puedes sentirte atraída de forma repetida por el mismo tipo de pareja, de manera que cada uno refleja una pauta emocional particular. Algunos ejemplos:

Alguien que te trata mal o es violento

- Refleja sentimientos de baja autoestima, repitiendo las dinámicas de abuso de la infancia.

Una figura paterna

- Refleja la necesidad de la aprobación paterna, ya sea del padre mentor/educador que no tuviste o del padre dominante que sí tuviste.

Alguien seguro, es decir, platónico

- Refleja el deseo de evitar enfrentarse a sentimientos complicados sobre tu sexualidad o deseo.

Alguien que no está disponible, está casado o es inalcanzable por algún motivo

- Al igual que en el caso anterior, a menudo se trata de una forma de evitar abordar las difíciles cuestiones que una relación realmente íntima podría entrañar.

Alguien que te necesita

- Refleja la necesidad de no sentirse el «débil» y/o buscar la autoestima sintiendo que te necesitan.

Relaciones superficiales

- Otra forma de «protegerte» de la intimidad.

Quizá veas una mezcla de todo eso en el trabajo o algún otro patrón. Piensa en qué partes de ti se reflejan en los tipos de relaciones que has tenido o tienes. Estos patrones no invalidan necesariamente tus relaciones (salvo en el caso del abuso), sino que tan solo te muestran dónde estás trabajando en tu corazón y pueden ayudarte a aclarar qué tratas de sanar/liberar y qué te gustaría potenciar/afirmar.

Ten en cuenta también tus otros tipos de relaciones, las de familia y las de amistad. Las amistades femeninas suelen ser un gran «reflector», sobre todo cuando se trata de mujeres que son supervivientes de abusos y de traumas. Nuestra conexión femenina con el otro se interrumpe a menudo junto con nuestro poder femenino. Remediar esto es una parte igualmente importante de este trabajo.

Para todas las mujeres, examinar nuestras relaciones desde la perspectiva de las creencias que reflejan es una importante labor del chakra del corazón. Pero para las supervivientes de traumas sexuales en particular, tratar de superar el dolor subyacente y los sentimientos de baja autoestima trabajando con la Estrella del corazón ayudará a fortalecer el camino de tu chakra femenino y todo tu cuerpo energético. A nivel emocional, te proporcionará una base para redefinir cómo te relacionas con los demás y con el mundo.

5
La Matriz de la garganta: Tu voz

Chakras relacionados: Tu quinto chakra o chakra de la garganta.

Energías: Comunicación, autoexpresión, escucha, autenticidad, claridad, honestidad, integridad.

Uso: Timidez, conducta complaciente, dificultad para hablar, hablar de forma compulsiva, deshonestidad, confusión, falta de autenticidad, retraimiento o para potenciar la expresión y la comunicación de cualquier tipo.

El chakra de la garganta puede ser el más incomprendido de los chakras. Está ligado a la comunicación y, en consecuencia, se comunica a través de las cuerdas vocales de nuestra garganta. Sin embargo, podemos obtener una comprensión más profunda del chakra de la garganta teniendo en cuenta la verdadera naturaleza de la comunicación. ¿Se trata solo de decir palabras o de trasmitir nuestro punto de vista? Creo que todos coincidiremos en que es esto último; a fin de cuentas vocalizar un pensamiento no significa necesariamente que nos entiendan. Para una comunicación eficaz no solo necesitamos tener la capacidad de vocalizar, sino también la de «conectar». Debemos sintonizar con la forma en que los demás reaccionan a nuestro lenguaje y adaptar nuestra expresión en consecuencia.

El chakra de la garganta está ligado a ambos extremos de la interacción; hablar *y* escuchar. Se trata de recibir hacia dentro tanto como de expresar hacia fuera. Es un puente energético entre nosotros y los demás. Es también un puente dentro de nosotros entre nuestro ser interior y exterior. ¿Cómo puede alguien saber lo que sentimos o pensamos? ¿Cómo podemos saber lo que otra persona siente o piensa? A través de la comunicación. Puede ser a través del lenguaje u otros medios; lenguaje corporal, expresiones faciales, escritura, lengua de signos, señales. Todas estas son funciones del chakra de la garganta a un nivel energético. Todas son también maneras de conectar nuestro ser interior con el mundo exterior.

Lo que realmente comunicamos en un momento dado, nuestro yo externo, puede o no concordar con lo que sentimos de verdad. Podemos decir la verdad de forma habitual o podemos ocultarla. Podemos calibrar nuestro lenguaje de acuerdo a la reacción que queremos suscitar en los demás, con tendencia a complacer a la gente o a ser grandilocuentes. Podemos utilizar nuestro lenguaje para conectar con las personas o para engañarlas; como un puente o como un muro. En este sentido, nuestro chakra de la garganta tiene una función mucho más profunda: es la brújula de nuestra autenticidad y nuestra integridad.

El chakra de la garganta sirve también de puente dentro de nuestro cuerpo energético general. Mientras que el chakra del corazón es el epicentro de nuestro sistema de siete chakras, el chakra de la garganta es la puerta de entrada entre nuestros chakras terrenales y espirituales. Nuestro chakra del Tercer ojo y el de la corona son de naturaleza esotérica y espiritual, y su vinculación a las energías del mundo material y humano es mucho menor que la de los chakras que van del chakra raíz al chakra del corazón. En este sentido, nuestro chakra de la garganta es la puerta entre nuestras energías cotidianas y nuestras capacidades intuitivas y espirituales superiores. Si nuestros chakras inferiores y superiores no están conectados a través de nuestra garganta, podemos sentir que nuestras vidas no armonizan con nuestro yo «real».

En esta era de las redes sociales destacamos el lenguaje y la expresión, pero a menudo infravaloramos la autenticidad y la conexión. Recibir «me gusta» y corazones en nuestras publicaciones en redes sociales genera una oleada de endorfinas y puede llevarnos con facilidad a hablar y expresar solo para provocar dicha respuesta en vez de como un verdadero medio de comunicación. Cuando esto ocurre, se da una desconexión entre nuestro yo interior y exterior, una alteración en nuestro chakra de la garganta. Hoy en día esto se da mucho en nuestra vida y, de hecho, es una de las fuerzas obstructivas del chakra de la garganta. Como es natural, las redes sociales y los medios en general nos ofrecen una oportunidad sin precedentes de encontrar y conectar con otros. Manejar esto de manera eficaz forma parte del trabajo con el chakra de la garganta.

El chakra de la garganta tiene también un lado mucho más etéreo. No se trata solo del lenguaje, sino también del «sonido» y de la vibración como sonido. El sonido está vinculado a la energía primordial en las tradiciones espirituales; el sonido del mantra sánscrito *Om* o *Aum* se considera una expresión directa de la fuente de energía del universo. La música es sonido con un vínculo directo a nuestras emociones, eludiendo nuestra mente lingüística. La música, los mantras, las campanillas, los gongs y otras formas de sonido funcionan de manera vibracional, transportándonos, cambiándonos de manera energética. Procesamos estos sonidos como vibraciones a través del chakra de la garganta.

El chakra de la garganta potencia mucho más que el lenguaje. Crea un puente entre nuestro yo interior y exterior, y, por lo tanto, se vincula nuestro sentido de la autenticidad y de la armonía. Proporciona una puerta entre nuestros chakras cotidianos y espirituales, y procesa todas las vibraciones sonoras, incluyendo la música y los mantras. Es el centro de un circuito de retroalimentación en constante funcionamiento en el que recibimos y emitimos tanto el sonido como el significado. El potenciador de la Matriz de la garganta está diseñado para despejar y potenciar todo este circuito y todas sus formas.

Karen acababa de cumplir cincuenta años y estaba pasando por un divorcio. Al principio le costó expresarme lo que quería trabajar y respondía a las preguntas en un tono indagatorio muy escueto, como si hablara conmigo para ver si sus respuestas eran correctas. Proporcionó en su mayoría una descripción general de los acontecimientos, sin dejar entrever cómo se sentía ni cuál era su estado emocional. Sí compartió que estaba asistiendo a un grupo de apoyo para nuevos divorciados que le había recomendado una amiga, pero hasta el momento se sentía incómoda y no había compartido nada sobre sí misma con el grupo.

Decidí guiar a Karen con la Matriz de la garganta para ver si podíamos abrir sus comunicaciones. Después de varios minutos activando la Matriz de la garganta le pregunté: «Si ahora mismo pudieras decirle cualquier cosa a tu exmarido, ¿qué le dirías?». Ella respondió de forma airada: «Bueno, eso es imposible porque solo hablamos a través de nuestros abogados». Se disculpó de inmediato por el «estallido». Le dije que se trataba de un ejercicio imaginario y que pensara qué diría si le tuviera delante en ese preciso momento.

Una vez empezó a hablar, fue como si se rompiera una presa; al principio una pequeña grieta, un goteo, y después un torrente. Dijo que se sintió sorprendida y traicionada cuando le anunció de repente que se marchaba, pues en su opinión todo les iba bien. Quiso saber por qué lo hacía y cómo podía causarles tanto dolor a sus hijos y a ella.

Le atacó por su egoísmo y su frialdad, y describió su propia humillación por no ser capaz de hablar con él de forma directa tras tantos años de matrimonio. Cuando terminó, se disculpó enseguida conmigo por «molestarme» con su «arrebato».

Le hablé de la función de puente del chakra de la garganta y de lo importante que era para ella hablar de sus auténticas emociones en algún entorno, ya fuera conmigo, con amigos, con un terapeuta o con su grupo de apoyo. Me contó lo difícil que le resultaba hacer eso, pues se había criado en un hogar estoico en el que las muestras de emoción se consideraban indulgencia o desobediencia. Había reprimido sus emociones toda la vida y casi nunca había discutido con su marido. Era experta en controlar lo que hablaba, en percibir lo que los demás querían o no oír y adaptarse en consecuencia. Le pedí que activara a diario la Matriz de la garganta hasta nuestra siguiente sesión, junto con la Estrella del corazón para recuperarse y encontrar consuelo.

En sesiones posteriores y en su terapia de grupo, Karen comenzó a hablar más sobre cómo se sentía y se dio cuenta de lo poco que expresaba lo que sentía y pensaba en realidad. Comprendió que la expresión para ella era darle a la gente lo que quería y que, sobre todo, estaba furiosa por su divorcio, porque a pesar de sacrificarse así, la estaban dejando. Se percató de que, aparte del estoicismo de sus padres mientras crecía, había temido también el tempestuoso temperamento de su padre y sus rápidos cambios de humor. Aunque nunca la había maltratado a nivel físico, había aprendido a adaptar sus palabras de acuerdo a lo que pudiera apaciguarle o hacer que no se fijara en ella. Su relación con la comunicación oral versaba por completo en torno a la autoprotección, no a la expresión personal.

Karen continuó trabajando con la Matriz de la garganta, así como con otros potenciadores de chakras, en especial con el Fuego del ombligo, para fortalecer su capacidad de contar su verdad. Se sinceró con sus hijos y con amigos acerca de lo que estaba pasando y de lo que sentía. Con sus hijos adolescentes descubrió que, lejos de traumatizarles, como había temido, compartir sus sentimientos abrió la comunicación con ellos; les animó a compartir también sus sentimientos con ella. Con el tiempo, Karen superó esa difícil etapa de su vida y comenzó a planear un nuevo futuro.

Karen es un ejemplo clásico de alguien para quien el lenguaje (y la comunicación en general) hacía de muro más que de puente. Cuando nos centramos en decir lo que los demás quieren oír en vez de nuestra verdad, nadie sabe nunca quienes somos y terminamos por sentirnos aislados. Por supuesto, la comunicación eficaz y compasiva no siempre consiste en decir exactamente cómo nos sentimos en un momento dado, sino que consiste en conectar lo suficiente con lo que sentimos nosotros y los demás para poder tomar una decisión acertada.

Cuándo has sentido esto con anterioridad

Si eres lo bastante afortunado de tener en tu vida a personas con las que puedes compartir realmente cómo te sientes, esos momentos en los que lo has hecho son los mejores ejemplos de cuando has sentido con anterioridad las energías de tu chakra de la garganta. Puede que también hayas sentido estas energías cuando estabas «escuchando» de forma abierta o enfrascada en una conversación abierta y sincera. Cuando mantienes una conversación profunda y reflexiva con alguien, escuchando de verdad lo que dicen y sintiendo que ellos te escuchan a su vez, el circuito energético representado por la Matriz de la garganta está abierto y despejado.

Los momentos en los que has dicho tu verdad cuando era difícil, tal vez plantándole cara al poder con la verdad, son también magníficos ejemplos de cuando has sentido las energías del chakra de la garganta en un estado de fortalecimiento. No me refiero a arrebatos de ira, ya que estos suelen tener cierta agresividad verbal, pues nos centramos más en hacer daño a otra persona que en decir la verdad. Cada vez que has sentido que estabas diciendo algo que necesitabas decir a pesar de saber que la persona o personas con las que hablabas no querían oírlo, es un recuerdo al que puedes recurrir.

Si eres escritora o artista y utilizas tu técnica como forma de expresión personal, también has sentido este aspecto del chakra de la garganta. Piensa en lo que sientes cuando la expresión creativa fluye con libertad. Aunque hay más chakras que participan en todo el ciclo creativo (el sacro para la inspiración, el del ombligo para la ejecución, el Tercer ojo para la imaginación) la garganta está vinculada a la expresión propiamente dicha o la comunicación.

Si cantas, has experimentado de forma muy directa la energía de tu chakra de la garganta. No tienes que ser cantante ni intérprete profesional; ¡la ducha cuenta! Inténtalo si puedes: concéntrate en la vibración de tu garganta y en el sonido fluyendo por ella y saliendo de tu boca. También puedes hacerlo con mantras o con cánticos.

Escuchar música, y sobre todo que te conmueva de manera especial, es también un ejemplo de que estás sintiendo las energías del chakra de la garganta. Tu respuesta emocional a la música y el cambio que se obra mientras oyes y procesas el sonido, se lleva a cabo energéticamente a través del chakra de la garganta. Experimenta centrándote en la vibración del sonido y en el impacto directo que tiene en ti conectarte con este aspecto.

Puedes utilizar recuerdos de este tipo de momentos que te ayuden a activar tu chakra de la garganta a través de la Matriz de la garganta. Aunque lo bueno de la Matriz de la garganta es que también puedes usar el sonido en los pasos de activación coreando, tarareando e incluso cantando para ayudarte a conectar con esta sensación.

Pasos para la activación

Como siempre, acomódate en tu espacio y en tu cuerpo, prepara tus recuerdos y el archivo de audio (si los estás usando), contempla la imagen de la Matriz de la garganta para familiarizarte con ella y después empieza.

Paso 1: Concéntrate en posición sentada, yergue la espalda y respira hondo.

Paso 2: Coloca dos dedos con suavidad sobre tus cuerdas vocales y emite un ligero tarareo, un mantra o la nota de una canción para localizar la vibración ahí.

Paso 3: Justo debajo del punto donde sientes esa vibración con más fuerza, imagina una brillante luz azul. Puedes experimentar con el color azul exacto. A mí me gusta un color azul cielo porque evoca una sensación de amplitud e inmensidad, pero tú puedes visualizar un azul más intenso si lo prefieres. Durante dos o tres tarareos, cánticos o notas visualiza esta radiante esfera de luz azul que va cobrando más intensidad bajo las yemas de tus dedos, alimentada por la vibración del sonido. A continuación deja de crear sonido y limítate a imaginar en silencio el orbe azul. En este punto puedes apartar los dedos de la garganta.

Paso 4: Ahora visualiza dos puntos de luz adicionales en tus oídos e imagina una brillante línea que conecta la esfera de tu garganta con estas dos nuevas luces en tus oídos. Concéntrate un momento en esta imagen de las tres luces, una en tu garganta y dos en tus oídos, todas conectadas.

Paso 5: Añade otros dos puntos justo en la base del cuello, donde da paso al hombro. Visualiza unas líneas que se extiendan de tu garganta hacia estos puntos de conexión entre el cuello y los hombros. Retén la imagen de estos cinco puntos de luz azul conectados por líneas.

Paso 6: Añade dos últimos nodos de luz, uno en la frente y otro abajo, en el chakra del corazón. Ahora tienes la imagen completa de una brillante luz azul en tu garganta, con seis líneas de luz azul que se propaga a los puntos de tu frente, pecho, oídos y cada lado de tu cuello. Tienes una matriz de luz radiante. Contempla toda esta matriz emitiendo luz en círculos, además de los flujos de luz entre ellos.

Paso 7: Siéntate con esta imagen durante varios minutos. Si lo prefieres, puedes volver a generar sonido e imaginar que la vibración reverbera por toda la matriz de luz.

Paso 8: Recita las afirmaciones, centrándote en sentir cada una de ellas:

Soy honesta.
Soy clara con los demás.
Soy auténtica.
Soy expresiva.
Soy receptiva.
Digo la verdad.

Paso 9: Cuando estés preparada toma la instantánea mental para recordar. Deja que la imagen se disuelva y abre los ojos.

Por supuesto, si activas la Matriz de la garganta durante el día en un entorno en el que no puedes hacer ruido, no pasa nada por no hacerlo. Pero te animo a que experimentes con el sonido y la vibración cuando estés en las primeras fases del aprendizaje de este potenciador. Trabajar con la Matriz de la garganta fortalecerá además tu comprensión del proceso de afirmación, pues su poder viene de nuestra capacidad de conectar con el sentimiento de lo que estamos diciendo. Las afirmaciones no son simples repeticiones de palabras huecas. Evocar una conexión entre las palabras que decimos y el sentimiento asociado es en sí una función del chakra de la garganta. Así que utiliza la Matriz de la garganta siempre que quieras potenciar afirmaciones de cualquier tipo.

Cuándo estás bloqueada

Al igual que sucede con el chakra del ombligo, la mayoría de los bloqueos o debilitamientos del chakra de la garganta se manifiestan de una de dos maneras opuestas: hablar «poco» o «demasiado». Hablar poco podría reflejarse como timidez o pasividad; una reticencia absoluta a hablar o a interactuar. O podría entrañar hablar muy bajo, con respuestas monosilábicas, o de una forma muy limitada que obstaculiza cualquier conexión auténtica con los demás. Si eres una persona que habla poco, puede que te dé miedo hablar o que sientas que quieres decir más, que quieres conectar más con la gente, pero simplemente no puedes, como si hubiera un muro en tu ser que te impidiera hacerlo.

Por otra parte, las personas que hablan demasiado hablan «mucho», pero no dicen gran cosa, o al menos nada que tenga demasiada importancia. Puede que hablen deprisa y sin parar, sin dejar espacio para que los demás intervengan y, tal vez, interrumpiendo. O pueden dar vueltas, repitiéndose o yéndose por las ramas, haciendo imposible que los demás los sigan. Puede que cuenten cosas de manera compulsiva. Su verborrea se convierte en un muro; en vez de conectarlos con los demás, aleja a las personas. Y, como es natural, si siempre están hablando, huelga decir que no escuchan, así que no existe ningún intercambio.

Otra manifestación del bloqueo o del debilitamiento del chakra de la garganta es el hábito de hablar de forma confusa, evasiva o deshonesta. Si tienes cualquiera de estos problemas, tal vez quieras hablar de manera clara y sincera, pero resulte que por norma eres incapaz de hacerlo. Las pequeñas mentiras en particular se pueden convertir en una forma de protección o engrandecimiento personales arraigada en el miedo o en un deseo de obtener la aprobación de los demás. Los fundamentos psicológicos de tal comportamiento suelen implicar más chakras aparte del de la garganta, pero la manifestación de estas tendencias de la expresión oral siempre implica trastornos del chakra de la garganta.

Un modo más sutil de trastorno del chakra de la garganta es la sensación de que tu parte interior y exterior no están en armonía. Puede que seas muy elocuente y que de cara al exterior no des señales de tener problemas de comunicación, pero sientes que la persona que presentas en el mundo no tiene nada que ver con quién eres por dentro. De hecho, esta es una de las formas más comunes en que los traumas sexuales o los abusos infantiles de cualquier tipo pueden afectar al chakra de la garganta. Si al crecer te viste obligada a guardar secretos sobre lo que pasaba en tu casa o tuviste que esconder parte de tu experiencia, puede haberse erigido un muro que separa tu yo interior de tu yo exterior. En un momento dado, este muro se convierte en un auténtico bloqueo energético de la función de puerta de entrada del chakra de la garganta; la función que sirve para conectar tu mundo interior y el exterior.

Otro trastorno del chakra de la garganta es la incapacidad (o la negativa) de comprender lo que dicen los demás. Podemos oír las palabras, pero no asimilamos lo que se dice. Podemos sentir confusión o bloquear sin más ciertas verdades que no deseamos afrontar. Esta última tendencia ligada a la disociación suele tener vínculos con otros problemas de los chakras, pero sobre todo se refleja en el chakra de la garganta.

La incapacidad para escuchar o apreciar la música o cualquier sonido también puede ser una especie de trastorno del chakra de la garganta. Por supuesto, no todo el mundo tiene por qué amar la música o la música de todo tipo. Pero si de verdad no puedes apreciar la música, tal vez indique la existencia de un bloqueo general al sonido y a la vibración y eso puede significar que estás bloqueando otros niveles de sensibilidad energética que, de hecho, pueden resultarte útiles o placenteros. Debido a su función de sensor vibracional, el chakra de la garganta está vinculado a nuestra sensibilidad vibratoria general.

Usar la Matriz de la garganta

Es probable que tengas muy claro qué tipo de situaciones pueden requerir la activación de la Matriz de la garganta: antes de cualquier encuentro en el que tu discurso o tu comunicación tengan especial relevancia. El aspecto de la comunicación que pretendes potenciar puede variar según el desafío concreto al que te enfrentes o cuál sea tu intención. Puede que necesites fortalecer tu capacidad de hablar en una situación estresante o la potencia y el volumen de tu voz. Quizá necesites fortalecer tu transparencia o tu autenticidad. O si tiendes a hablar de más por los nervios, puede que necesites fortalecer la conexión entre tu yo interior y exterior, así como tu capacidad de hablar de forma significativa y con determinación desde el corazón.

Puede que en algunas de estas situaciones quieras incluir otros potenciadores de chakras. De ser así, activa primero los otros potenciadores y después activa la Matriz de la garganta, ya que tu discurso es una expresión de otro aspecto de tu ser. Por ejemplo, si estás nerviosa por dar un discurso, podrías activar primero el Cuenco raíz para conectar y estabilizar tu cuerpo energético y aliviar la ansiedad. A continuación podrías activar la Matriz de la garganta para fortalecer tu discurso. Recuerda que, una vez hayas dedicado un tiempo a familiarizarte con estos potenciadores, puedes utilizar la instantánea que creaste en tu memoria en el paso final de cada serie de activación para activarlo con rapidez; bastará con un simple vistazo de unos segundos a cada uno.

Aquí tienes algunos ejemplos más de cuándo puedes activar la Matriz de la garganta, en algunos casos con ideas de cómo se puede combinar este potenciador con otros:

- Una conversación en la que necesitas hacerte valer y pedir algo que te resulta difícil. En este caso puedes activar primero el Fuego del ombligo y, a continuación, la Matriz de la garganta.

- Cuando tienes que comunicar una noticia complicada, algo que alguien no quiere oír. Puedes activar también la Estrella del corazón si comunicas una noticia que será dolorosa para alguien.

- Cuando lo que buscas es motivar o inspirar a otros. En este caso puedes combinarlo con el Loto sacro para generar inspiración.

Como es natural, la Matriz de la garganta no solo se refiere al discurso fortalecido, sino también a escuchar y a comprender de verdad lo que otros nos dicen. He aquí algunos ejemplos de cuándo puedes utilizarla en este contexto:

- Antes de acudir a una revisión de rendimiento en el trabajo o en cualquier situación en la que recibas críticas.
- Antes de una conversación necesaria, pero posiblemente difícil con un ser querido, tal vez la discusión con un progenitor mayor respecto a que ya no podría ser seguro que condujera o el enfrentamiento con un hijo adolescente por las bajas notas.
- Antes de asistir a una conferencia o a una charla en la que sabes que la información puede ser difícil de comprender, pero que te interesa mucho asimilar.

También puedes activar la Matriz de la garganta en situaciones en las que quieras incrementar tu autenticidad, expresión personal o sensibilidad vibratoria:

- Antes de una cena en la que no conoces bien a nadie, pero te gustaría conectar a un nivel más profundo.
- Cuando escribes o compones una pieza artística que es una expresión de tus sentimientos o de tu estado interior.
- Mientras escuchas un concierto o una pieza musical con la que quieres conectar a un nivel profundo.

Por supuesto, también puedes utilizar con regularidad la Matriz de la garganta durante un tiempo si sientes que sufres bloqueos relacionados con el chakra de la garganta. Aquí tienes algunos ejemplos de por qué podrías trabajar con ella de esta manera:

- Sientes que ocultas o proteges tu verdadero yo de los demás, ya sea hablando mucho o hablando poco.
- Tienes pautas compulsivas de conducta complaciente o falta de honestidad basadas en la inseguridad o en el miedo. También puedes trabajar con el miedo o la ansiedad en sí a través de otro potenciador u otras modalidades terapéuticas.

- Vas a terapia, solo o en pareja, para solucionar antiguos problemas y sientes la necesidad de abrir tu capacidad de expresarte de forma sincera ante tu terapeuta y/o pareja.
- Participas en un proyecto creativo en el que sacas a la luz profundas partes de ti misma; por ejemplo, escribir unas memorias o una obra artística autobiográfica.

Puede que tu problema con el discurso no sea la falta de autenticidad, sino de claridad. También puedes utilizar la Matriz de la garganta para que te ayude a mejorar la capacidad para comunicarte de manera eficaz mediante la palabra hablada o escrita, quizá mientras estás en una clase de dicción o de escritura. Puedes usarlo (como hago yo) cuando participas en un proyecto de escritura, no necesariamente un proyecto de escritura creativa; podría ser una solicitud de admisión, una presentación para un trabajo o un *e-mail* o una carta importantes. Si eres compositor de canciones o músico, también puede resultarte útil trabajar de forma frecuente con la Matriz de la garganta cuando estás escribiendo o actuando.

Maia tenía veintiséis años y era un buen ejemplo de persona habladora. Era difícil meter baza en su discurso, y aunque estaba claro que necesitaba que alguien la escuchara de verdad, dificultaba nuestra capacidad de realizar cualquier trabajo energético significativo. Me contó que su objetivo principal para nuestro trabajo era que le ayudase a conseguir cierta estabilidad económica. Aunque era masajista titulada, nunca había podido llegar a fin de mes y había terminado saltando de empleo en empleo en el sector servicios.

Cuando hablábamos, Maia solía empezar con una historia de alguna situación en el trabajo o con una amiga que provocado que cambiara de empleo y, a continuación, se desviaba hacia situaciones de su infancia que creía que habían contribuido a esta tendencia. Aunque a menudo era perspicaz, sin duda, todo se mantenía en un nivel analítico y le costaba mucho expresar cómo se sentía o dónde experimentaba una emoción o energía concretos en su cuerpo. Solía ser complicado hacer estas preguntas sin interrumpirla de forma deliberada.

Le pedí a Maia que trabajase primero con el Cuenco raíz para conectar con su cuerpo. Aunque pudo conectar con el ejercicio cuando lo hicimos juntas, una vez comenzó a hablar después, su energía ascendió y se propagó a los chakras de la garganta y del Tercer ojo, creando una hiperactividad ahí que después expresó a través de su charla y del autoanálisis. Le describí lo que yo estaba percibiendo y le pedí que hiciera el Cuenco raíz a diario entre las sesiones y que tratara de mantenerse centrada en sus chakras inferiores todo lo posible, sin saltar hacia arriba.

Trabajamos con el chakra raíz de Maia durante varias semanas, centradas en despejar bloqueos de experiencias pasadas que habían obstaculizado su capacidad para conectar con su chakra raíz y permanecer en él. Aunque Maia fue más consciente de su tendencia a desvincularse de su chakra raíz, continuó ejercitando su excesivo discurso a modo de muro en ocasiones, ralentizando su trabajo posterior. Entonces pasamos a trabajar con la Matriz de la garganta.

Maia comenzó a abrirse de verdad mientras trabajábamos con la Matriz de la garganta. Comentó que había sufrido abusos sexuales por parte de un amigo de la familia de los cinco a los ocho años. Aunque Maia tenía recuerdos muy nítidos de lo que había ocurrido, solo se lo había contado a una persona, su madre, cuando tenía unos siete años. Su madre reaccionó poniéndose furiosa y la acusó de mentir, así que no volvió a hablar de los abusos. De hecho, Maia insistió en que dichos abusos no le supusieron problema alguno, que lo había superado ella sola. De todas formas animé a Maia a que continuara trabajando con la Matriz de la garganta y considerase la posibilidad de escribir en un diario sobre los abusos si creía que no le resultaría traumático hacerlo. También le sugerí que buscara asesoramiento específicamente sobre sus abusos. En esos momentos no tenía interés en recibir asesoramiento, pero accedió a utilizar los potenciadores y a intentar escribir un diario por su cuenta.

Con el transcurso de las semanas, Maia se abrió cada día más acerca de sus abusos; más importante aún, fue capaz de expresar las emociones que le provocaba. Fue capaz de expresar lo furiosa que se sentía con su madre por ignorarla y no protegerla, lo traicionada y furiosa que se sentía con su agresor y cuánta vergüenza había interiorizado por lo ocurrido. Fue capaz de señalar en qué lugares de su cuerpo sentía esas emociones para que pudiéramos trabajar con ellas de otras formas. Sobre todo, la forma de comunicación de Maia cambió por completo; ahora era capaz de participar en la conversación, alternando momentos en los que escuchaba de verdad y otros en los que respondía en vez de crear un muro verbal a través de un exceso de verborrea.

Al final Maia buscó otro tipo de asesoramiento y de recuperación aparte de nuestro trabajo. Con el tiempo fue capaz de transformar su vida. Aunque hacía años que su madre había muerto, habló de los abusos sufridos en la infancia con su hermana, que la creyó, pues ella también tenía recuerdos que confirmaban lo que Maia recordaba. Este intercambio y la confirmación en particular jugaron un papel muy importante en la transformación de Maia. A medida que afrontaba y se recuperaba de los abusos que sufrió, su necesidad de desvincularse de sus chakras inferiores disminuyó y Maia fue más capaz de permanecer centrada. También ayudamos a su capacidad para mantenerse a nivel económico, su objetivo original de nuestro trabajo en común.

La historia de Maia demuestra el papel crucial que el verdadero intercambio y la comunicación juegan en nuestro proceso de recuperación y de crecimiento. Muchos de los desafíos a los que Maia se enfrentó en su vida estaban relacionados con su incapacidad para permanecer centrada y manifestarse utilizando sus chakras inferiores. Pero abrir la puerta de la autenticidad en su chakra de la garganta fue lo que pavimentó el camino hacia su transformación. Maia había mantenido en secreto los abusos durante mucho tiempo y se había acostumbrado a utilizar el discurso como un muro entre ella y los demás. Una vez se liberó de ese secreto, ya no necesitó más el muro y pudo empezar a integrar sus emociones y su energía de forma integral, mantenerse estabilizada y centrada en su chakra raíz y comunicar y conectar de verdad con los demás.

Energética de la mujer: Ser fiel a ti misma

Para una mujer que, en este momento de la Historia, está luchando por cambiar las formas culturales y sociales de opresión, el trabajo energético más valioso que podemos realizar es la potenciación del chakra del ombligo y de la garganta para ser dueñas de nuestro poder y de nuestra voz. Hablar por ti misma y plantar cara con la verdad, ya sea en una relación personal, en el lugar de trabajo o en un contexto social, es la manera en que funciona este trabajo.

Uno de los principales patrones aprendidos que muchas mujeres tienen que superar para poseer su propia voz es el hábito de utilizar el discurso como medio de complacer o apaciguar a los demás. Tal y como hablamos en el capítulo dedicado al Fuego del ombligo, a las niñas se les sigue recompensando por ser amables y se suele esperar que las mujeres sean quienes aporten equilibrio a una relación y los cuidados en pareja o en grupo. Este condicionamiento puede funcionar a un nivel muy sutil y ser difícil de ver, así que te animo a que lo busques, aunque sientas que eres una mujer que dice su verdad.

Una forma de hacerlo es dedicar unos días a escribir un diario de comunicaciones. Lleva contigo un pequeño cuaderno y haz una pausa después de las interacciones sociales a lo largo del día y pregúntate a ti misma: «¿Me he sentido de algún modo responsable de esa situación? ¿He elegido lo que iba a decir a fin de obtener una respuesta concreta? ¿Estaba tratando de evitar una respuesta a la que no quería enfrentarme? ¿Estaba apaciguando o complaciendo a alguien con quien estaba hablando o que estaba presente?». Si eres muy sincera contigo misma, es probable que descubras que haces todo eso mucho más de lo que piensas.

Por supuesto, eso no supone ningún problema hasta cierto punto. A veces hablamos con el fin de obtener la respuesta que deseamos para influir en la gente, apaciguarles o conseguir agradarles. Esto no supone ningún problema... *si* somos conscientes de ello y no es tu única forma de estar en el mundo. Lo que buscas es hasta qué punto te has habituado a esto, hasta qué punto este tipo de discurso se ha convertido en tu sistema operativo inconsciente; en qué medida te estás comunicando como un modo de protegerte o de obtener la aprobación en vez de un modo de expresión personal y de conectar.

Reescribir este patrón suele entrañar la comprensión de la psicología subyacente y cambiarlo puede implicar otros chakras. Aquí tienes algunos de los fundamentos emocionales más comunes de este patrón, junto con las combinaciones de los potenciadores de chakras que puedes emplear para apoyar tu trabajo a fin de cambiarlos:

Miedo: Si te criaste en un hogar en el que no te sentías segura o en el que podías ser severamente castigada por decir algo que se consideraba inaceptable, puedes haber desarrollado pautas de comunicación para crear una sensación de seguridad como una estrategia de supervivencia. Tal vez suavizas los conflictos cambiando de tema o haciendo bromas o tal vez te concentras en apaciguar a las personas con personalidades muy volátiles. Sondeas y buscas por instinto gestionar el espacio o, al menos, la reacción de todos hacia ti para sentirte segura. Combinar el trabajo de la Matriz de la garganta con el trabajo del Cuenco raíz es el mejor apoyo energético para cambiar este patrón.

Baja autoestima: Todos queremos gustar, pero cuando gozamos de una sólida autoestima, no necesitamos gustar a «todos» ni que nos den la aprobación en cada situación social. Si albergamos profundos sentimientos de baja autoestima o de vergüenza, anhelamos la aprobación de todos, a menudo a través de gustar a los demás. Podemos modificarnos a nosotros mismos y a nuestro discurso según con quién estemos para encajar o provocar elogios, risas o un sentimiento de pertenencia. Pode-

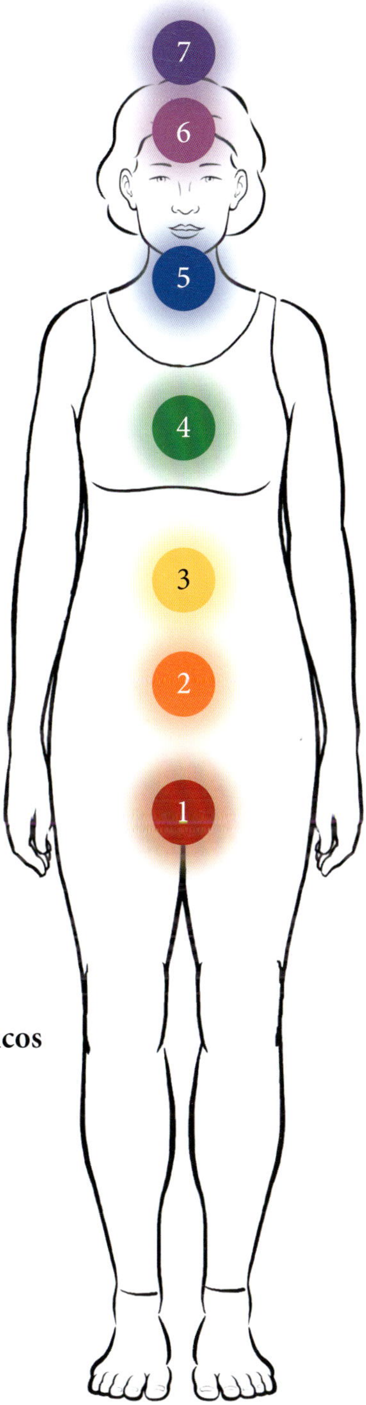

Puntos energéticos
de chakras

Cuenco raíz

Loto sacro

Fuego del ombligo

Estrella del corazón

Matriz de la garganta

Tercer ojo

Conexión de la corona

Red de luz

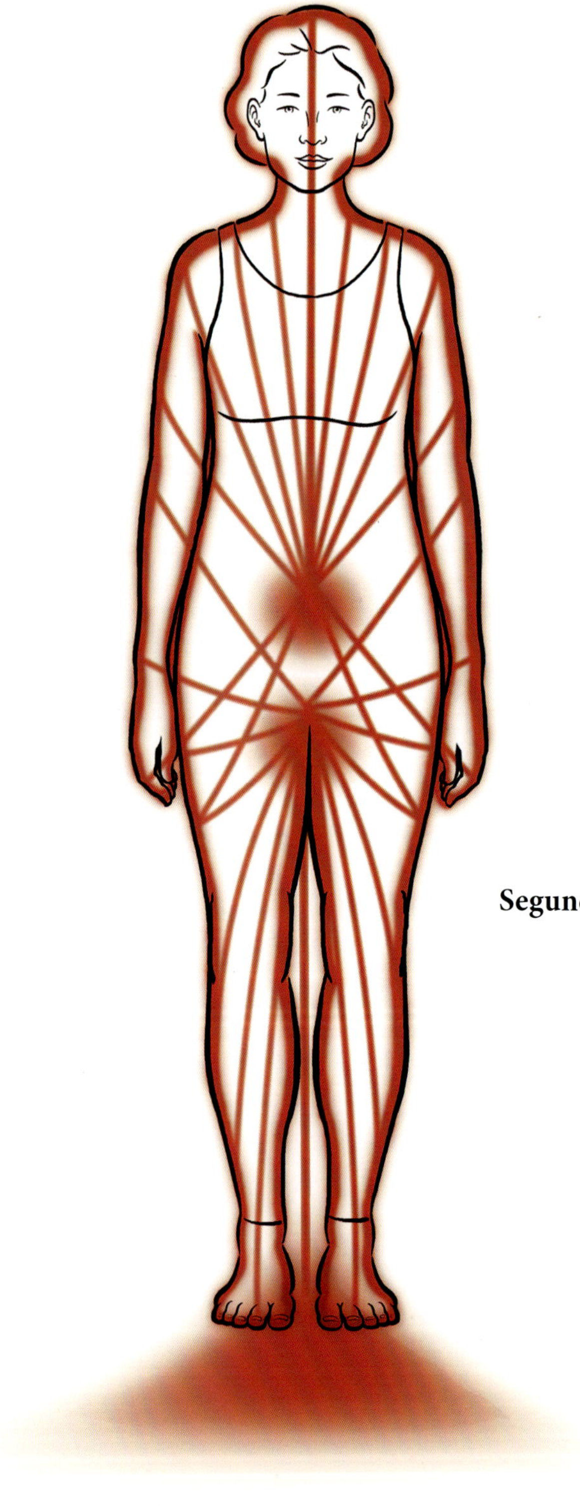

Segunda piel

Rayos sanadores

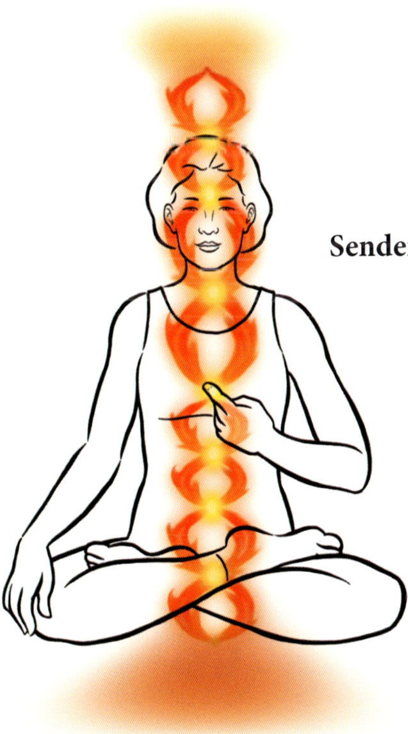

Sendero femenino

Abundancia
del arco iris

mos perder fácilmente el sentido de quiénes somos realmente, atrapados en un juego interminable en el que nos adaptamos a lo que la gente quiere de nosotros. Las redes sociales a menudo magnifican esta tendencia, ya que anhelamos que den un «me gusta» a nuestras publicaciones como una forma de aprobación. La combinación del Loto sacro con la Matriz de la garganta contribuirá al trabajo para cambiar este patrón.

Responsabilidad: Las mujeres suelen ser el pilar social y energético de cualquier grupo, ya sea en una unidad familiar, grupo social o equipo de trabajo. Podemos sentir que debemos hacer de anfitrionas en todo momento y que somos responsables de cómo se sienten los demás. Si alguien es infeliz o está disgustado, nos lo tomamos como algo personal y sentimos que debemos ocuparnos de ello, incluso si el entorno en el que se produce no es algo que hayamos organizado o dispuesto nosotras. Librarnos de esta sensación de responsabilidad es reclamar nuestros límites; como tal, trabajar con el Fuego del ombligo (y posiblemente con la Segunda Piel, presentada más adelante en este libro) junto con la Matriz de la garganta te ayudará a dejar atrás esta tendencia.

Curación de traumas sexuales: Liberarte del secreto

Haber sufrido abusos o una agresión sexuales puede magnificar todos los patrones descritos con anterioridad. Si de niña fuiste objeto de abusos en casa, puedes haber adaptado tu discurso y la forma en que te presentas para mantenerte a salvo o para compensar los sentimientos de vergüenza o baja autoestima. Si te agredieron más tarde, la experiencia puede haber destrozado tu sensación de seguridad o tu autoestima, derivando en patrones similares a partir de ese momento.

Pero hay otra herida en el chakra de la garganta que es más específica de las supervivientes de abusos y agresiones sexuales; el dolor del secreto y del silencio. Si eres una superviviente de abusos sexuales en la infancia, es probable que tus abusos fueran un secreto y que tu agresor te manipulara o amenazara para que siguiera siendo así. Al igual que en el caso de Maia, quizá se lo contaras a alguien, pero no te creyera, y has mantenido el secreto desde entonces. Quizá tuvieras la sensación de que otros sabían lo que estaba ocurriendo, pero que había un acuerdo tácito para no hablar de ello. De una forma u otra, silenciaron tu voz y te viste obligada a mantener este doloroso secreto; un secreto que para muchas supervivientes crea un muro entre ellas mismas y los demás que parece imposible de franquear.

La situación suele ser muy similar en el caso de supervivientes de agresión en edad adulta. Es posible que una víctima nunca le cuente a nadie su agresión o puede que lo cuente y no la crean. Además, en situaciones en las que una superviviente comparte lo que ocurrió y presenta cargos, el proceso legal puede resultar desalentador y asfixiante. Incluso si una superviviente de abusos o de agresión comparte su experiencia con sus seres queridos, la respuesta no siempre es afirmativa. Algunas personas pueden sentirse incómodas al escucharlo o quieren hablarlo una vez y decirle después a la superviviente que siga adelante o que lo «supere». Estas respuestas despectivas crean un nuevo velo de silencio y pueden desencadenar una lucha de por vida para decidir a quién se lo cuenta y a quién no. Muchas supervivientes cuentan que les angustia la decisión de cuándo contarle su historia a una nueva amiga o a una pareja romántica por miedo a cómo lo va a sobrellevar la persona en cuestión. Cuando no lo comparten, puede parecer una barrera a la intimidad, pero cuando sí lo hacen, el resultado a menudo puede ser el mismo.

En nuestra sociedad, la lucha constante sobre qué compartir con quién y cuándo es, en su mayoría, exclusiva de los supervivientes de traumas sexuales. Los supervivientes de cáncer, de accidentes o las víctimas de otros delitos raras veces sienten el mismo conflicto. A nivel energético, la lucha pasa factura, reflejándose como un bloqueo o un muro en la función de puerta de entrada del chakra de la garganta. Este bloqueo puede manifestarse en cualquiera de los patrones de los que hemos hablado; hablar poco, hablar mucho, conducta complaciente, etcétera. Trabajar para acabar con ese muro es uno de los procesos de recuperación más poderosos que puedes emprender como superviviente de un trauma sexual.

Trabajar con la Matriz de la garganta durante un período de tiempo puede ayudarte en este proceso. Si has recibido asesoramiento o te dedicas a proporcionarlo puede servirte como foro para que compartas de verdad lo que te pasó. Plasmar toda tu experiencia en un diario o compartirlo de forma anónima en una página web creada para tal propósito también pueden ser poderosas formas de atravesar este velo de silencio y secretismo. No tienes que gritar tu experiencia a los cuatro vientos para vivir la recuperación, pero es crucial que te abras de alguna manera a la comunicación.

Permitirte identificar y expresar las emociones relacionadas con tu trauma, sobre todo la ira, suele ser también crítico para abrir el puente entre nuestro interior y nuestro exterior. La ira es un paso importante en el proceso de recuperación que no deberíamos saltarnos. Debido a que trabajo con los chakras, atraigo a muchas supervivientes de traumas sexuales de mentalidad espiritual. Me parece que muchas se centran demasiado en el perdón. Sienten que, como adultas, «deberían» ser capaces de perdonar a su agresor. Dicen: «Sé que estaba actuando en base a su propio dolor». Puede que eso sea cierto, pero he descubierto que saltarse la fase de la ira a menudo deja sutiles bloqueos de culpa y vergüenza que nunca salen a la superficie ni se eliminan. Permitirte expresar la ira de verdad contra tu agresor y contra cualquiera que no te creyera ni te protegiera es un paso importante en el proceso de recuperación.

Puedes liberar la ira como un ejercicio de visualización, tal vez con la ayuda de un terapeuta, un sanador o una amiga, en el que te imaginas hablando con la persona, o puedes escribirlo como una carta. No importa si nunca llegas a ser capaz o si no quieres comunicarle la ira que sientes a esa persona. Puede que, con el tiempo, te parezca apropiado centrarte en el perdón…, o tal vez no. En mi opinión, no creo que sirva de nada forzar el perdón, esperarlo o considerarlo una necesidad para seguir adelante con tu vida de forma sana y completa. Es mucho más importante tu relación contigo misma.

6

El Tercer ojo: Tu segunda vista

Chakras relacionados: Tu sexto chakra o Tercer ojo.

Energías: Intuición, imaginación, perspicacia, sabiduría, vista clara, visualización, posibilidades, sosiego, atemporalidad, ausencia de límites.

Uso: Turbación, confusión o neblina mental, indecisión, falta de claridad, solucionar problemas, falta de ideas, o para potenciar la perspicacia, la intuición o la imaginación.

Al sexto chakra se le llama «el Tercer ojo» porque está vinculado a un nivel más sutil de la vista, un nivel de percepción que va más allá de nuestros sentidos físicos. Solemos llamar a esto «intuición», pero «atención energética» podría ser un término más preciso.

Para entender a qué me refiero, deja de leer este libro durante un momento y dedica un minuto a concentrarte en cada sonido que puedas oír en el entorno en el que te encuentras. Descubrirás que a tu alrededor hay todo tipo de sonidos de los que no eras consciente: pájaros que cantan; el ruido de la calefacción, coches que pasan, el zumbido de la electricidad. Todo estaba presente antes de que repararas en ello y tus oídos recibían sus vibraciones de sonido, la percepción sensorial. Sin embargo, tu mente los filtraba, tú no los «percibías» porque tu atención estaba puesta en este libro.

La interacción entre los sentidos, las percepciones y la atención se refleja en las relaciones entre nuestro cuerpo energético, el Tercer ojo y la intuición. Nuestro cuerpo energético recibe un aporte de energía de todo lo que nos rodea, igual que nuestros sentidos físicos reciben información sensorial, aunque apenas le prestemos atención. Solemos estar atentos a otras cosas a menos que nos entrenemos a propósito para desarrollar nuestras capacidades intuitivas, ya que la mayoría no somos conscientes de cómo nos afectan estas energías. Pero si aprendemos a prestarles atención y a abrir nuestro Tercer ojo, podemos percibir las cosas a partir de estos datos energéticos. Es así como nuestro Tercer ojo dirige nuestra atención energética.

El Tercer ojo también se ocupa de las funciones mentales abstractas, en particular de la imaginación y la percepción. Estas tres palabras que empiezan por «i»[1], intuición, imaginación y percepción, son los principales poderes de nuestro Tercer ojo. «Ideas» es otro buen término del Tercer ojo que empieza por «i», pues la energía del Tercer ojo alimenta nuestra capacidad para generar ideas. Cuando nuestro Tercer ojo está bloqueado o débil, tenemos poca o ninguna imaginación, dificultad para alumbrar nuevas ideas, ninguna orientación intuitiva en

1. En inglés, «intuición», «imaginación» y «percepción/perspicacia» empiezan por «i». *(N. de la T.)*

nuestra vida (dependiendo por completo de nuestro pensamiento racional) y no somos conscientes de nosotros mismos porque carecemos de la perspicacia para sacarlas a la luz.

Hoy en día, la mayoría recibimos escaso apoyo para desarrollar nuestro Tercer ojo. Crecer suele presentarse como el proceso de desactivar la imaginación, la intuición y la percepción natural y libre de nuestra infancia. Se nos anima a que seamos «serios», «hagamos planes» y «nos enfrentemos a la realidad». El resultado es la falta de apoyo a nuestro Tercer ojo, ¡aunque si lo usáramos podría sin duda ayudarnos a ser serios, a hacer planes y a enfrentarnos a la realidad de manera eficaz y satisfactoria! Si eras una niña especialmente intuitiva, propensa a las visiones o sensible a nivel energético, es probable que recibieras mensajes para que cerraras la puerta a todas estas habilidades.

Sin embargo, si sufriste un trauma en tu infancia, es posible que también hayas ido en la otra dirección, desarrollando patrones disociativos que dan lugar a que vivas «demasiado» a través de tu Tercer ojo, sin una conexión con tus chakras inferiores y sus funciones. Esta clase de disociación entraña desvincularse de nuestros chakras inferiores y de vivir en nuestros chakras superiores, en particular en nuestro Tercer ojo. Podemos desvincularnos de la realidad común, de la conexión con los demás, de nuestras propias emociones e, incluso, de las sensaciones físicas, para vivir en su lugar en un reino creado en su totalidad por nuestra imaginación. O podemos quedar cautivados por mundos «astrales» oníricos a los que tenemos acceso a través de nuestro Tercer ojo. Podemos convencernos de que estamos recibiendo mensajes y señales espirituales de esta manera, pero al final se vuelven tan autorreferenciales que ya no estamos centrados en nuestro cuerpo.

Trabajar con el potenciador del Tercer ojo requiere que nos mantengamos firmes y seamos auténticos. He diseñado los pasos para la activación de este potenciador expresamente para que lleves esto a cabo, además de ayudarte a mantener una conexión saludable entre tus chakras inferiores y superiores. Este potenciador no abre todas las funciones del Tercer ojo, por ejemplo, no vamos a trabajar el viaje astral ni pretende servir de método a gran escala para desarrollar tus capacidades intuitivas. Al igual que con todos los potenciadores de este libro, centramos la atención en cómo puedes utilizar tu Tercer ojo en tu día a día y trabajar con él para alcanzar la recuperación emocional y el fortalecimiento.

Natalie había sido una triunfadora toda la vida, primero como estudiante y atleta, y más tarde, en un primer momento, en su trabajo como ingeniera informática. Pero a medida que avanzaba en su carrera, se había topado con un muro. Después de conseguir un prestigioso empleo en una prominente empresa tecnológica nada más terminar la universidad, descubrió que se había estancado tras el éxito de sus primeros años. Mediante la crítica, acabó por darse cuenta de que no tenía visión. Se le daba bien ejecutar las ideas de otros, pero apenas tenía ninguna propia. Esta tendencia se extendía también a sus objetivos personales; sabía que deseaba algo más de la vida, pero en realidad era incapaz de imaginar el qué.

Natalie era muy inteligente y muy intelectual. Comenzamos a trabajar con el Loto sacro para que le ayudara a contrarrestar su naturaleza cerebral y a conectar con una nueva energía generada por la inspiración y la pasión. Sin embargo, le resultó difícil visualizarlo. Se afanaba en crear la imagen de manera precisa, tratando de recrearla como un cuadro en su mente. También le costó cultivar los sentimientos asociados a las afirmaciones. El proceso de activación hizo que se sintiera frustrada.

Le pregunté a Natalie si alguna vez había soñado despierta: «¿Alguna vez has reproducido una conversación pasada de forma diferente en tu cabeza? ¿Alguna vez te has sorprendido fantaseando con un evento o un encuentro futuros que te gustaría tener?». Con esto sí pudo identificarse: relató que soñaba con las próximas vacaciones que tanto deseaba, que se imaginaba en una playa con una copa en la mano. Recorrimos los pasos de la activación del potenciador del Tercer ojo, tras lo cual le pedí que describiera de manera detallada su fantasía de esas vacaciones y que añadiera más detalles si podía. Eso fue muy bien y Natalie se animó al darse cuenta de que, sin duda, utilizaba su imaginación todo el tiempo de esa forma. Le pedí que activara su Tercer ojo a diario entre sesiones y que después dedicara unos minutos a imaginar esas vacaciones que tanto deseaba.

Fiel a su naturaleza triunfadora, Natalie fue muy diligente en esta tarea y contó todo lo que había imaginado al comienzo de nuestra siguiente sesión. Pero además se había dado cuenta de que sentía remordimientos por utilizar su imaginación, como si estuviera malgastando su tiempo. Se percató de que mientras crecía la habían disuadido de que utilizara su imaginación y su intuición. En un momento dado tuvo un amigo imaginario, algo muy común en los niños pequeños, pero cuando se lo contó a su madre, esta le dijo: «Deja de inventarte tonterías». En otro momento recordó que había soñado con un suceso que más tarde se hizo realidad. Cuando le habló de ello a su madre, esta reaccionó con mayor enfado. Los padres de Natalie tenían altas expectativas académicas para sus hijos, de modo que con el tiempo acalló las tendencias de su Tercer ojo y aprendió a enfocar su mente solo hacia el estudio.

Trabajamos con el sentimiento de culpa que a Natalie le producía utilizar estas partes de sí misma, así como con el sentimiento que había interiorizado de que su intuición y su imaginación no eran responsables ni «seguras». Nuestro trabajo incluía la activación de su Cuenco raíz y su Loto sacro, que fue capaz de hacer con el tiempo, además de trabajar más con el Tercer ojo. Natalie empezó a conectar de nuevo con esa parte de sí misma y acabó dejando su empleo para unirse a una empresa nueva en la que fue una parte valiosa del equipo de investigación y desarrollo, incluyendo el alumbramiento de muchas nuevas ideas. A largo plazo, estos cambios le llevaron también a explorar la espiritualidad, algo que le abrió aún más dimensiones de sí misma.

La experiencia de Natalie al crecer es muy común y no cabe duda de que sus padres tenían buenas intenciones al querer que sus hijos triunfaran en la vida. Pero eso había hecho que Natalie se desconectase de las funciones de su Tercer ojo y que se sintiera culpable siempre que las utilizaba. En consecuencia, tampoco era capaz de imaginar nuevas posibilidades en ningún otro contexto. Abrir nuestro Tercer ojo no tiene que ver con convertirnos en médium ni en un artista profesional; para la mayoría de nosotros se trata de abrirnos a las posibilidades y al potencial para nuestras vidas. Todo cambio empieza con algún tipo de visión (un objetivo es justo eso) y nuestro Tercer ojo es el que lo posibilita.

Cuándo has sentido esto con anterioridad

La historia de Natalie pone de relieve una de las maneras más comunes en que, probablemente, hayas sentido la energía del Tercer ojo con anterioridad: soñar despierto. Aunque soñar despierto y fantasear pueden pasar a ser actividades disociativas y disfuncionales si nos involucramos demasiado, con sana moderación son una parte muy importante de nuestro proceso de visualización. Con «visualización» me refiero a la manera en que exploramos el potencial para nuestro futuro. Ya soñemos con que por fin vamos a dejar un empleo que no nos gusta, con un viaje que esperamos con ilusión, con la pareja romántica que deseamos conocer o con ese negocio que vamos a emprender, soñar despierto es parte de la forma en que reconocemos lo que deseamos para el futuro.

Soñar despierto es una forma de pensamiento imaginativo y la imaginación es otra función clave del Tercer ojo. Tal y como hemos comentado, la energía del chakra sacro proporciona la energía capaz de romper límites y la inspiración para nuestra imaginación, pero el Tercer ojo proporciona la forma o el contenido, lo que imaginamos en realidad. Así que, si innovas o creas desde un espacio de imaginación pura dentro de ti, piensa en lo que se siente cuando lo haces. Puedes recurrir también al recuerdo de esta sensación para ayudarte a activar el potenciador del Tercer ojo.

Otra forma en que has experimentado ya la energía del Tercer ojo es a través de la intuición. Todo el mundo experimenta la intuición.

Un ejemplo básico es percibir que alguien no es del todo sincero, que miente o que piensa otra cosa distinta de lo que expresa ante ti. Por ejemplo, imagina que te encuentras con un compañero fuera del trabajo y charlas un rato sobre qué tal os va. Él te dice que todo va bien, se muestra risueño y amable, pero sientes que bajo la superficie algo no va bien. Más tarde te enteras de que se está divorciando o que está pasando por alguna otra experiencia difícil en la vida. Al mirar atrás está claro que tu percepción no era equivocada.

¿Qué percibiste? ¿Lenguaje corporal? ¿Una alteración en su tono? ¿Rigidez? Captamos todo tipo de cosas de las que no somos conscientes. Desde una perspectiva energética, es probable que también experimentaras la energía de sus emociones subyacentes, la energía de la tristeza o de la ira que emanaba. Puede que tu atención energética no estuviera pendiente de este sentimiento de manera explícita, pero tu Tercer ojo lo procesó.

Para identificar la energía de tu Tercer ojo cuando actúa de esa manera, recurre a algún recuerdo de una situación similar o a cualquier momento en que creas que tuviste una intuición. Otros ejemplos comunes son pensar en alguien justo antes de recibir una llamada o un mensaje de texto de esa persona o «saber» que vas a encontrar aparcamiento al doblar la esquina. El contenido de tu memoria no importa, pero te conviene trabajar con una situación en la que a posteriori tu intuición demostró ser correcta. Sintoniza con este recuerdo, identifica el momento en que el pensamiento intuitivo surgió en tu mente y después trata de identificar tú misma la sensación en tu mente y en tu cuerpo mientras tiene lugar. Con el tiempo notarás que esta clase de pensamientos se perciben de forma diferente y que la sensación en tu mente y en tu cuerpo cuando los tienes difiere de la de otros tipos de pensamientos.

La intuición certera va de la mano con otra función del Tercer ojo: la percepción. Sin percepción podríamos llegar a pensar que estamos teniendo un pensamiento intuitivo, cuando en realidad nuestra «intuición» se basa en el miedo o en condicionamientos pasados. Por ejemplo, si has sufrido la traición o la falta de honestidad con frecuencia en tu vida, es probable que estés predispuesto a pensar que las personas te están mintiendo y lo más seguro es que creas que estos pensamientos son intuiciones. Pero si tienes la perspicacia para reconocer este patrón cuando surge, puedes distinguir el miedo de la intuición. Esta función perceptiva de nuestro Tercer ojo es como nuestro sensor de mentiras interno. Cuando nuestro Tercer ojo está abierto y despejado, sirve de brújula interior, que señala siempre nuestro verdadero norte y nos ayuda a no desviarnos del camino.

Hay una última forma de la energía del Tercer ojo que puedes haber experimentado en su expresión espiritual. El Tercer ojo está estrechamente ligado a la meditación y a los estados meditativos de profunda quietud, atemporalidad y ausencia de límites. Es posible que los hayas experimentado en la meditación formal o en la oración, o de manera espontánea mientras estabas en la naturaleza, en una clase de yoga o incluso durante tu día normal en una fase de tu vida que te obligó a profundizar. Si es así, apela también al recuerdo de estas experiencias cuando actives el potenciador del Tercer ojo.

Pasos para la activación

Prepárate como de costumbre: pon en cola el archivo si lo estás usando, prepara tu espacio y la lista de recuerdo y contempla la imagen del potenciador.

Paso 1: Siéntate con la espalda recta y pon una mano sobre tu chakra del ombligo. Respira hondo contra tu mano, sintiendo el movimiento de tu vientre al hacerlo. Inspira así al menos cinco veces. Terminaremos de la misma manera; esto es importante para mantenerte conectada a tu cuerpo mientras trabajas con tu chakra del Tercer ojo.

Paso 2: Presiona con firmeza el punto focal de tu Tercer ojo con el dedo índice, el punto medio justo por encima de la línea de las cejas. Presiona y afloja varias veces, y cada vez que aflojes, imagina que te estás relajando más con la energía de esta parte de tu cuerpo. Esta conexión física con el punto focal del Tercer ojo es otro método útil para mantenerte conectada a tu cuerpo mientras trabajas con tu Tercer ojo.

Paso 3: Baja la mano y visualiza un Tercer ojo hecho de luz blanca en el punto justo donde estaba tu dedo. Imagina que este ojo lo ve todo. Tómate un momento para sentir con esta visualización.

Paso 4: Ahora imagina que este ojo blanco irradia una hermosa luz púrpura a su alrededor; una esfera de esta luz púrpura que se extiende hacia el cosmos desde tu Tercer ojo de luz blanca. Imagina que esta luz púrpura lo abarca todo, rodeándote por todas partes. Fomenta una sensación de amplitud y ausencia de límites.

Paso 5: Visualiza cinco líneas blancas de luz que salen de tu ojo y atraviesan esta esfera de hermosa luz púrpura hacia el espacio, hacia el infinito. Estos cinco hilos de luz representan las líneas hacia potenciales futuros. Puedes trazar más de cinco, pero creo que suele bastar con cinco para experimentar la sensación de múltiples futuros potenciales. Imagina que estos hilos cruzan sin cesar esta luz púrpura hacia el horizonte, tan lejos como puedas imaginar.

Paso 6: Trae a tu memoria cualquier recuerdo con el que estés trabajando de la sección «Cuándo has sentido esto con anterioridad». Concéntrate en la sensación, no en el contenido, del recuerdo de tu imaginación/percepción/intuición. Permite que este sentimiento mejore la imagen de tu Tercer ojo blanco extendiendo las líneas de luz hacia la luz púrpura que te rodea.

Paso 7: Recita las afirmaciones, fomentando el sentimiento de cada una mientras lo haces:

Estoy tranquila.
Soy intuitiva.
Sé cosas que escapan a las palabras.

Soy imaginativa.
Tengo una visión.
Soy sabia.

Paso 8: Descansa en la sensación de apertura, espacio y potencial de futuro durante el tiempo que quieras. Toma el recuerdo instantáneo que te sirva como fuente para una activación rápida más tarde.

Paso 9: Cuando estés lista para seguir y dejar este potenciador, borra la imagen despacio en el orden inverso en el que la construiste: las líneas, la luz púrpura y el ojo. Dirige de nuevo la atención a tu vientre. Puede que quieras abrir tus ojos físicos en este punto. Inspira hondo cinco o más veces desde el vientre, concentrándote en tu vientre para que estés otra vez bien asentada en tu cuerpo y centrada en la realidad física antes de seguir adelante.

No esperes visiones intuitivas ni fantasías durante este ejercicio. De hecho, si empiezas a tener visiones mientras lo estás realizando, aparta la mente de ellas despacio y concéntrate de nuevo en el paso de la visualización. Si eres propensa a la intuición visual o a los pensamientos, puede que al principio esto te resulte difícil porque activar tu Tercer ojo a través del potenciador lo estimulará. Aquí lo importante es obtener el control sobre tu visión interior. Activar el potenciador despeja y genera la energía para todas las funciones de tu Tercer ojo: la imaginación, la perspicacia, la intuición, la generación de ideas y la meditación. Utilizarás este potenciador igual que haces con los demás; para activar la energía de tu Tercer ojo «antes» de dedicarte a actividades en las que necesitas estas funciones.

Cuándo estás bloqueada

Cuando nuestro Tercer ojo está cerrado o no tenemos acceso a sus energías, algunos de los problemas se parecen mucho a cuando nuestro chakra sacro está cerrado o débil. Nos sentimos atascados, atrapados o estancados. No podemos imaginarnos ninguna otra vida. Sin embargo, con un Tercer ojo bloqueado podemos sentirnos «motivados» para cambiar nuestra vida, solo que nos es imposible ver «cómo» hacerlo o saber siquiera qué queremos.

La indecisión es otro síntoma común de un Tercer ojo bloqueado porque nuestra intuición está inhibida. Sin nuestra intuición, es fácil que nos quedemos atascados en una espiral mental, sopesando los pros y los contras de cada decisión, cambiando sin cesar de una opción a otra. No tener sentido de la intuición se asemeja un poco a caminar en la oscuridad: carecemos de campo visual que nos guíe, así que extendemos las manos al frente y palpamos los obstáculos a medida que avanzamos. Nos da tanto miedo pasar por alto alguna perspectiva o información crucial que nos paralizamos en la búsqueda de una razón para decantarnos por una opción en vez de por otra.

De hecho, una excesiva dependencia general del análisis mental es otro signo común de un Tercer ojo bloqueado. No cabe duda de que nuestra capacidad para pensar y analizar de forma racional es una magnífica herramienta y es necesario que muchas decisiones en la vida se tomen desde esta perspectiva intelectual. Pero muchas otras requieren de perspectiva, esa otra inestimable habilidad del Tercer ojo. Cuando nuestro Tercer ojo es débil, carecemos de la perspicacia necesaria para decidir qué es lo que nos conviene y de la capacidad de analizar cualquier situación en profundidad. Estamos atrapados en la superficie de nuestra vida y en las situaciones en las que nos encontramos. Es posible que el análisis mental parezca profundizar más, pero en realidad, en ciertas situaciones, hace que sigamos atrapados en la parálisis autorreferencial.

Puede que las motivaciones y los sentimientos de los demás también nos parezca un misterio. Podemos malinterpretar y juzgar a otras personas o sentirnos confundidos por lo que desean de nosotros. Nuestra inteligencia emocional está muy relacionada con nuestra intuición y capacidad de discernimiento; sin ninguna de estas dos cosas podemos sentir que somos socialmente ineptos y maleducados o que los demás nos consideren así, pero no reconocerlo nunca nosotros mismos.

Además, nuestra imaginación es limitada cuando nuestro Tercer ojo está bloqueado o débil; no solo nuestra capacidad para imaginar nuevos posibles futuros para nosotras, sino también nuestro pensamiento creativo en su conjunto. No podemos imaginar nuevos productos ni resolver problemas de forma creativa. No podemos unir las piezas de otra manera. Estamos atrapados, viendo y aceptando el *statu quo*, nos guste o no. Es posible que nos sintamos insatisfechos y que anhelemos imaginar algo diferente, pero que no podamos, y eso hace que nos sintamos frustrados y aislados.

En el otro extremo del espectro de la disfunción del Tercer ojo se encuentra la desvinculación que ya hemos mencionado; utilizar las experiencias espirituales y psíquicas como forma de evasión de la realidad. Algunos pueden estar en contacto permanente con lo que perciben como ángeles, guías u otras fuerzas espirituales, pero están tan sumidos en la comunicación con ellos que se han desvinculado de sus propias vidas. Quizá se dedicaran a la práctica espiritual como un medio de escapar en vez de como una herramienta de crecimiento.

Utilizar el Tercer ojo

Una de las formas más útiles de usar el potenciador del Tercer ojo en tu vida es cuando tienes que tomar una decisión y te sientes atascado. Por ejemplo, digamos que buscas apartamento y tienes que decidir entre dos cuál alquilas. Has repasado todos los pros y los contras de cada uno, lo has hablado con tus amigos y aun así no logras decidirte. Tómate un tiempo y activa el potenciador del Tercer ojo. Intenta no pensar en la decisión en sí mientras lo haces, pero después de las afirmaciones y antes de borrar la imagen, imagínate en cada apartamento. ¿En cuál te sientes mejor? ¿Notas algún cambio en tu cuerpo mientras te imaginas en cada uno? ¿Tienes una mejor idea de cuál es el que realmente quieres?

Puedes utilizar este potenciador para casi cualquier decisión. Es más eficaz cuando no te fuerzas a tomar la decisión justo después de la activación. Dedícate a realizar sin más el ejercicio e incorpora lo que aprendas de él como datos adicionales a tener en cuenta. A menudo se te presentará después una intensa percepción o intuición sobre lo que deberías hacer. Lo importante es que actives tu Tercer ojo y lo vincules a la decisión que intentas tomar. Hacerlo permite que todos los niveles de tu ser y tu psique lo procesen y disminuya tu falta de concentración mental. Descubrirás que el mejor enfoque es activar el Tercer ojo y después dejar de pensar en tu decisión, permitiendo que tu psique y tu mente intuitiva trabajen en ello sin trabas.

Hay muchas otras veces en tu día a día en que puedes activar el potenciador del Tercer ojo. He aquí algunas ideas:

- Cuando estés atascada con un problema. Activa el Tercer ojo y después olvídate del problema durante un rato; da un paseo o dedícate a otra cosa.
- Antes de acudir a una reunión de intercambio de ideas, a una sesión de estudio o siempre que quieras generar ideas o crear. Puedes combinarlo con el Loto sacro para inspirarte.
- Antes de una interacción con una persona o con un grupo para la que creas que necesitas más información. Tal vez sientas que hay algún trasfondo emocional o político que desconoces.
- Antes de escribir tu diario, de hacer terapia o de explorar otra modalidad cuyo propósito sea enfrentarte a ti misma o ver algo sobre ti misma con honestidad.
- Siempre que te sientas desconcertada, confusa o atrapada en ciclos de falta de concentración mental.
- Antes o mientras estás meditando, rezando o realizando cualquier actividad que consideres espiritual.

En cuanto al trabajo a largo plazo con el potenciador del Tercer ojo, como es natural, la razón más común por la que podrías hacerlo es la de mejorar tu intuición. Activar el potenciador del Tercer ojo a diario te ayudará a que notes y proceses más la información energética que recibe tu cuerpo energético. En realidad es el punto de partida para cualquiera de nosotras: el aumento de la «percepción». Raras veces necesitamos aumentar nuestra «sensibilidad» energética, las vibraciones que captamos, porque ya captamos tantas cosas que no prestamos atención.

En contra de lo que puedas pensar, activar el Tercer ojo no suele aumentar tu sensibilidad energética ni hacer que «dejes entrar» energías que no deseas. Ya estás captando toda clase de energías en todo momento. Activar tu Tercer ojo aumenta tu capacidad de «procesarlas» de un modo que te sea útil. De hecho, esto ayuda a establecer y a despejar tus límites energéticos porque te vuelves más consciente de las energías con las que estás entrando en contacto. A menudo las captamos sin darnos cuenta. Ser más consciente es un paso importante para mejorar cómo cuidamos y protegemos nuestro cuerpo energético.

Sin embargo, es cierto que cuando al principio abrimos más nuestro chakra del Tercer ojo, sobre todo si ha estado cerrado casi toda nuestra vida, a veces podemos sentir que estamos absorbiendo demasiadas cosas del mundo. Necesitamos tiempo para habituarnos a medida que nos acostumbramos a procesar todos los estímulos más sutiles que hemos estado eliminando. También lleva su tiempo aprender a procesar esta información y convertirla en intuiciones útiles propiamente dichas. Hablaremos más sobre la protección y los límites de la energía en el capítulo dedicado a la Segunda piel. Por ahora, si estás trabajando con el potenciador del Tercer ojo durante un período de tiempo concreto para aumentar tu intuición, sé consciente de cómo te sientes. Si empiezas a sentirte distraída, desconectada o agobiada por los estímulos o hipersensible, tómate unos días de descanso. Trabajar con la Segunda piel, con el Cuenco raíz y con el Fuego del ombligo también ayudará, junto con algunos ejercicios adicionales o pasar tiempo al aire libre.

Para utilizar el potenciador del Tercer ojo a fin de mejorar tu intuición, actívalo a diario, presta especial atención a los pensamientos que surjan y que puedan ser intuitivos, y haz lo posible para corroborarlos después. Si, por ejemplo, mientras buscas aparcamiento piensas de repente: «Si giro a la izquierda encontraré uno», haz caso y averigua si resulta ser verdad. Si sientes que alguien te está mintiendo, investiga a ver si puedes descubrir si estabas en lo cierto. Si te sorprendes pensando que alguien de tu vida puede estar deprimido, llámale para ver si es así (¡y ofrécele consuelo, claro!). Experimenta. Presta atención a los pensamientos que sueles ignorar y tómate la molestia de comprobarlos.

Una vez hayas podido confirmar o descartar un pensamiento dado, una vez sepas si estabas o no en lo cierto, recuerda la «sensación» que te produjo dicho pensamiento cuando te vino a la cabeza. Comprueba si puedes notar alguna diferencia entre la sensación del pensamiento cuando es certero y cuando no lo es. Desarrollar la percepción para empezar a distinguir cuándo un pensamiento lo genera tu mente intuitiva es la parte más importante del desarrollo de la intuición. Cuando te equivoques, evalúa qué podría haber afectado a tu pensamiento: ¿Te desagrada la persona que pensabas que estaba mintiendo y, por lo tanto, estabas predispuesta a pensar mal de ella? ¿Encontraste plaza de aparcamiento a la izquierda los dos días anteriores y por eso tu mente te envió ahí por defecto?

Esta clase de evaluación se basa en nuestra percepción, una de esas otras funciones del Tercer ojo. Tal y como ya hemos comentado, desarrollar tu intuición lleva aparejado el desarrollo de tu percepción. El proceso puede resultar tedioso al principio, pero con el tiempo se vuelve automático.

Algunas formas de intuición no se pueden confirmar en realidad, ya que se basan en la confianza. Si por intuición eliges un apartamento en vez de otro o un empleo en vez de otro, puede que jamás sepas si hubieras sido más feliz con la otra opción. Elegir confiar en tu intuición y aceptarla como un método válido para ayudarte a navegar por tu vida no solo es cuestión de «estar en lo cierto», sino también de ser fiel a uno mismo.

Hay muchos otros tipos de intuición además de los que hemos abordado aquí. Algunas personas reciben información en forma de visiones, en sueños, a través de señales, a través de la comunicación con los espíritus y de varias maneras más. Todas mejoran al trabajar con el potenciador del Tercer ojo y puedes mejorar tu capacidad de trabajar con estos otros métodos de forma segura del mismo modo. Analizar estos otros métodos excede lo que puedo hacer aquí, pero he aportado mis recursos favoritos por internet. El propósito de los potenciadores de chakras es ayudarte a utilizar tus chakras en tu vida diaria en lugar del desarrollo psíquico a gran escala.

Hay muchas otras razones por las que querrás usar el potenciador del Tercer ojo de manera regular durante un período de tiempo. He aquí algunos ejemplos:

- Cuando estés tratando de imaginar un nuevo rumbo para tu vida o de abrirte a nuevos posibles futuros.
- Si estás intentando desarrollar tu imaginación o participas en un proyecto que requiere que recurras a tu imaginación.
- Si crees que tienes el hábito de sentirte desconcertada, confusa o atolondrada y quieres quitártelo.
- Si recibes terapia regular y buscas un conocimiento más profundo de ti misma.

Para todos estos objetivos, activa a diario el potenciador y dale rienda suelta. No esperes una epifanía ni una gran idea en el momento en que completes el proceso, aunque a veces puede pasar. La mayoría de las veces se parece más a una preparación muscular: cuando quieres ganar fuerza, no esperas que ocurra con un único entrenamiento. Requiere tiempo y eso mismo debes pensar cuando utilizas el potenciador del Tercer ojo.

Energética de la mujer: Reclamar la intuición

A menudo, el trabajo más relevante que las mujeres debemos hacer es dejar atrás los prejuicios contra nuestra propia intuición que hemos interiorizado, así como los temores que albergamos sobre su uso. La intuición, y en particular la intuición femenina, se ha demonizado y menospreciado lo mismo que la energía sexual femenina. Históricamente esto ocurrió primero en el ámbito de la religión, con la persecución de mujeres que servían como sanadoras intuitivas, astrólogas o guías generales de la comunidad. Más tarde, el auge de la ciencia trajo consigo el triunfo de la mente racional y el pensamiento lógico y el menosprecio general e, incluso, el desdén hacia el pensamiento intuitivo.

Este menosprecio de la intuición afecta a todos, pero la mujer contemporánea en particular se ha visto afectada en mayor medida. El conocimiento histórico de la persecución de la mujer por el uso de sus dotes intuitivas ha afectado de forma negativa a la relación con nuestra propia intuición (y si crees en las vidas pasadas, los miedos kármicos relacionados con nuestra propia persecución en el pasado también intervienen). Después, cuando las mujeres se han sumado en mayor número a los poderes organizativos, como los gobiernos y las empresas, lo han hecho en su mayoría bajo el modelo existente, manteniendo las formas racionales de conocimiento como las más válidas y negando otras formas. Considero que las mujeres que trabajan en campos muy competitivos y/o dominados por hombres (como yo misma lo hice durante muchos años en el sector de la tecnología) suelen ser menos propensas a participar o ratificar el pensamiento intuitivo como válido por temor a que las consideren desequilibradas.

Así que, si quieres mejorar tu intuición trabajando con el potenciador del Tercer ojo o con cualquiera de sus otros aspectos, trabaja para sacar a la luz o dejar atrás los prejuicios que has interiorizado sobre él. ¿Desalentaban tu intuición o imaginación cuando eras niña? ¿Estás rodeada de personas con las que dudarías en hablar de ello? ¿Temes que te consideren una persona rara, que no tiene los pies en la tierra y de poca confianza si te implicas más con tu Tercer ojo? ¿Hace que no te sientas segura? Identificar y librarte de estos prejuicios y creencias te ayudará a fortalecer tu Tercer ojo, y dado que es uno de los tres chakras de tu Sendero femenino, es esencial también para tu capacidad de abrirte al poder disponible a través del potenciador del Sendero femenino.

Skylar acudió a mí con veintinueve años para trabajar en la superación de los abusos sexuales que sufrió a manos de su padrastro cuando era niña. Estaba en un programa intensivo de formación psíquica y en nuestra primera sesión citó los numerosos talleres y modalidades en los que había participado a fin de conseguir superarlo. Terapia, terapia somática, yoga, EDMR, reiki, acupuntura, chamanismo, orientación angélica, regresión a vidas pasadas, distintas formas de meditación y mucho más. Era prácticamente una enciclopedia sobre métodos intuitivos y de curación, y tenía muchas anécdotas sobre los conocimientos que había adquirido gracias a este trabajo.

Sin embargo, a Skylar le costaba hablar de sus auténticas emociones o de cómo los abusos la afectaban en su vida cotidiana. Solía responder a las preguntas con una descripción de una experiencia psíquica que había tenido en un taller o una sesión curativa. Quería hacer el Loto sacro, pues había leído sobre el trabajo con el chakra sacro en nuestra página web y creía que era lo que necesitaba. Cuando lo activamos, experimentó visiones y potentes sensaciones energéticas en su cuerpo, pero no pude conseguir que conectara con ninguna emoción ni aspecto energético de su chakra sacro.

Le pregunté a Skylar si en alguno de sus trabajos de sanación había explorado cómo se disociaba durante los episodios de abusos de su infancia. Esa pregunta cambió por completo la conducta de Skylar. Había explorado esto en terapia y recordaba que, de hecho, se «marchaba» mentalmente siempre que su padrastro iba a su cuarto para abusar de ella. Dijo que iba a mundos místicos, tal vez a planos astrales. Le pregunté cómo se sentía en esos mundos; «a salvo» fue su respuesta.

Skylar comenzó a darse cuenta de que se sentía más segura durante aquellas experiencias místicas que en su vida cotidiana. Ahora estaba deseando explorar el trabajo con su Tercer ojo de un modo diferente y centrarse en conectar con el aquí y el ahora. Trabajamos con el Tercer ojo con la intención de desarrollar la percepción y con el Cuenco raíz y el Loto sacro para conectar más en profundidad con su cuerpo y sus emociones. Nos centramos en las emociones que Skylar experimentaba en su vida diaria, sobre todo en los patrones referidos a sus relaciones con otras personas, algo que tendía a evitar. Skylar también decidió volver a terapia con un psicólogo espiritual que respetara sus dotes intuitivas. Hoy en día es una psíquica de éxito con una consulta privada y trabaja con muchas mujeres que han sufrido traumas sexuales.

La historia de Skylar es un ejemplo de evasión espiritual o desvinculación espiritual; utilizar la experiencia o la práctica espiritual, mística o curativa como medio de evitar emociones, relaciones o problemas complejos en la vida cotidiana. Los mundos que se abrieron a ella a través de su Tercer ojo fueron su lugar seguro durante una infancia de abusos y le ayudaron a sobrevivir. Era normal que se sintiera más cómoda ahí y que buscara formas de recrear esa seguridad. Cuando Skylar comenzó a trabajar a un nivel más emocional, y con los chakras inferiores en particular, fue capaz de dominar por completo sus dotes intuitivas naturales y utilizarlas en el trabajo que quería desempeñar en el mundo.

Curación de traumas sexuales: Conectar y liberar

La historia de Skylar pone de relieve una de las principales formas en que los traumas sexuales pueden afectar al chakra del Tercer ojo de una superviviente, creando una dependencia excesiva de él. Esta conducta puede suponer desvincularse mediante la experiencia mística (como en su caso) o puede suponer escapar a través de los videojuegos, las películas, las novelas fantásticas u otro medio que nos lleve a reinos imaginarios. Con moderación son todas experiencias maravillosas del Tercer ojo, pero si se convierten en un modo de evitar la vida real, dificultan la recuperación.

Sin embargo, los traumas sexuales también pueden afectar a tu Tercer ojo de manera totalmente opuesta: generando temor a la experiencia mística, espiritual o intuitiva porque no produce sensación de seguridad. Esto puede manifestarse en parte como patrones de vigilancia extrema, viviendo en un estado de elevada ansiedad en el que escudriñamos de forma constante nuestro entorno en busca de peligros. Esto es muy común en el caso de supervivientes de agresiones sorpresa o de accidentes. Por otro lado, este estado se basa en la sensación de que eres hiperconsciente de tu cuerpo y del entorno en el que te encuentras. Pero esa consciencia excesiva hace que no parezca seguro participar en actividades del Tercer ojo tales como soñar despierto, imaginar o intuir. Hay una contención en el cuerpo fruto de la ansiedad que impide abrir y relajar el Tercer ojo.

En cualquier caso, trabajar con tu Tercer ojo como superviviente de un trauma sexual implica equilibrar la sensación de seguridad y de conexión con abrir y liberar. Se trata de mantener el equilibrio entre los chakras inferiores y superiores. Por lo general, no trabajo con el potenciador del Tercer ojo con supervivientes de traumas sexuales hasta que hemos dedicado mucho tiempo a los tres primeros potenciadores, sobre todo al Cuenco raíz. Si complementas tu recuperación con el trabajo con los chakras, es muy importante dedicar tiempo a desarrollar primero tus chakras inferiores antes de pasar al Tercer ojo. Los patrones de disociación o de estado de alerta exacerbado arraigados suelen requerir terapia además de trabajo energético.

Dicho todo esto, no renuncies a tu Tercer ojo. Mereces experimentar todo lo que tu cuerpo energético te puede ofrecer, además de todos los aspectos de ti misma, incluyendo la intuición. Reclamar tu poder interior de un modo y a un ritmo que te parezcan seguros y te fortalezcan. Respétate a ti misma por tu valentía al hacerlo.

7
La Conexión de la corona: Tu propósito

Chakras relacionados: Tu séptimo chakra o chakra de la corona.

Energías: Intención, propósito, fe, esperanza, espíritu, búsqueda, conexión cósmica, comunión divina, gracia, nacimiento, muerte.

Uso: Dudas, falta de rumbo, falta de fe, falta de propósito, desconexión, desilusión, falta de espíritu, aridez espiritual, aislamiento, desconfianza.

El chakra de la corona es nuestro portal personal entre el espíritu y nosotros mismos o, dicho de otro modo, entre nuestro espíritu individual y la fuerza mayor de la que formamos parte. Para ti, esa fuerza mayor puede ser Dios, la Diosa, Alá, Yahvé, Brahman, la Fuente, el Gran Espíritu, el universo, la naturaleza, el nirvana, el Tao, lo Divino, la luz, el espacio, el vacío, la interdependencia o nada en absoluto. Estas son palabras, y si hay algo en lo que toda tradición religiosa o espiritual tiende a estar de acuerdo es en que una palabra como esta no puede captar en su totalidad aquello a lo que se refiere. Experimentamos pequeños trocitos y tratamos de comprender a partir de ahí.

El chakra de la corona es nuestro intermediario en este proceso. Nos conecta con la inmensidad que no alcanzamos a comprender por completo. Este chakra proporciona el punto de conexión a experiencias que más tarde podemos traducir en nuestra mente como espirituales o místicas. A diferencia de otros chakras, este está dentro y fuera de nuestro cuerpo: los halos, esos discos dorados o blancos en torno a la cabeza de una figura que se ven en el arte sacro de todo el mundo, son representaciones del mismo. De hecho, la ubicación del chakra refleja su doble papel, un puente entre nuestros yo físico individual y el más allá, puesto que se sitúa tanto dentro como en la parte superior trasera de nuestra cabeza, donde se ubica la fontanela posterior cuando nacemos.

Nuestro cráneo no está fusionado en dos puntos determinados para permitir el nacimiento y su rápido crecimiento durante la etapa infantil. Ambos puntos se llaman «fontanela»; la posterior, localizada justo donde la parte superior de nuestro cráneo comienza a descender hacia la posterior, se cierra primero (a los dos o tres meses de edad). Este cierre se corresponde en el tiempo con nuestro primer paso hacia la autonomía energética respecto a nuestros padres y cuidadores.

Durante la gestación y antes de que esta fontanela se cierre, apenas percibimos la separación del espíritu o de cualquier persona física a nuestro alrededor. Experimentamos un gran y vasto campo energético y espiritual. En ciertos aspectos, cabría decirse que el proceso de crecimiento espiritual es el proceso de restablecer esta conexión. Por supuesto, no todas las religiones conciben el proceso espiritual de la misma manera, pero las similitudes en las descripciones de los místicos sobre sus experiencias en las distintas culturas y tradiciones resultan sorprendentes; también se vinculan de forma muy estrecha a los principales chakras que hemos abordado, en particular al sacro, al del corazón, al Tercer ojo y al de la corona. Las descripciones de la luz, las oleadas de energía y los sentimientos de unión o gracia dentro de estos chakras son universales. Estas experiencias no se limitan solo a la práctica espiritual formal, sino que además podemos vivirlas en la naturaleza, cuando contemplamos obras de arte, cuando practicamos sexo o durante muchas otras actividades.

Dentro de estas experiencias, el chakra de la corona trata sobre la unión y la disolución. Las prácticas dentro de algunas tradiciones basadas en la energía implican llevar la energía de forma consciente desde el chakra raíz hasta el de la corona con el propósito de iniciar esta unión y disolución, el sendero ascendente presentado en el capítulo 4. Otras prácticas espirituales implican fusionar la energía del chakra raíz y el chakra de la corona en el chakra del corazón o entrar en la fuente a través de la puerta interior de cualquier chakra. Si bien no todas las tradiciones utilizan el término «chakra», los chakras son de todas formas un sistema cartográfico a través del cual podemos entender estas experiencias.

¿Trabajar con tu chakra de la corona tiene que tratar sobre la espiritualidad en exclusiva si no te identificas con eso? No necesariamente. El chakra de la corona en la vida cotidiana se ocupa de nuestra búsqueda de «significado», los cimientos de nuestra razón de ser y de nuestra fe. Es la energía de la esperanza. Mientras que el Tercer ojo nos ayuda a ver potenciales futuros, nuestro chakra de la corona es la energía de la esperanza que infunde y motiva estas ideas; es la energía que hay detrás de nuestra búsqueda de respuesta a las grandes cuestiones de la vida.

El chakra de la corona está vinculado también al nacimiento y a la muerte. Algunas culturas creen que nuestra alma entra y sale del cuerpo a través de la fontanela al nacer y al morir, y que podemos viajar a otros planos a través de ella cuando estamos vivos. Sea o no literalmente un punto de entrada o salida, un chakra de la corona abierto está vinculado a la conciencia de nuestra propia mortalidad. Somos conscientes de la transitoriedad de nuestro cuerpo físico y del efecto que el tiempo tiene sobre él. A través del chakra de la corona sentimos que somos cuerpo y mucho más.

La característica más importante del chakra de la corona es su relación con nuestra experiencia directa y con nuestra búsqueda interior. No se trata de creencias ni de filosofías que hayamos adoptado de figuras de autoridad o de instituciones. Es posible que las figuras de autoridad, como por ejemplo padres, maestros, líderes religiosos, líderes políticos, etcétera, sean las que nos introducen en las creencias espirituales o en otro tipo de ideologías importantes para nosotros, pero pasan a ser nuestras propias creencias cuando no nos limitamos a aceptarlas a ciegas, sino que las adoptamos a causa de nuestra propia curiosidad y experiencia.

Mikaela se describió como una persona que se sentía agotada y sin un propósito en el trabajo. Había querido ser profesora desde que tenía diez años y se emocionó cuando la contrataron como profesora de Ciencias Sociales de noveno curso nada más terminar la Universidad. Pero después de dos años en ese puesto, no lo estaba disfrutando y había empezado a dudar de que estuviera haciendo algún bien. Estaba harta de la burocracia, de las restricciones a su plan de estudios, de las exigencias de los padres y del desinterés de sus alumnos. Estaba desilusionada con sus compañeros del profesorado, muchos de los cuales creía que no se esforzaban.

Le pregunté a Mikaela si quería cambiar de colegio o de profesión. Dijo que no lo sabía, que no había nada en particular que le apasionara. También le pregunté por sus aficiones y sus relaciones. Le gustaba hacer senderismo y tenía muchos amigos con los que quedaba de forma regular, pero en esos momentos no había nadie que le interesara a nivel romántico y tampoco le entusiasmaba demasiado el tema. Se había esforzado durante mucho tiempo para conseguir la vida que tenía, pero ahora se cuestionaba el valor de todo ello. No mostraba signos de depresión, pero desde luego no era feliz.

Comenzamos con la Conexión de la corona para aumentar las energías de la esperanza y de la finalidad, y para ayudar a Mikaela a abrirse paso entre el sentimiento de baja autoestima y falta de rumbo que la embargaba en esos momentos. Le pedí que hiciera la Conexión de la corona a diario entre sesiones y que intentara determinar qué era lo que más valoraba de su vida mediante una serie de preguntas: ¿Qué atributos personales consideraba más importantes en una persona? ¿A quién admiraba? ¿En qué creía? ¿Qué experiencias deseaba tener en la vida? ¿Qué experiencias le producían alegría en esos momentos?

Mikaela me informó de que había tenido dificultades con estas preguntas a principios de la semana, pero que le parecía que activar con antelación la Conexión de la corona le ayudó a medida que transcurría la semana. La pregunta más difícil para ella fue: «¿En qué crees?». Sentía que creía en la educación y había querido formar parte de ella, pero la desilusión con el trabajo había hecho que empezara a pensar que era una ingenua. No conectaba con la idea de creer más allá de eso. Me dijo que se había criado en una comunidad religiosa muy estricta, pero que la había rechazado de adulta. El pastor fue acusado de mala gestión y creía que toda la comunidad había sido hipócrita, incluidos sus padres. Era una enorme fuente de discordia entre ellos, aunque habían decidido dejarlo atrás y ya no hablaban de religión.

Le pregunté a Mikaela si echaba de menos formar parte de la iglesia de su infancia. Respondió que echaba de menos el sentido de comunidad y de pertenencia, así como la práctica regular de la oración y el sentido de conexión espiritual que eso generaba. Le pregunté si rezaba ahora o si alguna vez experimentaba ese sentido de la conexión por su cuenta. Sentía que no quería rezar, que eso era competencia de la iglesia de su infancia; me expresó que se sentía demasiado decepcionada como para seguir participando en ello. Pero sí dijo que disfrutar de la naturaleza durante las caminatas, sobre todo las caminatas largas a regiones remotas, era la sensación que más se asemejaba a rezar. Para ella, la naturaleza ofrecía una experiencia espiritual.

Trabajamos más con la Conexión de la corona y le pedí a Mikaela que considerara la posibilidad de visitar otras iglesias o comunidades, de leer algunos libros espirituales y/o experimentar con el rezo por su cuenta. Le sugerí que durante un tiempo se considerara una «buscadora» en vez de una creyente, que se permitiera explorar en lugar de adoptar una fe en particular. También le animé a que se uniera a un grupo de senderismo o que lo convirtiera en una parte más formal de su vida. Luego activamos también el potenciador del Tercer ojo y tratamos de visualizar otros posibles rumbos futuros para ella.

Con el tiempo, Mikaela trabajó con los potenciadores de la Conexión de la corona y del Tercer ojo, además de otros, para sanar algunas de las heridas y bloqueos que esas dos decepciones en su vida habían provocado; primero su religión y después la meta profesional que durante tanto tiempo había tenido. Comenzó a establecer qué era lo que valoraba y le parecía importante y empezó a sentirse más entusiasmada con las opciones con respecto a su vida. Exploró la meditación y empezó a leer libros sobre distintos tipos de espiritualidad. Planeó un viaje con amigos a varios parques nacionales y se interesó por el ecologismo. Propuso un proyecto de prestación de servicios de temática ecologista como actividad extraescolar en su colegio que aprobaron e interesó a muchos, algo que le produjo mucha alegría. Aunque continuó sin estar segura de si seguiría dedicada a la docencia a largo plazo, volvió a conectar y a encontrar un sentido y un propósito en su vida.

La decepción supone un duro golpe a nuestro chakra de la corona. Cuando una persona, una organización o un sistema de creencias que hemos admirado o en el que hemos confiado durante mucho tiempo nos defraudan, podemos degenerar con rapidez en sentimientos de baja autoestima y falta de rumbo. Todos vivimos la vida en base a ciertos valores y principios, conscientes o no, que determinan nuestros objetivos y moldean nuestra identidad. Cuando nos fallan, nos hundimos. Sin embargo, no siempre tenemos que saber con exactitud en qué creemos, como en el caso de Mikaela, a veces solo tenemos que abrirnos a preguntar, considerándonos buscadores. Entonces podemos abordar la vida con curiosidad y explorar con franqueza qué nos proporcionará valor y una razón de ser.

Cuándo has sentido esto con anterioridad

Si te dedicas a la práctica espiritual (meditación, oración, ritual religioso, canto, creación de arte sacro, etcétera) y despierta en ti un sentido de conexión con lo Divino, sin importar cómo lo definas, has experimentado la energía de tu chakra de la corona. Estas experiencias a menudo implican mucho más que el chakra de la corona; pueden vivirse como experiencias de todo el cuerpo físico y energético. Nuestro chakra del corazón y nuestro chakra del Tercer ojo en particular se pueden iluminar. Muchas son las clases y los niveles de estas experiencias y los textos espirituales de todas las religiones principales proporcionan mapas y descripciones, pero todas incluyen el chakra de la corona hasta cierto punto.

Es posible que también hayas tenido esta misma clase de experiencia en la naturaleza, cuando contemplas una obra de arte, durante la intimidad con una pareja o en otras actividades que consideras sagradas e hicieron que te evadieras. Cuando te sientes mejor o unido con tu entorno, a otras personas o a una fuerza mayor, la energía de tu chakra de la corona se activa y fluye de alguna manera.

Si has dado a luz o has presenciado un nacimiento o una muerte serena, puedes haber sentido la energía del chakra de la corona en esos momentos. Se produce una abertura en la persona que nace o fallece y a menudo provoca, a su vez, una abertura en nuestro chakra de la corona. Esto incluye presenciar el nacimiento y la muerte de animales si son pacíficas. (Presenciar un accidente mortal o un nacimiento o una muerte traumáticos no suele causar este efecto, pues no nos sentimos lo bastante seguros como para que nuestro chakra de la corona se abra.) Si tienes un recuerdo así, accede a él para ver si puedes identificar la sensación del chakra de la corona. Puede ser difícil distinguirlo de las emociones que estabas sintiendo en ese momento, así que centra tu memoria en la sensación dentro y alrededor de tu cabeza.

Si alguna vez te ha surgido una idea que te imbuyó de un propósito y tal vez tuviste la sensación de que te la estaban comunicando (como una descarga divina), esta experiencia también es un ejemplo de la energía del chakra de la corona. Si el chakra de la corona participa, cualquier idea que tengas lleva aparejada una auténtica finalidad y significado; es decir, parece que hubieras nacido para hacerlo o que debas manifestarlo para darle sentido a tu vida. Parece un punto de inflexión en tu vida.

Cuando participas en una búsqueda muy activa, espiritual o ideológica, cuando te encuentras en una fase de la vida en la que estás profundizando para descubrir una razón de ser, tu chakra de la corona está muy activo. Puede ser un día en el que te sientas especialmente inspirada o puede ser una fase de tu vida en la que estés buscando esa razón de ser. A veces se dan períodos de apertura en nuestras vidas durante los que percibimos algo nuevo en el horizonte, pero no estamos muy seguros de qué es y nos sentimos impulsados a averiguarlo. Aunque esta búsqueda es a menudo de naturaleza espiritual, no siempre es así; lo más destacado aquí es que nos parece importante y fundamental para nuestro ser.

Si has vivido alguna de estas experiencias, considera la posibilidad de plasmarlas en un diario para recordar lo que sentiste con mayor detalle. El chakra de la corona es sutil; volver a conectar con lo que sentiste puede llevar algo de tiempo, pero puede ser muy útil cuando tratas de activar la Conexión de la corona. Considero que las personas tienden a pensar que no pueden activar la Conexión de la corona cuando así lo desean, como si fuera un regalo que has de recibir o una bendición espontánea. Pero puedes activar el chakra de la corona siempre que quieras, siempre que necesites un mayor aporte de sus energías en tu ser.

Pasos para la activación

Este potenciador se llama «Conexión» de la corona porque tiene que ver con conectar las energías de tu chakra de la corona con tu cuerpo. Está ideado para abrir el chakra de la corona y ayudarte a llevar percepciones, ideas y experiencias a tu mente, tu psique y tu cuerpo. No se trata de una práctica de meditación en sí, en la que buscaríamos experimentar un estado divino. Como sucede con todos los potenciadores de este libro, este está orientado a cómo puedes usar las energías del chakra de la corona en tu vida cotidiana, en cualquier día y para un crecimiento a largo plazo.

Como siempre, prepara tu espacio, tus archivos de audio, notas e imagen antes de empezar.

Paso 1: Siéntate erguida, coloca la mano sobre el ombligo e inspira hondo varias veces para conectarte con tu cuerpo físico.

Paso 2: Concentra tu atención en la fontanela cerrada en la parte superior trasera de tu cabeza. Palpa donde tu cráneo comienza a descender. Mantén la mano abierta y con la palma hacia abajo suspendida a unos centímetros de esta parte de tu cabeza. Durante varias respiraciones, imagina que estás elevando tu conciencia hasta la parte superior de tu cabeza, tratando de alcanzar tu mano.

Paso 3: Baja la mano e imagina un hermoso y radiante loto donde antes estaba la mano. Sí, estamos usando el loto de nuevo, al igual que lo hicimos con el potenciador del Loto sacro. Este loto está abierto, es luminoso y está hecho de luz dorada y plateada. La parte inferior descansa justo sobre tu cabeza, pero los pétalos se elevan, irradiando un halo de luz dorada a tu alrededor.

Paso 4: Imagina que poco a poco llevas la luz dorada y plateada desde este loto hasta el centro de tu cuerpo. Desciende por el centro de tu cabeza, llega a tu Tercer ojo, baja por tu cuello detrás de tu chakra de la garganta, por el chakra del corazón, por tu estómago y tu chakra del ombligo, por tu chakra sacro y por tu pelvis, hasta tu coxis. De ahí llega al suelo y echa raíces en la tierra.

Paso 5: Mantén esta imagen durante dos o tres minutos. Concéntrate en la naturaleza abierta y radiante de la flor y en la fuerte conexión que recorre todo tu ser hasta la tierra. Es como si estuvieras plantando el loto en tu ser y en la tierra debajo de ti. Si tu mente divaga, repite el proceso en el que imaginas el loto y la luz descendiendo por tu cuerpo y arraigando en la tierra.

Paso 6: Ahora trae a la mente cualquier recuerdo del apartado «Cuándo has sentido esto con anterioridad» que quieras usar para afirmar la sensación de tu chakra de la corona.

Paso 7: Recita tus afirmaciones, intentando sentirlas de verdad:
Encuentro el sentido de mi vida.
Me siento parte de algo más grande que yo.
Tengo fe.
Estoy conectada.
Sé cuál es mi propósito en este momento.

Paso 8: Disuelve esta imagen. Lleva las manos a tu vientre, inspirando hondo unas cuantas veces para conectar con el presente.

El loto es el símbolo de un despertar espiritual porque es una flor que flota de forma plácida sobre el agua mientras que, por debajo, su tallo llega a lo más profundo del lodo de un estanque o de un río. Representa la unión de la turbia realidad de nuestra vida y la trascendente belleza y la luz de la comprensión. Con la Conexión de la corona no tratamos de escapar de nuestra vida, sino llevar a nuestra vida cotidiana la energía de la unión y la motivación conectada al chakra de la corona.

Cuándo estás bloqueada

Al igual que Mikaela, cuando el chakra de la corona está bloqueado o débil puedes sentir que no tienes una razón de ser ni un rumbo. Puedes sentir que tu vida carece de sentido o de un propósito. La decepción o la desilusión suelen provocar este estado. Quizás una persona a la que admirabas o una meta que tenías resultaron no ser lo que creías. A veces nos sentimos así por algo que hemos esperado con ilusión durante mucho tiempo; hemos estado esperando un gran acontecimiento, y ahora que se ha terminado, nos venimos abajo.

A veces tratamos de automedicar este estado de falta de motivación creando un objetivo o un acontecimiento tras otro a fin de que siempre tengamos algo en lo que depositar nuestras futuras esperanzas. Una vez tuve una compañera de trabajo que cada año empezaba a planear las próximas vacaciones en cuanto terminaban las últimas y cada semana pasaba horas investigando cada una de sus elecciones mientras fantaseaba y no paraba de parlotear sobre su siguiente viaje. Aunque no tiene nada de malo hacer planes con ilusión, no estamos conectados con el presente cuando toda nuestra atención se centra en el futuro. Si vives pensando en tus próximas vacaciones, en tu próximo ascenso o en la semana que viene de forma habitual, no estás conectada con tu cuerpo ni con tu vida. Desde una perspectiva energética, una cierta cantidad de energía de la corona «se activa» a través de esta atención constante al futuro (hay una motivación), pero es solo superficial y nos distrae del trabajo más profundo que supone usar la energía de nuestro chakra de la corona para construir una vida basada en una razón de ser y en un propósito.

La típica crisis de la mediana edad suele tener elementos de esta clase de distracción y automedicación del chakra de la corona. Cuando alguien se enfrenta al final de su juventud y se da cuenta de que no ha conseguido lo que creía que conseguiría a cierta edad, puede distraerse con compras o cambios drásticos en su vida que, en realidad, no están vinculados a una profunda búsqueda espiritual de lo que le resulta importante. Sin embargo, ese momento ofrece en realidad una gran oportunidad de participar en una búsqueda profunda y dejar de lado viejos objetivos y valores para crear una vida que refleje una nueva base para la motivación.

Podemos experimentar una ruptura similar con la motivación o la confianza tras una gran pérdida en nuestra vida; la pérdida de un ser querido a causa de la muerte, un divorcio, una ruptura o incluso la pérdida de un empleo. Una vez hayamos superado el dolor, el vacío que deja en nuestra vida puede llevar a este sentimiento de falta de motivación. Si nuestra pérdida se debe a la muerte, también podemos enfrentarnos a nuestra propia mortalidad de una forma nueva y cuestionar el valor de nuestra vida desde esa perspectiva.

La pérdida de la fe religiosa o espiritual, un profundo cuestionamiento de los principios que antes valorábamos o la incapacidad de sentir una conexión con un poder espiritual del modo en que lo hacíamos en el pasado están ligados a un chakra de la corona débil o bloqueado. Una profunda crisis espiritual, a veces llamada «la noche oscura del alma», puede convertirse en la base de una comprensión espiritual más profunda. Para ello debemos comprometernos de nuevo como buscadores para tratar de encontrar de forma activa nuevos conocimientos y examinar lo más profundo de nuestro ser, en todo lo cual participará el chakra de la corona.

Vale la pena señalar que esta clase de crisis espiritual es muy diferente de la crisis de kundalini. La kundalini es una forma de energía que circula por los chakras; es la energía principal del crecimiento espiritual y su ascenso al chakra de la corona es una parte natural de la experiencia y la comprensión espiritual. No trabajamos explícitamente con la energía kundalini en este libro, aunque se activará de forma natural siempre que trabajes con cualquier chakra, sobre todo con el de la corona. La crisis de kundalini se produce cuando el cuerpo energético de una persona se ve desbordado por la cantidad de energía kundalini que fluye a través de los chakras, desencadenada por la práctica formal de kundalini o tal vez de manera espontánea. Una crisis del chakra de la corona tiene más que ver con la pérdida de «motivación» que con el desbordamiento energético. Mientras que resolver una crisis de kundalini implica sosegar y estabilizar tu cuerpo energético, una crisis espiritual del chakra de la corona implica dedicar tu curiosidad y capacidad de maravillarte a «buscar» de forma activa y, por lo tanto, abrir tu chakra de la corona a nueva información y experiencias.

Siempre que experimentes una duda paralizante, ya sea sobre ti misma o sobre algún aspecto de tu vida, es señal de que el chakra de la corona está afectado. Es importante distinguir entre un cuestionamiento y un escepticismo sanos y la duda debilitante o la parálisis. Un cuestionamiento sano es, de hecho, una expresión de un chakra de la corona fortalecido porque representa la búsqueda; es parte de la búsqueda de la verdad y del sentido. Una búsqueda tiene un rumbo y una naturaleza abierta, mientras que la naturaleza de la duda paralizante carece de rumbo y es cerrada. Entender la diferencia es clave para entender cómo la energía de nuestro chakra de la corona puede ayudarnos a avanzar y cómo su ausencia puede paralizarnos. Un chakra de la corona abierto no consiste en la fe ciega ni tampoco en cerrarnos al cuestionamiento, sino en un cuestionamiento que está verdaderamente basado en la búsqueda de una razón de ser.

Utilizar la Conexión de la corona

Tal y como puedes ver por la descripción de cómo se manifiesta un bloqueo del chakra de la corona, este es más un chakra global. Por lo tanto, trabajar con la Conexión de la corona suele ser más relevante para las fases de nuestra vida que para acontecimientos diarios particulares. Sin embargo, hay situaciones cotidianas o momentos en los que podemos activar la Conexión de la corona. He aquí algunos ejemplos:

- Antes de la meditación, la oración, la creación artística espiritual, un ritual o cualquier otra práctica que consideres espiritual.
- Antes o mientras experimentas la naturaleza o el arte para ayudarte a conectar a un nivel más profundo.

- Cuando lees un libro espiritual, filosófico o ideológico en el que participas como parte de la búsqueda de una motivación.
- Cuando te sientes demasiado atrapado en las minucias de tu vida sin un objetivo mayor o una razón de ser.
- Cuando participas en actividades relacionadas con la manifestación de un objetivo directamente vinculado a un propósito o una razón de ser mayor que tengas en la vida.
- Cuando presencias un nacimiento o un fallecimiento para poder conectar con la experiencia a nivel espiritual.

En cuanto al crecimiento a largo plazo, las principales fases de tu vida en las que puedes usar la Conexión de la corona son aquellas en las que tratas de redefinir o recuperar una motivación: tal como ya hemos establecido, esto sucede muy a menudo después de cualquier tipo de crisis. Por ejemplo:

- Cuando intentas superar una profunda decepción o desilusión.
- Tras la pérdida de un ser querido u otro tipo de pérdida que deja un vacío en tu vida.
- Durante una crisis de fe.
- Durante la crisis de la mediana edad.
- Después de un *shock* o de un trauma que ha provocado que se tambalee tu sentido de la seguridad o tu confianza.
- Cuando te sientes perdida, sin rumbo o sin una motivación.

Es importante señalar que en cualquiera de estos casos el chakra de la corona puede no ser el primero con el que trabajes. Tienes que asegurarte de que estás equilibrado antes de trabajar de forma regular con tu chakra de la corona. Puede que antes tengas que trabajar con el chakra raíz y el chakra del corazón, por ejemplo, para estabilizarte, tratar la ansiedad o ayudar al proceso de duelo inicial. Puedes empezar a trabajar con la Conexión de la corona de manera regular cuando estés preparada para cuestionar y examinar tu experiencia con el fin de determinar lo que valoras.

Cualquier fase de dudas también puede ser un momento en el que puedes trabajar con la Conexión de la corona con regularidad. Por ejemplo:

- Cuando busques activamente respuestas a las grandes preguntas de la vida (por ejemplo, a través de una búsqueda espiritual o ideológica).
- Cuando entras en un retiro o una práctica espiritual profunda.
- Cuando estás reexaminando tus valores y tu motivación o buscas unos nuevos.
- Cuando sientas que has perdido la conexión con tu espiritualidad; tal vez sientes que tu crecimiento se ha estancado o has perdido tu capacidad de creer.
- Cuando albergas un montón de dudas sobre ti misma o dudas en general.

Claudia era una antigua practicante de yoga y una popular profesora, que había estudiado con un profesor muy conocido, en una organización internacional durante casi treinta años. Tenía su propio centro de yoga, viajaba mucho para impartir retiros de yoga y a menudo ella misma asistía a otros. Su linaje de yoga era, en gran medida, su camino espiritual; reconocía que le había ayudado a superar la depresión y a curar sus migrañas, así como a pasar de una infancia difícil a forjarse una vida feliz centrada en su corazón.

Había visto los beneficios que el yoga también había reportado a muchos de sus alumnos; de hecho, la conocí en un retiro que impartía al que asistí.

Claudia se puso en contacto conmigo muchos años después porque estaba esforzándose por encontrarle el sentido a un reciente escándalo sexual que había sacudido la organización de yoga de la que formaba parte. El fundador, del que había sido una de las primeras alumnas occidentales, había dimitido en medio de un aluvión cada vez mayor de acusaciones por acoso, abusos y agresiones sexuales por parte de muchas estudiantes femeninas. La organización se estaba derrumbando, el propio centro de Claudia estaba perdiendo alumnos y ella estaba destrozada. Tenía a ese hombre en alta estima y le consideraba su principal guía espiritual.

Claudia se sentía furiosa, engañada, triste y culpable a un mismo tiempo. ¿Se le había pasado algo por alto? ¿Había hecho la vista gorda? Algunas de las mujeres que habían dado un paso al frente eran amigas suyas, pero no le habían contado lo sucedido. Cuando les preguntó por qué, le dijeron que no pensaban que fuera a creerlas, ya que tenía una relación estrecha con su profesor. Asimismo, no sabía qué pensar del hombre en el que había creído durante tanto tiempo, el hombre que en muchos aspectos había moldeado su camino espiritual. Si era un agresor sexual y un embustero, ¿qué decía eso de sus enseñanzas? ¿Qué era real y qué un engaño? ¿Acaso la vida que se había forjado se basaba en la mentira? ¿Había pasado tantos años perpetuando el sufrimiento mientras pensaba que estaba haciendo el bien?

Había mucho que desentrañar en la situación de Claudia. Primero trabajamos con su chakra raíz y su chakra del corazón para ayudar a estabilizarla y a calmarla. A Claudia le estaba costando comer y dormir (en una crisis como esta, el de la corona no es el primer chakra con el que hay que trabajar). Cuando se estabilizó, empezamos a trabajar con la Conexión de la corona y establecimos una forma de que Claudia resolviera las muchas preguntas con las que se enfrentaba. Se dio cuenta de que el mayor golpe era la duda que había sembrado en ella sobre las enseñanzas de yoga en torno a las cuales había forjado su vida. Sus dudas sobre el valor de estas la habían afectado en lo más profundo de su ser; antes recurría normalmente a las enseñanzas en busca de orientación, así como a la práctica del yoga en momentos de necesidad, pero ahora le resultaba difícil hacerlo.

Claudia decidió trabajar con la Conexión de la corona todos los días con el objetivo de fortalecer su conexión espiritual directa. Después escribió un diario durante un período de tiempo, en el que repasó de forma consciente los momentos de su vida en los que una práctica o una enseñanza la había ayudado. Trató de comprobar cada enseñanza a través de sus «propias» experiencias y desconectarlas de su maestro. Al final comprendió que, si bien había tenido muchas experiencias personales en que las enseñanzas la habían ayudado, nunca había diferenciado las enseñanzas «de» su profesor. En cierto modo nunca había reconocido como propio lo que había aprendido. Cuando dejó sus proyecciones sobre él y la sensación de que su camino espiritual dependía de que lo tuviera a él de intermediario, su propia fe en las enseñanzas se fortaleció. También dedicó tiempo a superar su propio dolor y a librarse de los sentimientos de vergüenza y culpa que tenía a causa de toda aquella situación.

Con el tiempo, Claudia se recuperó, prosperó y fue capaz de jugar un papel clave ayudando a otros en su comunidad de yoga a superar la desilusión. Reconstruyó su propio centro en torno a las enseñanzas con las que más se identificaba a nivel personal, aportando algunas cosas de su propia experiencia y su viaje interior. Su vida y sus negocios empezaron a prosperar de nuevo y Claudia pensó que, a pesar de lo dolorosa que había sido la experiencia, había accedido a su poder personal y espiritual de una forma completamente nueva gracias a ella.

Claudia sufrió una decepción que sacudió los cimientos sobre los que había construido su vida. Tuvo que reexaminarlo todo a fin de determinar por sí misma lo que era valioso, lo que sabía que era beneficioso y lo que no lo era. Tuvo que confiar en su propia conexión espiritual directa en vez de en una autoridad u organización espiritual. Aunque este proceso la golpeó con dureza, al final salió más fuerte y más conectada a nivel espiritual que nunca. Esta es la oportunidad que ofrece la crisis espiritual y la decepción en general. Las energías de nuestro chakra de la corona fortalecen nuestra capacidad para manejar estas situaciones basadas en nuestra propia conexión espiritual directa.

Energética de la mujer: La conexión directa

La historia de Claudia (y hasta cierto punto la de Mikaela) demuestra una de las principales formas en que el chakra de la corona de una mujer puede estar bloqueado o comprometido, permitiendo que el marco espiritual o ideológico se vuelva dependiente de una autoridad o de un intermediario externo. Y aunque no siempre es así, la mayoría de las veces el intermediario o la autoridad es masculina.

Los hombres han dominado todas las religiones y tradiciones espirituales principales del mundo durante la mayor parte de la historia documentada. Si bien a lo largo de los siglos ha habido muchas mujeres místicas poderosas en todas estas tradiciones (además de en las tradiciones centradas en la mujer fuera de las principales), la Historia señala que el liderazgo religioso y espiritual es competencia de los hombres, como lo ha sido el liderazgo político, empresarial y cultural. En muchos sentidos, en las últimas décadas se ha hecho más hincapié en derribar barreras para la mujer en todos los demás ámbitos juntos que en el ámbito del liderazgo religioso y espiritual. Hoy en día, esto está cambiando, pero el proceso es lento. Mientras tanto, la creencia fruto de siglos en los que las mujeres han interiorizado el mensaje de que a nivel espiritual somos ciudadanas de segunda clase es muy profunda.

Nuestra capacidad de conectar directamente con el espíritu (da igual lo que represente y la forma que tenga para ti) es fundamental para nuestra humanidad; está conectada a nuestro cerebro, así como a nuestro cuerpo energético, a través de nuestro chakra de la corona. Cuando asimilamos el mensaje de que no debemos conectarnos directamente por nuestra cuenta, sino que debemos hacerlo a través de un líder religioso masculino, un maestro o incluso un cuerpo masculino, nuestra conexión directa se cierra. Nuestro chakra de la corona está, en esencia, bloqueado o solo es capaz de abrirse en la medida en que nuestro intermediario masculino nos permite conectarnos o en que nos lo permitimos nosotras mismas.

Complica esta situación la realidad del abuso y el acoso sexual dentro de estas instituciones, así como el sufrimiento, la impotencia y la decepción derivados de estas experiencias. Estos sentimientos pueden hacer que una persona cierre su conexión espiritual por completo. Para ser claros, ni solo los hombres abusan del poder ni las víctimas son siempre mujeres, y desde luego no todos los hombres abusan de esta manera de su poder. Por desgracia, hay muchas mujeres que abusan sexualmente y muchos hombres que son víctimas. Además, ha habido y hay muchos profesores masculinos que son legítimos y puros a nivel espiritual. El caso es que en esta época de intenso ajuste de cuentas con respecto al abuso masculino de poder sobre la mujer, cada vez son más los hombres poderosos que, tras salir a la luz la verdad sobre sus prologandos abusos, caen. Si bien aquellos que son noticia suelen ocupar posiciones de liderazgo empresarial o político, también ha habido un flujo constante de esas historias en comunidades religiosas y espirituales.

Lo que ahora estamos experimentando es un ajuste de cuentas y un reequilibrio doloroso, aunque necesario. Esto ha dejado a muchas mujeres muy decepcionadas con la religión y la espiritualidad. Algunas han acudido a tradiciones dominadas por mujeres o a profesoras o lideresas. Otras, como Mikaela, de la primera historia compartida en este capítulo, lo han dejado todo de lado por completo. No me compete a mí decir qué es lo mejor para ti, pero sí puedo decir que creo, tanto por mi propia experiencia como por la de muchas mujeres con las que he trabajado, que en este momento de la Historia es de extrema importancia para las mujeres buscadoras encontrar modelos espirituales femeninos e inspiración, ya sea de hechos pasados o contemporáneos. No quiero decir que no se pueda tener un profesor, un sacerdote, un reverendo o un consejero espiritual que sea varón; de lo que hablo es de la importancia de buscar de manera activa lo femenino, así como modelos de la conexión femenina con el espíritu.

¿Por qué es importante buscar lo femenino? El condicionamiento es profundo, y cuando se trata del chakra de la corona, en realidad podemos «impedirnos a nosotras mismas» la conexión espiritual basada en nuestro condicionamiento sutil. Al igual que Claudia, es posible que sintamos que nos hemos adueñado por completo de nuestro propio camino espiritual, interiorizado y autentificado las enseñanzas y el sistema de creencias que se nos ha dado y conectado de forma directa. Y, sin embargo, puede que nos estemos reprimiendo, a menudo de manera sutil. Buscamos el permiso y la legitimación de las autoridades religiosas masculinas de nuestra vida. Los patrones de codependencia emocional, baja autoestima o la necesidad de una figura paterna forman también parte de este condicionamiento.

Yo misma he sido una buscadora espiritual desde siempre y he sido afortunada de tener maravillosos maestros y maestras en esta vida, que me han fortalecido para que buscara y experimentara mi propia percepción y conexión espiritual. Pasé por una fase de rechazo a la noción de «espiritualidad de la mujer», ya que también a mí me parecía que causaba división. Recuerdo haber pensado en ese momento que, sin duda, el espíritu y la iluminación espiritual estaban más allá del sexo. Lo que al final decidí por mí misma es que sí «están» más allá del sexo, pero que el camino, los desafíos a los que nos enfrentamos al conectar de forma directa con lo Divino o con nuestra propia sabiduría interior, suelen ser específicos del sexo, al menos en este momento de la Historia. Los hombres y las mujeres se enfrentan a muchos obstáculos diferentes, y a medida que los superamos, los modelos e historias femeninas son esenciales.

Como espero haber argumentado ya, una parte de lo que diferencia nuestros viajes son las diferencias de nuestros cuerpos energéticos y los tipos particulares de bloqueos que nos encontramos. La mayoría de bloqueos del chakra de la corona no son específicos de un sexo, sino que la vertiente de «buscador» de este chakra es lo que lo conecta con el sendero de la energía masculina del chakra raíz, el del ombligo, el de la garganta y el de la corona. Todos estos chakras, en su expresión predeterminada, tienen una orientación exterior, incluyendo la vertiente de búsqueda del chakra de la corona; una orientación exterior en nuestra búsqueda de sentido y motivación. En la medida en que el sendero masculino ha sido competencia de los hombres y el Sendero femenino de las mujeres (menospreciado, para colmo), se ha oprimido nuestro derecho a la conexión espiritual y religiosa (corona), tanto como se ha oprimido nuestro derecho a nuestro cuerpo (raíz), nuestro poder en el mundo (ombligo) y nuestra voz (garganta). Cuando trabajamos para dominar nuestro sendero energético masculino en su totalidad, contribuimos a un cambio energético más amplio.

Curación de traumas sexuales: Reconstruir la confianza en ti misma

Si has sufrido abusos o has sido agredida por un líder espiritual o religioso o por un mentor en tu vida, hombre o mujer, una parte de tu trabajo de curación es examinar cómo se ha visto afectada tu propia espiritualidad. ¿Ha hecho tu desilusión con esta persona que rechaces toda espiritualidad o la totalidad de la tradición de la que formaban parte? ¿Hay alguna parte de ella que desees reexaminar? ¿Hay aspectos que eches de menos? Es esencial realizar el trabajo para distinguir lo que de verdad es espiritualmente «tuyo» (mediante enseñanzas o terapia que creas que son válidas) de los actos corruptos de tu agresor. Es posible que seas capaz de recuperar partes de tu experiencia que son importantes para ti e integrarlas en tu vida.

No siempre es el abuso de un líder espiritual o religioso lo que puede socavar la fe en la espiritualidad de una superviviente. A veces es la falta de protección de un ser querido que es religioso. Una superviviente que conozco tenía una madre muy religiosa que sabía que estaba sufriendo abusos, pero no les puso fin. Esto hizo que esta superviviente rechazara toda religión y espiritualidad por ser hipócrita. Las heridas de la traición y la desconfianza no se limitan a las causadas de forma directa por el agresor. El trabajo que realizas para sacar a la luz y sanar estas heridas forma parte de tu viaje hacia la recuperación y el trabajo con los chakras puede ayudarte en este proceso.

Considera también cómo tu fe general en «ti misma» puede haberse visto afectada. Esta es otra variación de los patrones de vergüenza y culpa de los que hablamos en el capítulo del Loto sacro. A menudo, cuando nuestro agresor es alguien en quien confiábamos, sobre todo si éramos adolescentes o adultos cuando tuvieron lugar los abusos, se tambalea nuestra confianza en nosotras mismas para juzgar a los demás. Esto, a su vez, socava la confianza en nuestra intuición y experiencias espirituales. Trabajar para reconstruir la confianza en ti misma es una gran parte del proceso si eres una superviviente de un trauma sexual que activa el potenciador del Tercer ojo y la Conexión de la corona.

Por supuesto, al igual que sucede con el Tercer ojo, los bloqueos del chakra de la corona pueden estar en el extremo opuesto del espectro; en lugar de que la experiencia espiritual esté bloqueada, puede haber de por medio patrones de disociación, que buscan la experiencia o la orientación mística como una distracción o una evasión del dolor más profundo. Estar conectada con el aquí y el ahora es especialmente importante para obtener la perspicacia necesaria para ver esos patrones. Debido a que este potenciador del chakra de la corona en particular se centra en el camino inferior y conecta la energía de un chakra de la corona abierto con tu cuerpo y con otros chakras, rara vez magnifica este tipo de disociación espiritual y puede desempeñar un papel a la hora de ayudarte a desarrollar el discernimiento requerido para diferenciar lo que es iluminación y lo que es evasión.

8
La Segunda piel: Tus límites

Chakras relacionados: Tu chakra raíz (el primero) y tu chakra del ombligo (el tercero).

Energías: Protección, integridad energética, límites, fortaleza, resistencia, aguante, resiliencia.

Uso: Ausencia de límites, sentimiento de desprotección, asunción de las emociones ajenas, fatiga, ansiedad social, buscar refugio en la comida o para los límites energéticos y la resistencia.

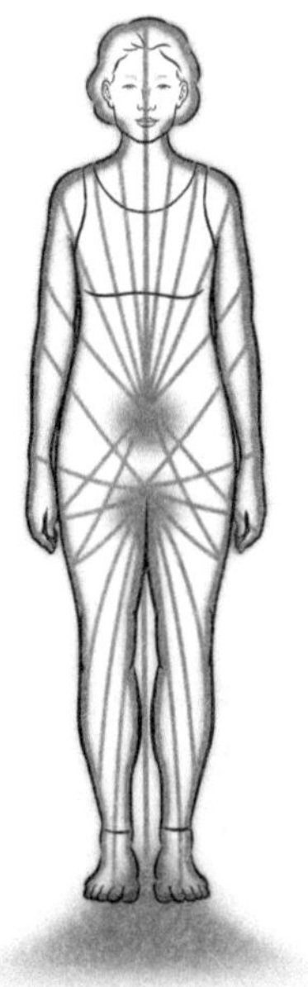

Muchas mujeres consideran que el potenciador de este capítulo es el más útil y el más transformador. La Segunda piel proporciona un filtro energético y unos límites que nos ayudan a mantener nuestra integridad energética e impiden que asumamos las emociones o la negatividad de los demás. Tal y como hemos hablado, existen factores históricos, culturales y energéticos que influyen en cómo manejamos nuestra energía. La mujer tiende a priorizar las emociones de los demás por encima de su propia integridad energética y, en consecuencia, a menudo asume la energía emocional de los demás. Entretanto, como nuestro cuerpo energético es centrípeto por defecto y está muy vinculado al receptivo chakra sacro y al Sendero femenino de los chakras sacro, del corazón y del Tercer ojo, solemos captar energías de forma inconsciente y nos olvidamos de ponernos límites cuando es necesario. Si has sufrido abusos o agresiones sexuales, el límite más fundamental, el de tu cuerpo, fue violado en contra de tu voluntad, y eso deja una huella duradera que también puede socavar la creencia de que puedes o tienes derecho a establecer límites.

A estas alturas ya debe haber quedado claro que todos los potenciadores de chakras funcionan en un primer momento a un nivel energético que, a base de repetición, puede manifestar cambios a nivel psicológico que alteran de manera radical tu forma de estar en el mundo. Quizá ningún potenciador tenga mayor potencial para este cambio que la Segunda piel. Si piensas que has tenido problemas para aceptar tu derecho a ocupar un espacio en el mundo e insistir en que los demás lo respeten, trabajar con la Segunda piel puede ser el potenciador que necesitas para cambiar eso de una vez por todas. Llegará un momento en que activarlo pasará a ser algo natural para ti, tu estado normal de ser, en vez de algo que tienes que hacer de forma consciente.

Trabajar con la Segunda piel también te ayudará a dejar de lado cualquier medio artificial de establecer límites que puedes haber adoptado o formas de automedicación cuando se quebrantan tus límites. Estas pueden ser conductas interpersonales de apartar a la gente por medio de la ira o la agresividad que puedes haber considerado tu único recurso para sentirte protegida. O pueden ser patrones como buscar consuelo en la comida y/o aferrarte al exceso de peso en un intento de acallar el dolor por la violación de los límites cuando se produce o de crear un «parachoques» físico entre los demás y ti misma. Todos tenemos métodos artificiales de autoprotección, pero la mayoría no funcionan. Solo cuando nos sentimos verdaderamente capaces de controlar qué energías entran en nuestro ser somos capaces de librarnos de la necesidad de muchos de estos métodos.

Fíjate que he dicho «controlar qué energías entran en nuestro ser» y no «controlar con qué energías entramos en contacto». Es una diferencia muy importante. Me parece que cuando alguien acude a mí con el deseo de trabajar en los límites energéticos, lo que en realidad suele querer es que le asegure que hay una forma de garantizar que nada malo le ocurrirá jamás o que puede manifestar una vida en la que no encontrará negatividad. Es un deseo muy comprensible; sentirse a salvo y seguro es nuestra necesidad más básica. Sobre todo si has sufrido un trauma en tu vida, puedes estar desesperada por conseguir una forma de sentirte a salvo en el mundo. La Segunda piel te proporcionará esto mismo, pero sin controlar tu mundo; te ayudará a evitar que la energía negativa entre en tu ser cuando te la encuentres y fortalecerá tu resistencia frente a ella.

La Segunda piel está cerca de ti, justo encima de tu piel; no es una burbuja deflectora. Una burbuja te separa del mundo, mientras que la Segunda piel te mantiene conectada a él y, de hecho, puede ayudarte a mejorar tu intuición porque te permite percibir las energías con más claridad en vez de absorberlas a ciegas. Como filtro te ayuda a elegir qué entra y qué no. La Segunda piel es, en realidad, una herramienta para potenciar tu conciencia y elegir en tu vida cotidiana. No es cuestión de buscar protección fuera; se trata de ser consciente de nuestro propio poder y de aprovechar nuestro discernimiento y resistencia. Cuando lo hacemos, difundimos el mensaje de que no se nos debe manipular ni aprovecharse de nosotros, y sí, esto suele influir en la forma en que la gente nos trata. Estamos protegidos del exterior, aunque no al estilo del caballero de brillante armadura.

Como parte del trabajo con la Segunda piel, empezaremos también a hablar más sobre los ciclos y las fases de nuestro cuerpo energético femenino, incluyendo cómo cambia durante la menstruación, el embarazo y la menopausia. Al habitar un cuerpo de mujer tenemos ciclos y fases muy definidos y nuestro cuerpo energético cambiará en consecuencia. Esto significa que es posible que tengamos que trabajar con la Segunda piel de forma diferente en varios momentos. Abordaremos esto en la sección dedicada a la energética de la mujer de este capítulo.

Toni acudió a mí como parte de una transformación más amplia referente a la salud que deseaba llevar a cabo. Durante toda su vida había tenido problemas de peso y a los treinta y un años estaba en riesgo de convertirse en diabética. Su médico le había dicho que era fundamental que perdiera peso, así que se había embarcado en un plan de adelgazamiento con apoyo médico que incluía terapia para llegar a la raíz de cualquier patrón relacionado con comer por motivos emocionales. Toni era muy espiritual, practicaba la meditación desde hacía mucho y estudiaba astrología y métodos de curación energética, por lo que también quería explorar formas de impulsar los cambios en su vida a nivel energético.

Aunque Toni ya era consciente de que se refugiaba en la comida, gracias a la terapia se había dado cuenta de hasta qué punto su alimentación se vinculaba a la ansiedad social. Era tan sensible a los estados de ánimo de los demás que en la mayoría de las interacciones estaba en vilo. Se sentía inquieta y desconcertada ante la más mínima muestra de negatividad de alguien, incluso si no estaba dirigida a ella. Cualquier señal de discrepancia entre personas o de infelicidad o desagrado en un grupo cuando ella estaba presente le provocaba tensión y la sensación de que era la persona responsable. Invertía sus energías en intentar cambiar el estado de ánimo, pero eso la dejaba exhausta. Si alguien le hacía una crítica o mostraba el más mínimo descontento con cualquier cosa que hubiera dicho o hecho, podía pasarse días disgustada o incluso ser incapaz de dormir a causa del encuentro. Antes de tales encuentros utilizaba la comida, sobre todo los alimentos reconfortantes llenos de carbohidratos, como parachoques y después la utilizaba para tranquilizarse.

Con Toni trabajé con diversos potenciadores para darle apoyo, pero la mayoría de nuestro trabajo fue con la Segunda piel. Toni era una empática clásica en la medida en que asimilaba las emociones de otros en su propio cuerpo y en que cargar con el peso extra era para ella un sustituto de un límite energético. Le pedí que activara la Segunda piel cada mañana antes de salir de casa y que la activara con frecuencia durante el día, sobre todo antes de cualquier reunión o encuentro de grupo.

En las semanas siguientes comenzó a darse cuenta de las raíces de sus tendencias empáticas. Su padre había abandonado a su familia cuando ella tenía ocho años y su madre había caído en una depresión de la que nunca se recuperó del todo. Como la mayor de los tres hijos, Toni asumió la responsabilidad de todos ellos a tan temprana edad. Debido a que su madre solía tener fases en las que se disgustaba por la más mínima discusión entre sus hermanos, Toni se volvió muy sensible a cualquier desavenencia y asumía personalmente la responsabilidad por ello. También trató de asumir el sufrimiento de su madre para curarla y la tristeza de sus hermanos para tranquilizarlos. Desarrolló la pauta de asumir las emociones por ellos, sin reivindicar nunca sus propias necesidades ni sus límites. En vez de eso recurrió a la comida.

Gracias a estos conocimientos, su nueva rutina de salud y la diligente activación de la Segunda piel, Toni comenzó a cambiar su forma de estar en el mundo. En cuanto sentía que aumentaba su ansiedad en un entorno social o sentía su tendencia a responsabilizarse del estado de ánimo de alguien, afirmaba su Segunda piel en el acto y conectaba de nuevo con un sentimiento de autonomía y fortaleza energética. También utilizaba la Segunda piel siempre que tenía ganas de ingerir carbohidratos que sabía que eran fruto del estrés de esa pauta de empatía.

Con tiempo y disciplina, Toni perdió el peso que necesitaba y creó rutinas de alimentación y de ejercicio completamente nuevas. Pero más importante aún para ella fue que cambió su configuración energética con éxito. Ya no salía al mundo sintiéndose responsable del estado de ánimo de los demás ni asumía su negatividad. Por lo tanto, ya no necesitaba el peso extra como un parachoques ni los carbohidratos para automedicar su ansiedad. Se sentía fuerte y completa en su propio cuerpo y sabía centrarse de nuevo en esta sensación siempre que se sentía a punto de saltar.

Como es natural, la pérdida de peso no es solo una cuestión de establecer límites energéticos; debes consultar siempre con un profesional de la salud en lo relativo a tu peso y a cualquier dieta que empieces. Para nuestros fines, la absorción energética es una de las muchas razones por las que es posible que ansíes la comida cuando no la necesitas, sobre todo los hidratos de carbono de los alimentos reconfortantes. Consumir estas comidas puede ser una forma de automedicación y el peso extra resultante puede originar una sensación artificial de límite energético. Llegar a la raíz de nuestra alimentación emocional y establecer auténticos límites a través de la Segunda piel puede ayudarnos a cambiar esta pauta.

Pasos para la activación

La Segunda piel es nuestro primer potenciador de múltiples chakras. Como tal, los recuerdos de «Cuándo has sentido esto con anterioridad» son menos relevantes, así que no le dedicaré una sección en los siguientes capítulos. Sin embargo, como la Segunda piel combina las energías del chakra raíz y del chakra del ombligo, tal vez quieras recurrir a los recuerdos relacionados con esos chakras. Solo para repasar, aquí tienes algunos ejemplos de cuándo puedes haber sentido cada chakra que lo compone:

- ***Raíz:*** Cuando estás rodeada de personas con las que te sientes segura y en las que confías; cuando participas en actividades que te hacen sentir fuerte y presente en tu cuerpo físico; cuando te sientes conectada con la naturaleza; cuando te sientes presente y equilibrada en un determinado momento.

- *Ombligo:* Cuando has logrado un objetivo mediante el esfuerzo personal; cuando participas en actividades que sabes que se te dan bien; cuando recurres a tu determinación y tu fuerza de voluntad; cuando te centras y realizas tareas de precisión; cuando has sido capaz de dar un paso atrás y evaluar una situación de forma objetiva.

Estar de pie suele ser la mejor posición para activar la Segunda piel, pero una vez hayas aprendido podrás activarla en cualquier postura. Adopta una postura estable, descalza, con los pies separados a la distancia de las caderas y bien asentados en el suelo. Esta posición te ayudará a sentir que realmente estás utilizando la energía de la tierra para potenciar tu chakra raíz y tu chakra del ombligo. Si no puedes estar de pie, busca una posición sentada en la que tus pies toquen el suelo con firmeza si es posible.

Paso 1: Colócate en una postura estable, con los pies separados a la anchura de las caderas, conectados con el suelo. Respira con el vientre como lo haces al principio de la activación de los otros potenciadores, pero esta vez céntrate «realmente» en tu conexión con el suelo y con la tierra que hay debajo de ti.

Paso 2: Después de unas cuantas respiraciones, lleva tu conciencia a tu chakra raíz en el coxis. Al igual que al activar el Cuenco raíz, imagina una intensa luz roja que fluye de la tierra para apoyarte y que fortalece una esfera de luz roja en tu coxis. Visualiza esta esfera de luz roja haciéndose más brillante e infundiendo una sensación de vitalidad y fuerza a tu cuerpo físico.

Paso 3: Ahora imagina una esfera de luz roja igual justo debajo de tu ombligo, donde visualizarías el Fuego de tu ombligo al activar ese potenciador. Visualiza esta bola roja haciéndose más brillante, respirando contra ella y, mientras lo haces, imagina que te sientes centrado en tu poder, tu voluntad y tu autodeterminación.

Paso 4: Visualiza estas dos esferas de luz roja, una en tu coxis y otra debajo de tu ombligo, cobrando intensidad e irradiando con más fuerza. Al final contempla a las dos fusionándose y generando rayos de luz que llenan su cuerpo. Estos rayos de luz emanan de tu piel y crean una película de luz roja sobre la superficie de tu piel que te envuelve: tu Segunda piel. Traza esto desde tu cabeza hasta los dedos de los pies, por tu cara, la parte posterior de la cabeza, las orejas, el cuello, los hombros, el torso entero, por delante y por detrás, las caderas y la pelvis, las nalgas, las piernas, bajando por las rodillas, las espinillas, las pantorrillas, los pies. Cada centímetro de ti está envuelto en esta capa de potente luz roja que el chakra del ombligo y el chakra raíz alimentan.

Paso 5: Dedica un par de minutos a sentir esta película de fuerza y protección. Recita tus afirmaciones y siente tu poder:

Estoy protegida.
Soy fuerte y resistente.
Mi energía es mía.
Hago valer mi derecho a los límites.
Estoy centrada en mi verdad y en mi poder.

Paso 6: Toma tu foto mental.

Paso 7: Deja ir la imagen en tu ombligo y en tu raíz. Imagina que esta Segunda piel te envuelve ahora por completo; es un escudo permanente que permanecerá allí sin que tu visualización o conciencia lo alimenten.

Paso 8: Abre los ojos y sal al mundo.

Cuándo estás bloqueada

Como se explica en el capítulo del potenciador del Tercer ojo, experimentamos algo más que las sensaciones físicas que nos trasmiten nuestros sentidos físicos al movernos por el mundo. Además de las imágenes, los sonidos, los olores, los sabores y las texturas con las que nos topamos a través de nuestro cuerpo físico, a nivel de nuestro cuerpo energético nos topamos con las vibraciones de todos y de todo. Cuando caminamos sin confirmar ningún filtro o límite energético, absorbemos estas energías y es posible que nos afecte física, emocional y mentalmente o en cualquier combinación de los tres.

Existe un ejemplo sencillo que me gusta usar para que entiendas esto: Imagina que vas en un autobús, sentada junto a alguien que, sin tú saberlo, está muy enfadado. Vas pensando en tus cosas, leyendo un periódico o mirando tu teléfono, pero estás sentada al lado de la persona enfadada durante un tiempo. Cuando te bajas del autobús, has empeorado de alguna manera:

- Si eres una persona propensa a captar la energía de forma física, quizás ahora tengas dolor de cabeza o de estómago, así que empiezas a recordar qué has comido para entender por qué.
- Si eres una persona que tiende a asumir las cosas emocionalmente, puede que de repente te sientas irritada y busques una salida a esa irritación. Tal vez te irrite la persona que tienes delante y que camina despacio, mientras que otro día no te molestaría.
- Si eres una persona que asume las energías con la mente, el contenido de tus pensamientos puede cambiar. Mientras piensas en una interacción con tu jefe, puede que de repente descubras que empiezas a enfurecerte pese a que al principio no estabas enfadada.

En los tres casos has absorbido la energía de la ira de otra persona y ahora se manifiesta como propia, de forma física, emocional o mental. Es algo que nos pasa de manera constante. Somos aún más propensos a absorber las energías de aquellos con los que mantenemos una relación cercana, algo en lo que entraremos más a fondo en el siguiente capítulo. Todos somos parte de una matriz energética, y hasta cierto punto es natural y normal que haya constantes intercambios energéticos entre nosotros. Pero una parte del proceso de trabajar con tu cuerpo energético es aprender a mantener tu propia integridad energética y precisamente de esto trata la Segunda piel.

La mayoría de las formas en que absorbemos las energías de los demás no son tan directas. Simplemente nos ocupamos de nuestra rutina diaria y experimentamos un flujo en continuo cambio de estados físicos, emocionales y mentales, y somos muy poco conscientes de la verdadera causa de estos cambios. Solemos pensar que se debe a algo que nos ha ocurrido. Creemos que tenemos dolor de estómago por ese bollo grande que acabamos de comernos, que estamos molestos porque la mujer que va delante de nosotros camina despacio o que estamos enfadados con nuestro jefe porque ha hecho algo mal. Pero en realidad, si otro día nos hubiéramos sentado junto a una persona alegre, nada de esto nos habría afectado del mismo modo y no notaríamos la diferencia.

Para la mayoría, esta permeabilidad inconsciente es nuestro estado predeterminado y tu estado predeterminado puede estar más comprometido aún por tu condicionamiento personal y tus tendencias empáticas. La Segunda piel puede ayudarte a cambiar toda tu forma de estar en el mundo y, en última instancia, puede formar parte de tu paso de «consumidor» a «creador» de energías. En lugar de que tu estado energético sea producto de la gente y de las fuerzas con las que entras en contacto, puedes tener la integridad energética para controlar tu propia energía e influir de forma positiva en la gente y en los lugares que frecuentas.

Utilizar la Segunda piel

La mayoría nos vemos bombardeados por estímulos sensoriales y energéticos durante todo el día, a un nivel y ritmo superior a todo lo experimentado por generaciones anteriores, haciendo que nos resulte muy difícil mantener nuestra integridad energética. La Segunda piel nos puede ayudar a conseguirlo, pero como sucede con el desarrollo de la mayoría de hábitos positivos, lleva su tiempo. Las investigaciones indican que se tarda al menos seis semanas en consolidar un hábito y esa es la estimación que me gustaría utilizar con la Segunda piel. Puede que sientas que el cambio se produce más rápido o más despacio; en general recomiendo realizar la activación completa todos los días por la mañana durante seis semanas, reactivándolo con rapidez a lo largo del día según sea necesario. Por supuesto, puedes usar la Segunda piel de forma más específica, pero si crees que tienes problemas con la absorción de energía de los demás, considera tomarte ese tiempo para desarrollarla como una nueva forma predeterminada de manejar tu energía.

Aquí tienes algunos ejemplos específicos de cuándo conviene que reactives de forma consciente tu Segunda piel durante el día mientras estás en fase de consolidación de este hábito o si estás utilizando la Segunda piel según las necesidades:

- Antes de meterte en una multitud: transporte público, tráfico, un concierto, un centro comercial.
- Antes de interactuar con alguien que sabes que suele tener un efecto negativo en ti.
- Antes de interactuar con alguien con el que te cuesta imponer límites de cualquier tipo; por ejemplo, te cuesta decir que no, expresar tu opinión o expresar tus preferencias. Quizás en combinación con la Matriz de la garganta.
- Antes de cualquier situación que te resulte agotadora. Tal vez en combinación con el Fuego del ombligo.
- Antes de cualquier encuentro en el que necesites de verdad mantenerte firme.
- Siempre que sientas que tus pensamientos divagan de forma errática o que tus emociones oscilan.
- Después de darte cuenta de que te sientes exhausta por cualquiera de los anteriores. Tal vez en combinación con el Loto sacro o el Fuego del ombligo, dependiendo del tipo de energía que más necesites para recuperarte.

- Siempre que notes que tu estado físico, emocional o mental ha empeorado sin que haya un desencadenante evidente.
- En los días previos y durante la menstruación. (Hablaremos más de esto en la sección de «Energética de la mujer».)

También hay etapas y transiciones específicas durante las cuales puede resultar útil trabajar con la Segunda piel de manera más intensa. He aquí algunos ejemplos:

- Cuando intentas dejar de refugiarte en la comida o de utilizar el exceso de peso como un límite artificial (como en la historia previa de Toni), como parte de una transformación integral de la dieta y el ejercicio.
- Durante una fase en la que eres el centro de atención de los demás en mayor medida que en el pasado. Por ejemplo, das clase por primera vez, haces presentaciones o conferencias o participas en grandes reuniones o talleres.
- Cuando acabas de mudarte a una localidad con una densidad de población mayor que la del lugar donde has vivido en el pasado o te encuentras en multitudes con mayor frecuencia (por ejemplo un cambio en el trayecto que requiere más tiempo en el transporte público o en medio del tráfico).
- Durante la primera etapa del embarazo (hablaremos más de esto en la siguiente sección).
- Durante la premenopausia (¡también hablaremos más de esto!).

Cuando se trata de usar la Segunda piel para mejorar tus límites, puede que necesites examinar más a fondo algunos de los condicionamientos que hemos tratado y cómo contribuyen a tu falta de límites. ¿Te sientes responsable de las emociones de los demás? ¿Sientes que no vales nada y quieres ser necesaria? ¿Complaces a la gente? Si es así, ¿por qué lo haces? ¿Crees que no tienes derecho a imponer límites o aquello que deseas? Dependiendo de tu respuesta, puede resultarte beneficioso trabajar con algunos de los otros potenciadores de chakras en conjunto con la Segunda piel.

También es útil desarrollar tu conciencia relativa a los cambios físicos, emocionales y mentales, y cuestionarlos desde una perspectiva energética. Una de las preguntas más importantes que puedes hacerte en referencia a esta conciencia es: «¿Esto es mío?». Cuando sospeches que no, déjalo tan rápido como te sea posible. Según el ejemplo que he empleado más arriba, imagina que te bajaste de ese autobús, notaste el cambio en el acto y dijiste: «Un momento, si hace un segundo sentía (o pensaba) esto, ¿por qué ya no? ¿Qué es lo que acaba de cambiar? ¿Esto es mío?».

Energética de la mujer: Tus ciclos y fases energéticas

Además de los factores condicionantes que a menudo inhiben la capacidad de la mujer y la conciencia de nuestro derecho a imponer límites, también contribuyen factores técnicos energéticos. Somos seres de la naturaleza y, como tales, tenemos ciclos y fases. Nuestros ciclos y nuestras fases corresponden a nuestra vida reproductiva y nuestro cuerpo energético cambia junto con los cambios físicos correspondientes. Muchas mujeres contemporáneas están desconectadas a nivel energético de la menstruación, las fases de fertilidad, el embarazo, la premenopausia y la menopausia, y los abordan como hechos médicos y, por lo tanto, puramente físicos. Pero conectar de nuevo con las fluctuaciones de nuestra receptividad energética nos permite trabajar con nuestro poder de una manera muy beneficiosa.

Como ya hemos dicho, nuestro cuerpo energético es por naturaleza más abierto y receptivo que el del hombre. El chakra sacro es centrípeto y receptivo; debido a que nuestra energía se asienta ahí, también lo hace nuestro cuerpo energético en su totalidad. Sin embargo, la intensidad de esta fuerza centrípeta fluye junto con nuestros cambios hormonales y nuestros ciclos reproductivos. De hecho, nuestros chakras están conectados de manera intrínseca con el sistema endocrino y cada chakra corresponde, además, a diferentes órganos y glándulas del cuerpo. Nuestro chakra sacro, la sede de nuestro cuerpo energético, está vinculado a nuestros ovarios y a todos nuestros órganos reproductores, por lo que este sistema físico y nuestro chakra sacro actúan en sincronía entre sí.

Esta relación fluctuante se da entre cuerpos energéticos más sólidos y que irradian más, y la relación es muy abierta y receptiva. Percibimos la diferencia en términos de sensibilidad energética. Cuando nuestro cuerpo energético es más sólido, es menos sensible a nivel energético y menos propenso a recibir energías del exterior. Está más próximo a que nuestra Segunda piel se active por sí sola. Cuando nuestro cuerpo energético se encuentra en su estado más abierto, somos muy sensibles a la energía con la que entramos en contacto. Nos movemos constantemente entre estos dos estados; nuestro máximo nivel de firmeza y nuestro máximo nivel de sensibilidad de acuerdo a nuestros ciclos y fases hormonales, como la fase creciente y menguante de la luna.

Una forma de visualizar este cambio es pensar en el Loto sacro abriéndose y cerrándose. Si alguna vez has visto un loto con tus propios ojos, se trata de una flor bastante resistente y recia. Cuando nos encontramos en nuestro máximo estado de firmeza, nuestro loto también posee esa naturaleza resistente y recia. Está abierto e irradia todo su poder; ante eso, otras energías se consumen y no se absorben. Cuando estamos en nuestro punto más sensible, esta flor se cierra como si quisiera protegerse y el poder se dirige hacia dentro. No se ha marchitado, sino que está en una etapa de recolección y regeneración, y por lo tanto es más vulnerable a la entrada de energías externas. Por supuesto, es ahí cuando nuestra Segunda piel es más útil; como si los dos chakras circundantes del chakra sacro, o «hermano mayor», el chakra raíz y el chakra del ombligo proporcionaran protección.

Otros factores contribuyen a nuestra fluctuación energética además de nuestros ciclos y fases reproductoras. Aunque no todas las mujeres experimentan estos ciclos con la misma intensidad, he aquí un resumen general:

- *El ciclo menstrual:* Nuestro cuerpo energético es más firme y emana en la cima de nuestra fertilidad cuando estamos ovulando y es más abierto y sensible cuando estamos menstruando. En medio estamos oscilando entre ambos. Sin embargo, la transición no suele espaciarse de forma uniforme, sino que empieza despacio y se acelera los días previos a la ovulación o al inicio de la menstruación. Por lo tanto, los días previos a la ovulación y previos a la menstruación (correspondientes al síndrome premenstrual) es cuando los cambios son más tumultuosos. En el caso de la ovulación, nos volvemos firmes con rapidez durante estos días, y en el caso de los días previos a nuestro período, enseguida nos volvemos más sensibles.

- *Los años fértiles:* Nuestros años más fértiles van, de media, de los dieciséis a los treinta y cinco, cuando nuestro ciclo menstrual es, por norma general, más intenso y regular. Este ciclo energético es también más pronunciado, y las oscilaciones entre los dos estados máximos es más prominente. En otras palabras, nuestro cuerpo energético fluctúa gran parte del tiempo, en una danza constante entre estos dos estados.

- *El embarazo:* En el primer trimestre del embarazo, a menudo estamos en nuestro estado más sensible, similar a la menstruación, ya que nuestro cuerpo se adapta a la falta de un ciclo y nuestro chakra sacro comienza a canalizar más energía hacia el útero. Asimismo, nuestro cuerpo vuelve a priorizar el envío de nutrientes primero a la placenta y luego al resto del cuerpo. Nuestro chakra sacro canaliza más energía hacia nuestro útero, por lo que el resto de nuestro cuerpo energético no es firme ni irradia durante este tiempo. Sin embargo, a medida que nuestro embarazo se adapta, nuestro chakra sacro se abre. Es el portal espiritual y energético para el nacimiento, que reproduce el portal físico que nuestro cuerpo proporciona. A medida que se abre en preparación para esto, nuestro chakra sacro irradia cada vez más energía, y en realidad estamos en un estado bastante firme a nivel energético; es posible que otros lo perciban como el resplandor de nuestro embarazo.

- *Premenopausia:* La premenopausia es la fase de transición previa a la menopausia, antes de que nuestros ciclos cesen por completo. La duración puede ir de unos pocos meses a varios años. La mayoría de las mujeres la experimentan hasta cierto punto durante los cuarenta años. Nuestros ciclos se vuelven irregulares y empezamos a experimentar los síntomas físicos clásicos de la menopausia de manera intermitente. A nivel energético, nuestro cuerpo energético también tiende a volverse errático, junto con nuestros períodos; para algunas mujeres es la primera vez que cuerpo físico y energético no están en armonía. Nuestros ciclos físicos y nuestros ciclos energéticos se separan. En consecuencia, podemos experimentar períodos de intensa sensibilidad o de intensa fortaleza energética aparentemente aleatorios y que parecen escapar a nuestro control. En realidad hay un gran potencial para trabajar con este cambio a fin de lograr un crecimiento mayor, pero desde la perspectiva de los límites, podemos sentirnos desprotegidas.

- *La menopausia:* Llegada la menopausia, nos estabilizamos en una nueva normalidad en la que nuestras oscilaciones energéticas son mucho menos dramáticas. Todavía experimentamos la fluctuación en nuestro cuerpo energético, pero los cambios no son tan marcados. Si lo asimilamos bien, puede resultar muy liberador; por primera vez podemos tener el control sobre nuestro nivel de apertura o de firmeza. Esto también es posible antes de la menopausia, pero es más difícil de hacer; antes de la menopausia suele ser más útil adaptar nuestras actividades al momento del ciclo o fase en que nos encontramos. Después de la menopausia podemos tener el poder de controlar por completo la apertura y el cierre de nuestro chakra sacro en cualquier momento.

La importancia de entender estos ciclos en referencia a la Segunda piel es reconocer que en tus fases más sensibles, cuando tu chakra sacro está en su fase más introspectiva, es cuando más necesitas la Segunda piel. En estos momentos, tu chakra raíz y tu chakra del ombligo a cada lado de tu chakra sacro desempeñan un papel protector de particular relevancia.

Una parte de tu trabajo personal puede ser librarte de cualquier aversión que te provoque la idea de que tu cuerpo energético crece y disminuye junto con tus fases y ciclos reproductivos. Creo que algunas mujeres contemporáneas se resisten a esto porque da la sensación de que se nos reduce a nuestra función reproductora. No es así; reconocer y respetar estos ciclos te permite maximizar tu poder, no disminuirlo. Los hombres también tienen ciclos energéticos, solo que son menos pronunciados. Debido a que los nuestros sí lo son, podemos «utilizarlos» con conocimiento.

Durante las fases sensible y receptiva somos más intuitivas y perspicaces, y durante nuestras fases externa y firme somos más productivas y carismáticas. En la medida en que puedas utilizar estas fases en este sentido, puede ser tremendamente eficaz. Por supuesto, no puedes reorganizar toda tu vida de esta forma, pero no es necesario que lo hagas. El simple hecho de concederte un poco de tiempo y espacio para reflexionar durante tus fases sensibles e ir realmente a por lo que deseas durante tus fases firmes dará resultados tangibles. El conocimiento es poder.

A veces me preguntan cómo afectan las píldoras anticonceptivas y otros métodos de control de natalidad a estos ciclos y fases energéticas. La respuesta corta es que debilitan las fases energéticas. La energía sigue fluyendo, pero de forma mucho menos pronunciada. A algunas mujeres esto les resulta útil; a fin de cuentas, es más fácil aprender a trabajar con estos ciclos cuando son menos intensos. Y si no dispones de demasiado espacio para adaptar tu vida a tu ciclo, es posible que te resulte más fácil. Sin embargo, algunas mujeres encuentran restrictivo este debilitamiento energético, pues sienten que no están en pleno contacto con su intuición. A todas luces, esta no debería ser la principal razón para que utilices o dejes de utilizar cualquier método anticonceptivo en particular, sino que debería estar motivado por tus opciones reproductivas y tu actividad sexual. Esta información se ofrece con ánimo de ayudar y puede influir en qué método es el adecuado para ti en diferentes momentos de tu vida. Es una información a tener en cuenta; del mismo modo que el conocimiento es poder, la información es poder.

Patricia solía estar muy conectada y centrada en su poder, pero necesitaba ayuda; sentía que había alcanzado su límite cuando varios factores estresantes se estaban dando a la vez en su vida. Diseñadora gráfica de éxito, la habían ascendido hacía poco a un puesto directivo en su empresa, que conllevaba dedicar más tiempo a reuniones y presentaciones con clientes del que acostumbraba. Sentía que esas tareas la dejaban agotada y distraída; salía de todas las reuniones con la cabeza cargada y echaba de menos pasar el tiempo a solas delante del ordenador, trabajando con las ideas.

En casa, Patricia tenía marido y dos hijos adolescentes muy ocupados. Su marido había empezado a viajar más por trabajo, haciendo que Patricia se ocupara de sus hijos. Eso no le molestaba, pero se dio cuenta de que le estaba costando sobrellevar el tener un mayor contacto con otras madres mientras esperaba a que sus hijos salieran de sus respectivos entrenamientos deportivos. Su hija mayor era estudiante de instituto y parecía que todas las madres querían hablar del proceso de solicitud de universidad y de cuáles estaban solicitando sus hijos. Aunque no solía ser una persona que se estresara por cosas así, Patricia se percató de que a menudo se sentía estresada después de tales encuentros. ¿Estaba haciendo lo suficiente para ayudar a su propia hija? ¿Necesitaba clases de apoyo para el examen de admisión? ¿Cuándo iba a sacar tiempo para visitar universidades? ¿Y si no podían permitirse la universidad que su hija quería?

El principal factor estresante en la vida de Patricia era su anciana madre. Su padre había fallecido hacía tres años y desde entonces su madre había tenido un problema de salud tras otro. Se encontraba en un centro de recuperación tras su operación de cadera y sus cuidadores le habían dicho a Patricia que no creían que su madre pudiera volver a vivir sola. La instaron a que buscara una residencia de ancianos, algo a lo que su madre se negaba en redondo. También tenían limitaciones económicas, pues parecía que ni los ahorros de su madre ni el seguro cubrirían los costes. Patricia procuraba visitar a su madre cada dos días, pero a menudo se disgustaba porque se sumía en un círculo vicioso de ira, amargura y tristeza.

Además de todo esto, estaba empezando con la premenopausia y no dormía bien. Solía despertarse con frecuencia y le daba vueltas en la cabeza a todas sus preocupaciones; la presentación de un importante cliente en el trabajo al día siguiente; la solicitud de universidades de su hija; su apretada agenda de viajes en coche compartido; las preocupaciones económicas; los cuidados de su madre. Durante esos desvelos nocturnos se debatía violentamente entre la ansiedad, la desesperación, la frustración y el miedo. Sabía que todos esos problemas tenían solución, y aunque en circunstancias normales era bastante racional a la hora de solucionar esas cosas, parecía que en esos momentos era incapaz de acceder a esa faceta suya. Durante el día también se sentía en una montaña rusa emocional, pasando de un estado de ánimo a otro de forma inusual y violenta. Se preguntaba si necesitaba terapia hormonal para aquello, pero en realidad no quería hacerlo debido a otros factores de riesgo para la salud.

Conocía a Patricia desde hacía tiempo y la había visto enfrentarse a experiencias muy estresantes en su vida, por lo que sabía que sus actuales quebraderos de cabeza no eran algo normal para ella. Hablamos más sobre sus síntomas premenopáusicos y le expliqué que el cuerpo sutil de una mujer podía oscilar erráticamente en esa fase y que era posible que estuviera absorbiendo las energías de otras personas más de lo que lo hacía en el pasado. Estaba captando las energías exigentes de los clientes en las reuniones, la ansiedad de las otras madres y la ira y la depresión de la suya, lo que era demasiado para su cuerpo energético. Los cambios de humor no eran del todo hormonales, sino energéticos, ya que asumía las emociones de todas esas otras personas de su vida.

Decidimos que trabajaríamos de forma intensiva con la Segunda piel durante unas semanas antes de tomar decisiones acerca de cualquier medicación. El plan era que activara la Segunda piel durante diez o quince minutos al día antes de salir de casa. Añadimos una afirmación sobre la estabilización de su cuerpo energético y sus emociones. Después activó la Segunda piel antes de las reuniones, antes de tener contacto con otras madres y de visitar a la suya. Al cabo de una semana me informó de que se sentía más calmada y menos estresada y que comenzaba a recuperar su agudeza mental. Llegados a este punto, incorporamos un poco de trabajo con el Tercer ojo para ayudarla a mejorar su capacidad para intuir cuando le estaban afectando las energías, de forma que pudiera utilizarlas de manera consciente con fines intuitivos... e impedir que las absorbiera. Realizó algo de trabajo personal interno relacionado con el chakra del corazón y con su incapacidad de pedir ayuda, y comenzó a hablar más abiertamente con su marido sobre el apoyo que necesitaba.

Con todo este trabajo y el uso continuado de la Segunda piel, Patricia sintió que empezaba a comportarse de forma diferente. Experimentó la sensación de proteger su cuerpo energético sin esfuerzo la mayoría de las veces, filtrando lo que absorbía. A medida que recuperaba su integridad energética, comenzó también a sentirse más como era antes, capaz de evaluar con calma lo que había que hacer. Su ascenso y los factores estresantes de la vida ya no le parecían demasiado y fue capaz de hacer frente a sus desafíos. Pudo dormir de nuevo y decidió seguir con la menopausia sin ningún tratamiento hormonal por el momento.

Tanto si se trata de un examen de admisión, como de un embarazo temprano o de la premenopausia, durante nuestros períodos energéticos más sensibles somos más propensos a absorber energía de los demás y el resultado pueden ser emociones erráticas. Aunque no cabe duda de que las hormonas desempeñan un papel, y nunca disuadiré a nadie de que acuda a un médico y hable de ello, utilizar la Segunda piel para estabilizar tu campo energético suele ayudar e, incluso, puede ser suficiente por sí solo. Cabe señalar que muchas mujeres que tenían un período irregular antes incluso de la premenopausia me han contado que trabajar con la Segunda piel les ayudó a estabilizar su menstruación; la conexión entre nuestro cuerpo energético, nuestras emociones y nuestro cuerpo físico es profunda y los cambios que hacemos a uno de los niveles a menudo se transmiten en cascada a los demás.

Curación de traumas sexuales: Tu derecho a los límites

Si eres una superviviente de un trauma sexual, trabajar con la Segunda piel puede beneficiarte de forma esencial: ayudándote a recuperar y a ratificar a todos los niveles tu derecho y capacidad de imponer límites; físicos, emocionales, energéticos y de cualquier otra índole. Los traumas sexuales son una violación de nuestro límite más personal. Si te ocurrió de niña, y sobre todo si el responsable fue un adulto en el que confiabas, puede que hayas interiorizado la idea de que no tienes «derecho» a imponer límites. Si te ocurrió más tarde en la vida, pudo verse afectada tu fe en tu «capacidad» de hacerlo. Trabajar con la Segunda piel es una forma de ratificar una y otra vez, a todos los niveles de tu psique: «Yo controlo las energías de todo tipo que entran en mi ser» y «Tengo derecho a reivindicar este control».

Es posible que también tengas una mayor sensación de vulnerabilidad originada por tu trauma. Como dije en el capítulo del chakra raíz, potenciar las energías de la seguridad y la resistencia del chakra raíz es muy importante para fortalecer tu base energética y la Segunda piel puede ser un potenciador adicional para esto. Sin embargo, tu agudizada sensación de vulnerabilidad puede hacer que seas más propensa a relacionarte con la Segunda piel únicamente como escudo protector, de tal manera que caerías en el hábito de juzgar todas las energías y situaciones solo como «buenas» o «malas». Recuerda que lo que en realidad intentas potenciar es tu capacidad de controlar cómo te afectan las energías; no buscas controlar tu entorno ni evitar la negatividad en un intento de sentirte segura. Cuando de verdad eres dueña de las capacidades de tu Segunda piel, tu vida se abre a las posibilidades, ya sin restricciones, porque confías en tu capacidad de manejar cualquier cosa que se te presente.

Las supervivientes de traumas sexuales también suelen tener más dificultades para relacionarse con sus ciclos y fases reproductivas de forma positiva, debido a la disociación del cuerpo o de las experiencias físicas relacionadas con el hecho de ser mujer. Hablamos de esto en el contexto de la imagen corporal en el capítulo del Loto sacro, pero también suele ser relevante en lo que respecta a la menstruación, los ciclos de fertilidad, el embarazo, la premenopausia y la menopausia. Vale la pena pensar en tu actitud hacia estos ciclos naturales de tu cuerpo. ¿Los aceptas como parte de tu poder femenino? ¿Los consideras solo un obstáculo o, peor aún, «sucios»? ¿Puedes hablar sin tapujos con tu médico o parejas sexuales sobre las cosas que te pasan físicamente relacionadas con estos ciclos?

Los obstáculos para hacerlo afectan a muchas mujeres, no solo a las supervivientes de traumas sexuales, debido a que a lo largo de la Historia se consideraba la menstruación como algo sucio y había tabúes a la hora de hablar sobre la sexualidad femenina. En una época en la que hay anuncios de Viagra por todas partes, la evasión y el silenciamiento parecen una ridiculez, aunque ilustran bien otra forma en que la energía femenina y todas las cosas relacionadas con ella todavía se reprimen. Trabaja para sentirte más cómoda con estos aspectos de ti misma y para sanar sentimientos latentes de vergüenza hacia ellos con el Loto sacro. Experimenta también con el uso de la Segunda piel en relación a tus ciclos y con la posesión del poder que puedes sentir mediante la sincronización de tu trabajo energético con estos ciclos.

9
Red de luz: Tus relaciones

Chakras relacionados: Todo tu cuerpo energético.

Energías: Intercambio energético en las relaciones con otras personas de tu vida.

Uso: Cortar las líneas con personas con las que necesitas dejar o disminuir la interacción energética; despejar las líneas con aquellos con los que tienes una relación de apoyo en la que, sin embargo, ha habido una alteración; activar la capacidad de abrir y cerrar líneas de apoyo.

Todos formamos parte de una red de energía. Para imaginar tu red, dedica un momento a visualizar, o incluso a dibujar si lo prefieres, lo siguiente:

- Imagínate en el centro de una serie de tres círculos concéntricos.
- En el círculo más próximo a ti coloca a las personas más cercanas de tu vida, como miembros de tu familia inmediata y amigos íntimos. Imagina que unas líneas de luz pura te conectan con cada una de estas personas, uniéndolas si tienen relaciones entre ellas.
- En el siguiente círculo imagina a esas personas con las que interactúas de forma regular, pero con las que no tienes una relación emocional o psicológica estrecha: compañeros de trabajo, vecinos, conocidos, tu médico, los profesores de tus hijos, etcétera. Ahora imagina líneas que van de ti a cada una de ellas. También puede haber líneas entre algunas de estas personas o entre personas de tu círculo interno y personas de este segundo círculo. No te preocupes por visualizar todas las líneas; visualiza líneas generales que se intersectan entre los círculos y dentro de ellos.
- Ahora imagina un tercer círculo más alejado de ti que contiene a personas de tu mundo más amplio, que puede que veas de vez en cuando, pero con las que no te relacionas de forma habitual. Pueden ser los dependientes del supermercado, el bibliotecario de la biblioteca, parientes lejanos, viejos amigos a los que no ves demasiado o amigos de amigos. No podrás tener presentes a todas estas personas, pero sí a las suficientes para poder crear un círculo robusto. Imagina líneas de luz que salen también de ti hacia estas personas. A continuación imagina, a grandes rasgos, todas las líneas que pueden existir entre estas personas y las personas de tus dos círculos anteriores.
- Aparte de esto, imagina a todas las personas del resto del mundo. Aunque es posible que tú no tengas líneas de energía con otras personas más allá de tu tercer círculo, las personas de tus

tres círculos sí las tienen. Imagina que las líneas de luz salen de cada una de ellas hacia sus propias redes de luz.

Esto se va complicando, ¿verdad? Si bien es probable que tú no tengas líneas de energía activas con toda esa gente que has imaginado, sí interactúas con todas ellas hasta cierto punto, lo que significa que existe un cierto efecto energético. Hay montones de modelos diferentes para pensar a nivel energético en nuestras relaciones y en el capítulo anterior, «La Segunda piel», nos centramos en los intercambios energéticos en persona. Sin embargo, intercambiamos energía dentro de toda nuestra red de relaciones y puede afectarnos incluso cuando no estamos en presencia de una persona. La energía de alguien de nuestra red, sobre todo de alguien de nuestro círculo interno, puede afectarnos aunque no estemos con ellos. Pensar en términos de líneas energéticas nos ayudará a visualizar estos tipos de intercambios de energía.

En el sentido en el que vamos a explorarlos aquí, las líneas de energía no son lo mismo que los cordones de energía, los contratos y otros términos que puedas haber oído. Las líneas de energía participan en los cordones y los contratos (y trabajar con la Red de luz sin duda te ayudará con esos problemas energéticos), pero no son el objetivo de este potenciador. La Red de luz es una herramienta de potenciación diaria ideada para ayudarte permanentemente a manejar de forma consciente tu energía dentro de tu red.

En concreto utilizarás la Red de luz para cortar las líneas con personas de tu pasado que ya no están en tu vida o con las que notas que tu dinámica se ha alterado. También es posible que haya gente en tu vida con la que tienes una relación continua (y/o te importe mucho), pero que haya surgido un problema. Despejarás estas líneas energéticas. Después de eso potenciarás las líneas con las personas a las que quieres y te apoyan y activarás tu capacidad para abrir y cerrar todas las líneas (sí, incluso estas), pues el intercambio de energía debería ser decisión tuya.

¿Qué significa tener una línea de energía disfuncional? En términos generales, la energía fluye en ambos sentidos; en pocas palabras, una línea es problemática para ti si interactuar con la persona te afecta de forma negativa o sientes que sus estados de ánimo o sus problemas te afectan de forma negativa aun cuando no interactuáis. Por ejemplo, digamos que tu mejor amiga está pasando por un divorcio complicado y tú quieres apoyarla, pero piensas que te estás hundiendo a nivel emocional con ella. Te sientes estresada y triste incluso cuando no estás hablando con ella, aunque no hay nada en tu vida que provoque esos sentimientos. La Segunda piel te ayudará cuando hables con ella, pero es muy probable que absorbas parte de su energía cuando no estés interactuando debido a vuestra relación existente. En este caso, despejar esa línea con la Red de luz te ayudará a redefinir la dinámica energética de la relación.

El nivel al que puede afectarte otra persona a través de una línea de energía es directamente proporcional a la intimidad de tu relación con ella. Así que el efecto de una amiga a la que ves casi todos los días puede ser el mismo que el de tu hermano, con el que tienes lazos familiares y un pasado en común, pero al que no ves a menudo. En general, quienes formen parte importante de nuestra historia, ya sea nuestra familia o compartiendo una cantidad significativa de tiempo, serán las personas cuya energía más nos afecte.

Entre las líneas de energía, los tipos más destacados son los siguientes:

- **Familia.** En esta categoría de líneas, las líneas paternofiliales son únicas; hablaremos de las líneas paternofiliales en la sección de la «Energética de la mujer».

- **Relaciones sexuales existentes.** El sexo entre personas, sin importar el género, crea un tipo de línea energética muy específica. La línea más intensa es, por supuesto, con nuestro cónyuge o amante actual, pero también podemos tener viejas líneas energéticas con personas de pasadas relaciones sexuales y románticas.

- **Otras líneas basadas en las relaciones.** Todas nuestras otras líneas con amigos y conocidos, cuya intensidad se basa en la duración de nuestra relación, nuestro nivel de intimidad emocional y la frecuencia de nuestra interacción.

Cuando interactuamos con alguien con quien tenemos una línea fuerte, nos afectará con más intensidad que una interacción con alguien a quien acabamos de conocer. Si interactuamos en persona con un desconocido que está enfadado, puedes captar esa ira, como en el ejemplo del capítulo dedicado a la Segunda piel. Pero si interactúas con tu madre por teléfono y está enfadada, aunque no sea contigo, es probable que eso tenga un impacto mayor en ti, que asumas parte de su enfado y que eso, a su vez, te afecte física, emocional o mentalmente, de forma muy similar al ejemplo del «desconocido del autobús» del capítulo anterior.

En cierto modo, pensar en términos de líneas de energía es una manera fría y técnica de abordar las relaciones. A fin de cuentas, los humanos somos intrínsecamente sociales; los intercambios de energía son normales y naturales. Hay mucho más a tener en cuenta que el hecho de si una persona te drena o te aporta energía; los sentimientos y la historia importan y la compasión es siempre la mejor elección. Trabajar con la Red de luz «no» tiene que ver con eliminar a ciertas personas de tu vida ni con limitar las interacciones con otras. Puede que no se trate en absoluto de cambiar tus relaciones desde fuera. Se trata de fortalecerte de forma consciente y de elegir dentro de la dinámica de las relaciones que tienes en la actualidad.

Con este potenciador, hemos pasado a otro nivel de trabajo energético. La Red de luz no es un chakra específico, y en los potenciadores restantes participan muchas partes del cuerpo energético. Por esa razón es irrelevante hablar de bloqueos específicos de chakras o de recuerdos de momentos en los que has podido sentir esas energías con anterioridad. Esas secciones no aparecerán en los siguientes capítulos. En su lugar nos centraremos más en la energética de la mujer.

Suki quería ayuda para sobrellevar el estrés y el insomnio que sufría a causa de los problemas a los que se enfrentaban algunos miembros de su familia. Su marido estaba trabajando en un proyecto laboral decisivo que conllevaba muchas horas y un estrés constante. El mejor amigo de su hijo de diez años se había mudado hacía poco, así que su hijo estaba solo y triste en el colegio. La madre de Suki acababa de mudarse a una residencia de ancianos, pero ahora temía que hubiera sido un error y estaba dudando de su decisión.

Suki tenía una inusual falta de equilibrio por el descontento y el estrés de todos ellos. Reconocía que ninguno de esos problemas era grave y estaba haciendo cuanto podía para apoyar a cada persona: ayudando a su marido a corregir sus escritos; organizando citas de juego para su hijo, y hablando de las opciones de su madre con ella. Pero se encontraba muy nerviosa todo el día y era incapaz de dormir por la noche, pues le daba vueltas a todas las posibilidades que escapaban a su control: ¿Y si a su marido se le estropeaba el ordenador? ¿Y si su hijo no tenía a nadie con quien jugar en el recreo? ¿Demandaría la residencia de ancianos a su madre por incumplir el contrato? Entonces su mente le daba vueltas a otras preocupaciones: ¿Había apagado la cocina? ¿Había respondido a cierto *e-mail*? ¿Parecía apático el perro? ¡Tal vez tuviera cáncer! ¡Oh, no! Su hijo se quedaría destrozado si algo le pasaba.

Y no paraba. Suki nunca había vivido nada parecido. Se consideraba una persona sosegada y pragmática en general. Por esa razón, decidí que empezaríamos con la Red de luz, ya que sospechaba que Suki estaba asumiendo el estrés y la ansiedad de cada miembro de su familia a través de sus líneas energéticas. Que tres personas de su círculo energético interior estuvieran pasando a la vez por una época estresante en sus vidas la había desbordado a nivel energético.

Nos centramos primero en su marido, después en su hijo y por último en su madre, despejando las líneas de energía de cada uno de ellos. A continuación activamos la capacidad de Suki para abrir y cerrar esas líneas de energía a voluntad. Más tarde hicimos el Cuenco raíz para aliviar la ansiedad. Le pedí a Suki que repitiera ambos ejercicios todos los días por la mañana y el Cuenco raíz de nuevo por la noche, antes de acostarse.

En nuestra siguiente sesión, Suki me contó que había tenido una notable mejoría y que estaba durmiendo mucho mejor. Cada mañana después de hacer la Red de luz se sentía muy calmada y centrada. Lo usó como su piedra angular a lo largo del día, y cuando sentía que empezaba a preocuparse demasiado por uno o por más miembros de su familia, enseguida limpiaba de nuevo la línea y activaba el Cuenco raíz a través de su memoria instantánea. Hacer esto durante una semana la había llevado a reflexionar sobre cómo veía su papel en la familia y cómo manejaba su energía con otras personas de su vida. Emprendió un trabajo personal a largo plazo para sanar algunas heridas del corazón que hacían que a veces se sintiera demasiado responsable de la felicidad de su familia y utilizó la Segunda piel con el fin de que le ayudara a mantener su integridad energética con todas las personas con quien se encontraba a lo largo del día.

Es importante reconocer que en el caso de Suki, despejar las líneas de energía con los miembros de su familia no supuso que los apoyara menos. Por el contrario, fue capaz de apoyarlos de forma más eficaz porque no estaba tan cansada. Cambiar nuestras líneas de energía tiene que ver con cuidarte, no con distanciarte de la gente ni con la falta de humanidad.

Pasos para la activación

A diferencia de otros potenciadores con los que hemos trabajado hasta ahora, no hay imágenes de chakras específicos involucrados con la Red de luz ni recuerdos de momentos en los que hayas sentido esa energía con anterioridad. Sin embargo, hay un trabajo preparatorio que tendrás que hacer. Te sugiero que la primera vez que uses la Red de luz te sientes e identifiques a tres personas: una persona de tu vida cuya línea de energía te gustaría cortar, otra persona cuya línea de energía te gustaría despejar y una tercera cuya línea de energía te gustaría potenciar y sobre la que quisieras tener más control. Echemos un vistazo a algunos ejemplos de a quién puedes incluir en cada categoría:

- *Cortar:* Un antiguo amigo o un amante con el que ya no te relacionas; alguien que sigue en tu vida, pero con el que piensas que no deberías tener una línea de energía; alguien de tu pasado en el que piensas demasiado; alguien con quien necesitas romper.
- *Despejar:* Alguien de tu apreciado círculo interno con quien ha surgido una dinámica energética disfuncional; quizá persistan sentimientos de ira o resentimiento por un conflicto pasado o por otros sucesos y te gustaría un nuevo comienzo energético.
- *Potenciar y activar:* Alguien que te apoye; un querido miembro de la familia, un mentor, un profesor o una persona a la que admires.

Con estas tres personas en mente puedes comenzar la Red de luz:

Paso 1: Como siempre, siéntate con la espalda lo más erguida posible. Respira dentro de tu cuerpo.

Paso 2: Visualiza a la primera persona, la persona con la que quieres cortar la línea. Visualízala en una esfera de energía frente a ti. Visualiza una línea de luz desde el centro de tu ombligo hasta el de ella.

Paso 3: Imagina que tus dedos son tijeras y corta la línea que hay entre tú y la persona; córtala sin más. Imagina que el final de la línea está ahora volviendo a su cuerpo. Tu extremo de la línea vuelve al tuyo. Repítelo hasta tres veces si sientes que lo necesitas.

Paso 4: Imagina que la persona con la que estás cortando la línea se desvanece en la luz. Luego inspira hondo unas cuantas veces, centrándote en tu propio chakra del ombligo, centrándote de verdad en tu propio cuerpo.

Paso 5: Ahora pasaremos a la persona con la que deseas despejar una línea. Visualiza a esta persona en una esfera de luz delante de ti. Visualiza una línea de luz desde tu chakra del corazón hasta el suyo.

Paso 6: En el centro de esta línea que os une, en el punto medio, visualiza un brillante punto de luz dorada. Ve este punto dorado propagarse hacia ambos, alargándose a medida que se acerca a vuestros corazones. Al hacerlo imagina que cualquier emoción negativa o disfunción desaparece de la línea como un residuo oscuro. Contempla esta luz dorada extenderse hasta que toda la línea que va de tu corazón al de esa persona se despeja con luz dorada.

Paso 7: Ahora imagina una pequeña puerta cerca de tu propio corazón, cerca de donde la línea entra en tu corazón. Mantén la mano frente a tu chakra del corazón (o donde sea que estés visualizando esta línea) y mueve la mano de un lado a otro como si fuera una puerta, imaginando que abres y cierras la línea. Después de visualizar esto unas cuantas veces, deja la puerta cerrada por ahora. Imagina a la persona en el otro extremo desapareciendo en la luz.

Paso 8: Ahora trabajaremos con alguien con quien quieras potenciar tu línea. Visualiza a esta persona frente a ti e imagina una línea de energía en tu plexo solar, justo debajo de tu caja torácica, entre tu chakra del ombligo y el del corazón, con una línea que va a su plexo solar.

Paso 9: Como hiciste al final del proceso de limpieza de la línea, visualiza una puerta en esta línea, cerca de tu propio cuerpo. Visualiza esta puerta abriéndose y ve toda la línea de energía iluminándose con una hermosa luz dorada. Contempla esta vibrante luz dorada fluyendo de un lado a otro de esta línea.

Paso 10: Con la mano en el lugar en el que imaginas esta puerta, imagínate ahora abriendo y cerrando la línea mientras imitas esta acción con los movimientos de la mano. Deja la puerta abierta por ahora, pero aun así imagina a la persona y su línea desapareciendo por el momento.

Paso 11: Deja todas las imágenes y pensamientos de las tres personas. Mantente centrada en su cuerpo energético y recita las afirmaciones:

Corto las líneas de energía con gente que no es saludable para mí.

Despejo las líneas de energía con personas que me importan, pero con las que ha surgido una dinámica energética problemática.

Potencio las líneas de energía con personas que me apoyan y me fortalecen. Mantengo mi propia integridad y poder energético.

Yo decido con quién y cuándo comparto o intercambio energía.

Paso 12: Puedes acabar aquí o puedes terminar activando otro potenciador. Por ejemplo, si estabas cortando una línea con alguien con quien era difícil hacerlo, activa el Fuego del ombligo. Si estabas despejando una línea que te causaba ansiedad o malestar, activa el Cuenco raíz. Si estabas potenciando una línea con alguien que amas, puedes activar la Estrella del corazón.

No te dejes atrapar por la ubicación exacta de las líneas de energía en cada paso. Para este tipo de trabajo con líneas de energía es recomendable usar las ubicaciones del ombligo, el corazón y el plexo solar que se dan en este ejemplo. En realidad tenemos múltiples puntos de entrada de energía en nuestro cuerpo con la mayoría de las personas de nuestra vida y no es necesario localizar cada uno de ellos.

Utilizar la Red de luz

La Red de luz es una herramienta energética que potencia tu capacidad de afirmar y asumir el control de tus intercambios energéticos, pero igual que con la Segunda piel, puede pasar a ser un problema si entras en la dinámica de pensar que te limitarás a cortar las líneas con alguien tan pronto sientas su negatividad y que potenciarás las líneas con las personas de las que quieres algo. Tenemos distintos tipos de intercambios con las personas de nuestra vida; podemos tener un intercambio negativo con alguien al que amamos profundamente o un intercambio positivo con un desconocido en la calle. La vida así es un perfecto caos y este potenciador no te ayudará si te conviertes en una fanática del control energético.

En nuestro día a día, es preferible utilizar la Red de luz cuando haya un problema y no debes complicar las cosas. Si hay alguien de tu pasado al que necesitas dejar marchar, corta la línea. Si hay alguien que te importa, pero entre vosotros ha surgido una dinámica complicada, despeja la línea. Cuando hay alguien con el que sientes la necesidad de controlar de manera más consciente la forma en que interactúas y/o te gustaría potenciar más interacciones positivas, afirma la línea y trabaja con la puerta. Como es natural no tienes por qué hacer los tres tipos de trabajo con líneas cada vez que actives la Red de luz. Si bien al principio puede resultar beneficioso hacerlo en un entorno controlado en casa (como sucede con todos los potenciadores), la mayoría de los casos en los que utilices este potenciador en tu vida cotidiana serán rápidos y estarán enfocados a un solo tipo de línea.

Por ejemplo, si tienes muy presente a alguien de tu pasado, pero no quieres contacto con él, puedes cortar la línea con rapidez cada vez que pienses en esa persona. Por ejemplo, exparejas románticas o amigos o familiares de los que te has distanciado y con los que no deseas volver a relacionarte. Por supuesto, es posible que tengas que hacer otro trabajo personal para curar cualquier herida emocional o duda persistente de esta relación pasada y otros potenciadores de chakras te pueden ayudar. En el momento en que pienses en esa persona, corta la línea y sigue adelante.

Un ejemplo de un buen uso cotidiano de la limpieza de líneas es cuando acabas de tener un intercambio negativo con alguien que te importa. Quizás acabes de tener una discusión con tu hija y quieres despejar la energía antes de volver a entrar en la habitación para intentar hablar con ella de nuevo. También deseas cerciorarte de que su estado de agitación no provoca tu ira. Puedes hacer el trabajo de limpieza de la línea e imaginar que estás cerrando la puerta de la energía. También puedes activar la Estrella del corazón para que te ayude a entrar en la habitación con compasión o el Cuenco raíz para calmar la ansiedad.

Cerrar una línea de energía no impide que te enfrentes al mundo con compasión. Cuando decidas cerrar la puerta de una línea, la mayoría de las veces no «absorberás nada de energía» de esa persona. Es posible que te convenga hacer eso cuando consueles a alguien para que puedas propagar desde tu corazón la compasión y el afecto que te gustaría darle sin absorber su tristeza ni su temor. Trabajar con la Red de luz tampoco reemplaza la comunicación real con las personas de tu vida. Si ha surgido una mala dinámica entre un ser querido y tú, tienes que hablarlo, y ahí la Red de luz puede contribuir a apoyarte en la conversación.

Aunque la Red de luz te será de utilidad en este tipo de situaciones cotidianas, trabajar de forma regular con ella durante un período de tiempo más amplio puede transformar tus relaciones. Una forma de hacerlo es trabajar con las líneas con todas las personas del círculo interior de tu vida y, tal vez, algunas del segundo círculo. Siéntate un día y elabora una lista de las distintas relaciones y las diferentes categorías en las que se incluyen familia, amigos, cónyuge o pareja sentimental, hijos, compañeros de trabajo, vecinos y otras relaciones. A continuación escribe cómo te gustaría trabajar con esa energía con cada uno. ¿Te gustaría cortar, despejar o abrir/cerrar esa línea? A continuación trabaja en ello durante un período de tiempo, dos o tres veces al día.

Esto es un proceso de transformación y potenciación porque genera introspección con respecto a tus relaciones. Te obliga a considerar cómo te relacionas con las personas de tu vida y de qué forma influís unos en otros. También te insta a reconocer las formas en que puedes estar aferrándote al pasado y te ayuda a dejarlo atrás. Te ayudará a identificar las conversaciones que puede ser necesario que tengas para cambiar o incluso salvar ciertas relaciones. En medio del ajetreo de nuestras vidas resulta sencillo olvidar las cosas; las relaciones pueden deteriorarse poco a poco sin que nos demos cuenta. Trabajar con la Red de luz de manera regular te puede ayudar a responsabilizarte de la calidad de tus relaciones.

Energética de la mujer: Líneas maternofiliales y líneas sexuales

Hay dos tipos de líneas de energía que son de especial relevancia para la mujer: las líneas sexuales y las líneas maternofiliales. Ambas son líneas que afectan a nuestro chakra sacro y, por lo tanto, tienen un impacto enorme en nuestro bienestar general y en el poder personal porque el chakra sacro es la sede de nuestro cuerpo energético. También puede resultar complicado hablar de ambas, pues hacerlo puede parecer una justificación de dos puntos de vista anticuados y sexistas: que las mujeres deben limitar sus parejas sexuales mientras que los hombres no tienen que hacerlo y que las mujeres deben cargar con el peso de la educación de los hijos. A estas alturas no debería haber la más mínima duda de que no apoyo ninguna de estas opiniones. La razón de que comparta esta información es que puede fortalecer a la mujer ayudándonos a entender la dinámica de nuestro cuerpo energético e influir en nuestro cuidado energético personal.

El sexo es una clase de intercambio energético único y uno de los más poderosos. A fin de cuentas puede crear vida. Pero incluso cuando no es ese el caso, es un encuentro energético entre personas que no puede darse de ninguna otra manera. Su poder es tal que prácticamente todas las religiones y tradiciones espirituales tienen algo que decir al respecto. En un extremo tenemos religiones que limitan el sexo a fines procreadores o le ponen estrictos límites morales. En el otro están las tradiciones espirituales que incorporan la sexualidad sagrada, algunas de las cuales incluso sostienen que el sexo es la experiencia espiritual más elevada que podemos tener.

La última opinión se basa en la forma en que nuestros chakras pueden abrirse y conectarse entre sí, en particular los chakras del Sendero femenino: el sacro, el del corazón y el del Tercer ojo. Como ya hemos hablado, nuestro chakra sacro atrae la energía hacia dentro y está ligado a nuestra función reproductora. Es como un terreno energéticamente fértil, que aguarda a que lo siembren, y lo que se siembra con mucha más frecuencia no es la concepción, sino las «líneas de energía sexual».

La mujer es propensa energéticamente a crear líneas con sus parejas sexuales, algo que se aplica en todas las orientaciones sexuales. Aunque es posible tener sexo sin que se forme una línea, suele pasar muy a menudo. Esta se suma a cualquier otra línea que se forme basada en las emociones de una relación. Si mantienes una relación a largo plazo es probable que también se formen líneas del corazón y líneas de poder (el ombligo) y puede que otras. Debido a que nuestro chakra sacro absorbe por naturaleza, estas líneas suelen suponer un problema más para nosotras que para los hombres porque introducimos energía de nuestras parejas sexuales a través de estas líneas, posiblemente para incluir a parejas pasadas y presentes. Y debido a que nuestro chakra sacro es la sede natural de nuestro cuerpo energético, esta energía puede sobrecargarnos. En otras palabras, nuestro cuerpo energético, y por extensión nuestro estado de conciencia, puede verse afectado de forma sutil por las emociones y el estado de nuestros amantes actuales y pasados.

No es el caso de todas las mujeres y el efecto suele ser sutil. Si tus relaciones sexuales han sido con otras mujeres, se hace más difícil distinguir el impacto. Pero si sientes que hay alguna parte de ti que se aferra a relaciones pasadas (si, por ejemplo, piensas con frecuencia en anteriores amantes) y/o sientes que tus emociones son muy erráticas y no encuentras una razón en tu vida cotidiana, puede resultarte muy útil pasar por un período de extensos cortes de líneas con todas tus antiguas parejas sexuales. Te ayudará a limpiar tu chakra sacro de cualquier línea restante. También puede ayudarte a recuperar la energía perdida en esos encuentros, cualquier energía que hayas entregado en una relación y que no hayas recuperado como propia.

Al igual que la sensibilidad, las líneas sacras sexuales tienen un lado positivo. En una relación sana y comprometida, la línea del sacro con nuestra pareja forma parte de lo que hace posible la sexualidad sagrada y la satisfacción sexual para ambos. También suele ser el pilar de una relación amorosa positiva; como terreno energético fértil, las raíces pueden florecer en nuestro sacro. Esto no quiere decir que solo debas tener sexo en una relación comprometida, solo significa que debes ser consciente de lo que estás haciendo. Si no se trata de una relación a largo plazo, corta la línea.

Otro tipo de línea específica del chakra sacro de la mujer y que también hay que manejar bien es la línea maternofilial. Esta es una línea particular entre el chakra sacro de una madre biológica y el chakra del ombligo de sus hijos; se asemeja al cordón umbilical físico. Si una madre biológica cría a su hijo, esta línea de energía se extiende a lo largo de la vida de la madre, aunque cambie con el tiempo, a medida que el hijo se vaya haciendo independiente. Si un hijo es dado en adopción, esta línea se desvanece y se forman nuevas líneas con los padres adoptivos. Todos los padres forjan líneas de energía con sus hijos, y de hecho mucho de lo que voy a decir sobre las líneas de energía maternofiliales se puede aplicar a todas las líneas paternas. Sin embargo, los padres tienden a forjar líneas del corazón, no sacras, mientras que las madres forjan ambas.

El principal objetivo de la línea energética maternofilial es que la madre ayude al bebé con su propia energía cuando sea necesario; ante todo, tiene que ser una línea saliente para la madre. Utilizamos esta línea de forma natural para enviar energía a nuestro hijo cuando está enfermo o disgustado. Aun así, a medida que el niño crece, la cantidad de energía que la madre aporta de esta forma debe menguar, ya que su hijo debe aumentar su independencia energética junto con su independencia física. Los problemas surgen cuando una madre intenta retener o controlar a su hijo a través de esta línea o no lo dejar ir cuando debería.

Aunque la creciente independencia energética del niño se produce de forma gradual y es ligeramente diferente con cada hijo, igual que el desarrollo físico y psicológico, hay ciertos puntos de referencia. Durante los primeros tres a seis meses, a veces denominados «cuarto trimestre», la conexión energética entre madre e hijo es especialmente intensa. El primer gran paso hacia la independencia energética se produce en torno a los seis meses de edad. Después tiene lugar otro gran cambio alrededor de los dieciocho meses y de nuevo a los tres años. A los seis y a los doce años se producen más grandes cambios; de hecho, después de los doce años, esta línea en particular debería estar casi cerrada en su función de apoyo inicial.

En la edad adulta debería haber una independencia energética completa. Todavía puede haber una línea fuerte entre madre e hijo, pero ahora debe basarse en la línea del corazón, no en la línea del sacro. Si no soltamos lo suficiente, nuestro hijo jamás conseguirá esa independencia energética. Por otro lado, si no aceptamos esta dependencia energética cuando nuestro hijo es joven, puede que no sienta que recibe de nosotras la energía necesaria. Por lo tanto, es importante aceptar esta línea y equilibrar tus propias necesidades energéticas con las de tu hijo.

Muchas mujeres de hoy en día se sienten desbordadas por esta línea cuando tienen hijos por primera vez, sobre todo si tienen hijos más tarde (como fue mi caso) y, por lo tanto, han disfrutado más tiempo en su vida de su propia integridad energética. Es importante reconocer que esta línea se debilitará con el tiempo y que puede verse aumentada por otras personas. Aunque puede parecer así a veces, eso *no* significa que tengas que estar con tus hijos a todas horas ni que nadie más pueda cubrir sus necesidades. Algunas mujeres sienten esta línea con tanta intensidad que terminan impidiendo que otros, incluso sus parejas, ayuden con el cuidado o el apoyo energético a sus hijos. Tienes que ser muy consciente de cómo funciona esta línea, pedir ayuda y, por supuesto, comprometerte con el cuidado personal.

En el cuidado personal es donde interviene la Red de luz. Puedes y debes despejar las líneas con tus hijos cuando sea necesario y trabajar con el potenciador para abrir y cerrar la puerta. Deberías ser capaz de cerrar esta puerta cuando estás especialmente exhausta o cuando tus hijos dependan demasiado de ti. Despejar las líneas no impide que los quieras y los cuides, pues eso sale de tu corazón, no de tu sacro. También hay ocasiones en las que es posible que quieras potenciar y afirmar la apertura de la puerta, por ejemplo, si tu hijo está lejos de casa por primera vez y estás nerviosa. Y si trabajas con la Red de luz desde que tus hijos son pequeños, estarás en sintonía con ella cuando sean adolescentes y la puerta se esté cerrando. Ese es el momento de dejarlo marchar en ese nivel y de permitir que vuestra relación cambie.

Hay situaciones en las que puede que también te convenga trabajar con la Red de luz en referencia a esta línea de energía con tu propia madre. Si sientes que no te ha dejado marchar y que pretende controlarte de alguna manera que no sea sana, cortar esa línea puede ayudarte. Por supuesto, forjamos otras líneas con nuestra madre, y si mantienes una relación con ella, puede que necesites despejar también esas líneas.

Marley estaba intentando dar la vuelta a su vida después de una serie de relaciones abusivas. Criada por una madre negligente y alcohólica y un padre ausente, Marley había recurrido a los chicos en su adolescencia como sustituto del amor. Aprendió de joven que podía utilizar el sexo como medio para llamar la atención de los chicos, y aunque anhelaba que surgiera un verdadero afecto a partir del sexo, a menudo la utilizaban una temporada y después la ignoraban. Al final de su adolescencia consiguió lo que quería: un novio. Se fue a vivir con él, pero no tardó en descubrir que era un maltratador físico. Estuvo atrapada con él durante dos años, hasta que le dejó después de una agresión especialmente grave. Entonces se buscó un nuevo novio más mayor, que pensó que era diferente, pero que resultó ser también un maltratador físico.

Por suerte para Marley, encontró ayuda en un refugio para víctimas de violencia doméstica después de abandonar a su segundo novio y allí empezó a recibir el apoyo que le cambió la vida. Cuando la conocí llevaba un año en terapia, tenía un empleo y empezaba a ir a clases nocturnas. Se sentía preparada para empezar a conocer hombres de nuevo, pero le aterraba repetir el mismo patrón. Era muy intuitiva y quería recibir ayuda energética además del apoyo de la terapia.

Empezamos con un trabajo intensivo con la Red de luz. Marley elaboró una lista de todas las parejas sexuales que podía recordar, remontándose a su primer encuentro a los catorce años. La guie mientras cortaba las líneas con los tres primeros jóvenes de su lista y después hicimos el Cuenco raíz y el Fuego del ombligo. Le pedí que continuara sola con el resto de su lista hasta las dos largas relaciones de abusos, que hicimos juntas. Le pedí que siempre hiciera el Cuenco raíz y el Fuego del ombligo después y que parara si el trabajo diario se le hacía agotador. También le dije que parara si cortar una línea en particular le provocaba algún recuerdo angustioso.

Por el contrario, a Marley le encantó el trabajo diario, pues sentía que estaba recuperando su pasado. A menudo enviaba energía curativa a su yo más joven a través de la visualización, algo que había estado haciendo en terapia. Hubo un par de cortes de línea emocionales, pues recordó encuentros sexuales que fueron agresiones, aunque en su momento no los reconoció como tales. Sin embargo, no se sintió desbordada por estos recuerdos, solo compasión por su yo más joven.

A continuación, Marley y yo realizamos sesiones más largas para cortar las líneas con sus dos novios maltratadores. Se concentró en deshacerse de ellos, sintiendo que, sin duda, ya formaban parte de su pasado. También sintió la necesidad de cortar la línea con su madre, que ya no estaba en su vida. Después de esto comenzamos a trabajar con otros potenciadores de chakras para respaldar la transformación de Marley, incluyendo la forja de una nueva red de apoyo para ella y fortalecerla para que imaginara una nueva vida. Aunque decidió no salir con hombres durante un tiempo, continuó yendo a clases nocturnas, hizo nuevos amigos y comenzó a sentar las bases para un nuevo futuro más positivo.

Marley pudo realizar un trabajo intensivo de corte de líneas porque tuvo mucho apoyo de su terapeuta y de mí. Si bien algunas mujeres pueden trabajar en esto ellas solas, es importante que no te agobies. Si estás cortando líneas con personas que abusaron de ti, puede que necesites apoyo emocional extra. Cortar líneas no consiste en recuperar recuerdos, pero a veces sucede, y querrás tener apoyo si es así. Aunque creo en nuestra capacidad para curarnos a nosotras mismas y pienso que la mayoría tenemos mucha más capacidad a este respecto de lo que imaginamos, también sé que muchas de nosotras no podemos hacerlo solas. Respeta tus necesidades.

Curación de traumas sexuales: Asumir el control de tu energía

El trabajo con las líneas de energía mediante la Red de luz puede ser una parte muy útil de la curación de los abusos y las agresiones sexuales. En primer lugar, trabajar con la red en situaciones cotidianas puede ayudarte a reclamar tu sentido de los límites (lo mismo que con la Segunda piel) y fortalecer tu creencia interna de que tienes derecho a controlar las energías que entran en tu cuerpo energético. Es fácil decir que crees en esto, pero asumir el control con el uso de estos potenciadores te ayudará a alinear tu cuerpo sutil y tu subconsciente con tus afirmaciones.

Si sufriste abusos de niña, puede que sientas la necesidad de cortar líneas con miembros de la familia que no te protegieron o no te creyeron y es, por lo tanto, mejor para ti no verles ni hablar más con ellos. Tanto si el trauma lo sufriste cuando eras niña como si fue de adulta, es probable que haya otras personas en tu vida que no te apoyaron y que, como parte de tu curación, crees que debes eliminar de tu vida. Si ese es el caso, cortar líneas para afirmar eso puede resultar útil. También puede ser de utilidad trabajar para despejar las líneas con las personas con las que todavía te relacionas, pero que parecen incapaces de entender lo que has pasado y darte su apoyo. Nada de esto sustituye a la comunicación ni hay ninguna garantía de que te ayude a cambiar la dinámica entre vosotros. Aunque nada cambie, has de saber que puede ayudar a que te sientas más tranquila con el estado de la relación y a reducir el efecto negativo que tiene en ti. Con suerte, también tienes en tu vida a personas solidarias que te ayudan a sanar. Si ese es el caso, tal vez quieras potenciar y afirmar esas líneas.

Llegamos ahora a las grandes preguntas que muchas supervivientes de traumas sexuales se hacen: ¿Tengo aún una línea de energía con mi agresor? ¿Puede seguir afectándome? ¿Tengo que cortar esta línea?

Las respuestas varían. Cortamos líneas de forma indirecta en todo momento mediante otras modalidades de curación. Si tuviste una línea es muy posible que ya la hayas cortado mediante la terapia u otro proceso de recuperación que hayas realizado. No siempre es necesario o aconsejable hacerlo a través de un potenciador explícito como la Red de luz. A algunas supervivientes les puede resultar demasiado traumático hacerlo: tal vez te hayas esforzado mucho para dejar de pensar en tu agresor y recrear una imagen de él para cortar la línea solo hará que retrocedas, no que avances, en tu proceso de curación. En este caso, no lo hagas. Si has dejado de pensar en tu agresor tanto como antes, ya has cortado (o estás en proceso de hacerlo) la línea a través de tus otros medios de recuperación. No hay razón para que comiences con este método.

Por otro lado, a muchas supervivientes les resulta fortalecedor cortar líneas. Es muy probable que necesites apoyo si decides hacerlo. Puede que quieras comenzar en compañía de una amiga, un terapeuta o un sanador. Recuerda que no hay un ejercicio de memoria y que «ni siquiera» necesitas visualizar a tu agresor si no lo deseas (en algunos casos puede que ni sepas qué aspecto tiene). Puedes imaginar una negra figura que represente su energía en tu vida. A continuación, corta esa línea. Hazlo múltiples veces y ve desaparecer esa figura. Ha desaparecido de tu vida y de tu mente. Si quieres, afirma esto ante ti misma recitando: «No tengo ninguna línea de energía contigo. No influyes en mí de ninguna forma. Mi vida es mía».

Este ejercicio puede ser una parte muy poderosa para recuperar tu vida y tu poder. Una parte de pasar de «víctima a superviviente y a prosperar» (un lema muy popular del #MeToo) es llegar a un punto en el que el abuso o la agresión sea simplemente parte de tu historia. Te ha moldeado, pero a través de tu proceso de recuperación ya no tienes la sensación de que te define ni te acompaña. No es algo que puedas forzar, pero ocurrirá a medida que trabajes para recuperarte. Trabajar con la Red de luz para dejar atrás tu pasado y asumir el control de tu actual energía puede ser una parte importante para ayudarte a conseguirlo.

10

Los Rayos sanadores: Tu luz restauradora

Chakras relacionados: Tu segundo chakra (sacro), tu cuarto chakra (corazón) y el chakra de la palma.

Energías: Curar, aliviar, calmar, regenerar, liberar, disolver, fortalecer la inmunidad.

Uso: Acelerar la curación de tu cuerpo, complementar otros métodos de curación, incluyendo la sanación emocional.

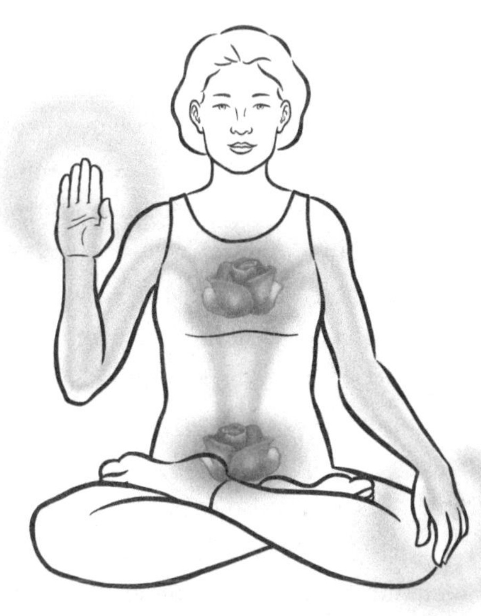

Toda curación es autocurativa. Cualquier medicamento que tomes o procedimiento que sigas tienen como finalidad ayudar a tu cuerpo a recuperar la salud. Tomar ibuprofeno para un esguince de tobillo no cura el tejido dañado, sino que reduce la inflamación y el dolor, lo cual ayuda a la capacidad de sanar de tu cuerpo. Tomar antibiótico mata las bacterias que te hacen enfermar, pero tu propio cuerpo tiene que tomar las riendas y restablecer el equilibrio entre los microbios de tu cuerpo y curar cualquier daño del tejido resultante de la infección. Si te operas para extirpar un tumor, tu cuerpo tiene que sanar el órgano u órganos afectados y volver a unir la piel de la incisión. Si te recolocan un hueso que te has fracturado, el cuerpo tiene que crear hueso nuevo en el lugar de la fractura.

Aunque los métodos orientales, holísticos y alternativos difieren en el enfoque, es igualmente cierto que están ideados para ayudar al proceso natural de curación de tu cuerpo. Podrías tomar jengibre y cúrcuma en vez de ibuprofeno para reducir la inflamación de ese tobillo torcido, pero de todas formas tu cuerpo tiene que regenerar las células para curar el tejido. Puedes someterte a acupuntura para reequilibrar las energías de tu cuerpo, tomar suplementos para reforzar el sistema inmunológico o recibir un tratamiento de reiki después de una operación y todo ello puede ayudarte a sanar, es decir, ayudarán a tu cuerpo mientras lleva a cabo la curación a nivel celular.

Tu cuerpo es una maravillosa máquina de curar. Se regenera y repara. Cuando estamos enfermos o heridos tenemos muchos métodos a los que recurrir en busca de ayuda. Dado que nuestro cuerpo físico y energético están entrelazados, ¿qué podemos hacer a nivel energético para ayudar al cuerpo físico en este proceso? Este es el objetivo de los Rayos sanadores. Te ayudan a recurrir al aspecto regenerativo de tu chakra sacro y al aspecto calmante de tu chakra del corazón para apoyar las habilidades curativas naturales de tu cuerpo.

Los rayos curativos no son medicina energética. Hay muchas formas de medicina energética y te animo a que encuentres un curandero energético para complementar tus otros cuidados médicos si tienes un problema de salud. Fíjate que digo «complementar»; creo que la medicina energética, los tratamientos holísticos y los tratamientos médicos alternativos se deberían utilizar en combinación con la medicina convencional en la mayoría de los casos. Por supuesto, hay dolencias que se pueden tratar por completo con métodos energéticos, holísticos o alternativos. La mayoría de las veces te beneficiarás al encontrar la combinación correcta de ambos y los Rayos sanadores no están destinados a reemplazar ninguna de ellas.

Ahora que he finiquitado el asunto del descargo de responsabilidad y entiendes lo que *no* son los Rayos curativos, podemos hablar de lo que *sí* son. Por un lado, a la mujer suele dársele especialmente bien el uso de esta herramienta curativa porque recurre a los chakras sacro y del corazón, que son parte de nuestro Sendero femenino. Como sabes, el chakra sacro es, entre otras cosas, energía procreadora. Es la energía de la creatividad, de la creación, en todas sus formas, incluyendo la energía reproductiva que crea y fomenta la vida. En este aspecto es la energía vinculada a la creación de nuevas células y a la regeneración y la reparación celular. Gracias a estas funciones celulares, las nuevas células epiteliales se regeneran para curar un corte, unir de nuevo la fractura de un hueso o se repara el tejido dañado.

El chakra del corazón es nuestro punto de equilibrio y genera una energía que ayuda a restaurar el equilibrio a todos los aspectos de nuestra mente y nuestro cuerpo. Muchas enfermedades están causadas por un desequilibrio en nuestro sistema; un desequilibrio entre los microbios de nuestro cuerpo, nuestras hormonas, nuestra glándula endocrina o nuestras encimas. La curación consiste muy a menudo en devolver el equilibrio a nuestro sistema. El chakra del corazón es también nuestro centro de energía nutritiva, calmante y tranquilizadora. Estas energías fomentan nuestra capacidad de sanar al reducir los niveles de estrés, ya que una cantidad elevada de hormonas de estrés puede inhibir la curación.

Con los Rayos sanadores combinamos las energías regeneradoras de nuestro chakra sacro con las energías equilibrantes, calmantes y nutritivas de nuestro chakra del corazón. Hasta cierto punto, muchos hacemos esto de forma instintiva cuando estamos enfermos. Si te resfrías y te pones cómoda con una taza de sopa caliente, tu libro favorito y un baño, estás creando una energía acogedora como un nido que te mira hacia el interior y fomenta tu proceso de curación. Puedes estar generando de forma natural las energías de tu chakra sacro y del corazón en este caso (y esto es un recuerdo que puedes usar para generar estas energías de nuevo en los pasos para la activación).

Con los Rayos sanadores estamos haciendo esto de una manera más deliberada y le añadimos el chakra de la palma para canalizar la curación de un modo más específico. Situados en las palmas de ambas manos, estos chakras son parte de la red de chakras secundaria y más amplia en varios sistemas de chakras. Los chakras de las palmas son otro centro de energía que aparece en muchas láminas en todo el mundo y que está vinculado a la curación. El reiki, la curación a través de la fe y la sanación mediante el contacto son ejemplos de modalidades curativas que recurren a los centros de las palmas. Con los Rayos sanadores utilizaremos los chakras de las palmas para canalizar las energías que generas en los chakras sacro y del corazón hacia la parte de tu cuerpo que más necesita curarse. Puede que no tengas ni desees hacer eso, en cuyo caso puedes limitarte a generar las energías sanadoras del sacro y del corazón sin canalizarlas y permitir que colmen todo tu cuerpo.

Además de usar los Rayos sanadores para fomentar la curación física, también puedes usarlos para fomentar la sanación emocional, fijándote en qué lugar de tu cuerpo sientes una emoción exigente como la ira, el miedo o la vergüenza. Hablaremos más sobre ello en la sección dedicada a la «Utilización de los Rayos sanadores» de este capítulo. Como es natural, así como los Rayos curativos están destinados a aumentar, no a reemplazar, la atención médica física, también están destinados a aumentar, no a sustituir, la atención a la salud mental y la terapia. La finalidad de los Rayos sanadores no es la de ser un potenciador curativo parausar con los demás, como todos los potenciadores de este libro, sino que su finalidad es fortalecerte en tu vida cotidiana y en tu crecimiento. Utilizarlos forma parte de reclamar las vastas reservas de poder natural y las capacidades energéticas que tienes a tu disposición.

Linda acababa de descubrir que se enfrentaba a dos operaciones de rodilla, una después de otra, con meses de terapia física posterior entre ambas. Debido a un problema cardíaco, iba a estar en el hospital y en un centro de rehabilitación la mayor parte del tiempo. Si bien había investigado mucho y había decidido que era la mejor opción de cara a su futura movilidad, temía todo el tiempo que iba a pasar en el hospital y en el centro de rehabilitación; en estancias anteriores encontró el ambiente muy poco propicio para la recuperación. El ruido, la decoración, las constantes perturbaciones; lo consideraba la antítesis de la comodidad.

Linda también estaba preocupada por el avance de su recuperación. Quería saber cómo podía fomentarla de forma energética. Hablamos mucho de los métodos que podría utilizar para hacer que las habitaciones del hospital y del centro rehabilitador fueran más propicias para la recuperación, incluyendo llevarse música, ropa de cama y artículos de uso personal de su casa. También hablamos de la meditación para controlar el estrés y de medios alternativos, como los aceites esenciales, que podía usar el tiempo que estuviera allí. Pero a nivel energético nos centramos en ayudar a Linda a activar de verdad los Rayos sanadores, para que sintiera que podía generar esta energía aun cuando el entorno no fuera necesariamente propicio para ello.

Linda pudo practicar con los Rayos curativos a diario durante tres semanas antes de su primera operación. En casa lo practicó en su espacio acogedor, que había creado para tal fin, lleno de cosas que le resultaban equilibrantes, relajantes y tranquilizadoras. Recurrió a los recuerdos de momentos pasados en la naturaleza, cuando sintió que los aspectos equilibrantes y tranquilizadores de sus chakras se activaban por sí mismos.

Después de la operación, Linda practicó en cuanto pudo con los Rayos sanadores enfocados en su rodilla y procuró hacerlo al menos dos veces al día. A lo largo del día activaba también la energía de los Rayos sanadores y se mantenía ahí durante un rato, sin canalizar nada hacia su rodilla, para calmarse y equilibrarse. Linda contaba con otros potenciadores de chakras con los que habíamos trabajado para prepararla y cambiar de uno a otro cuando era necesario. Por ejemplo, utilizaba el Cuenco raíz para calmar la ansiedad después de la operación, la Matriz de la garganta para afirmar su asertividad cuando hablaba con su médico y el Fuego del ombligo cuando necesitaba recurrir a su determinación en la terapia física.

Por encima de todo, los Rayos sanadores fueron la energía con la que Linda más deseó conectar y sintió que se convirtió en un estado predeterminado para ella durante su proceso de recuperación. Superó con gran éxito las operaciones y la rehabilitación y recuperó toda la movilidad. Creía que todos los potenciadores energéticos la habían ayudado y que pasar tanto tiempo con los Rayos sanadores en particular había cambiado su energía para siempre. Descubrió que podía recurrir a ellos enseguida, en cuanto empezaba a sentirse estresada o tenía un leve dolor de cabeza o de estómago, y revertir el malestar casi de inmediato.

La historia de Linda demuestra cómo puedes hacer uso de múltiples potenciadores en una situación dada. Por supuesto, no siempre puedes realizar todo el proceso de activación y será necesario que lo hagas una vez te hayas tomado el tiempo para familiarizarte con cada potenciador en casa. El aspecto más importante en cada caso es la sensación; en el caso de Linda, puso especial atención en cultivar esta sensación creando un espacio personalizado en su casa en el que practicar con los Rayos sanadores. Al final esto terminó siendo para ella mucho más que una ayuda para sanar; le abrió la puerta a toda una nueva forma de habitar su cuerpo.

Pasos para la activación

Debido a que este potenciador se basa en tus energías de fortalecimiento y bienestar, resulta útil practicarlo en un entorno fortalecedor y acogedor. Siéntate en una zona de tu casa que sea muy «tuya». Puedes encender velas, incienso o poner flores en este espacio, lo que te ayude a sentirte segura y cómoda. Arrópate con tu manta favorita o siéntate en tu silla preferida. Una vez seas experta generando los Rayos sanadores serás capaz de hacerlo en cualquier parte y a menudo puede ser en lugares que no sientes que sean fortalecedores, como en el caso de Linda.

Es posible que también quieras tener presente tus recuerdos de los momentos en que has sentido con anterioridad las energías del Loto sacro y la Estrella del corazón. Céntrate sobre todo en los recuerdos de las energías regeneradoras y reparadoras de tu centro sacro y en las energías calmantes y fortalecedoras del corazón. Estos recuerdos pueden serte útiles a la hora de generar las energías necesarias para los Rayos sanadores.

Ten en cuenta que, si solo intentas calmarte, puedes saltarte los pasos del cinco al siete y mantenerte en el cuatro tanto tiempo como quieras. Si lo que quieres es llevar los Rayos sanadores a partes concretas de tu cuerpo, continúa con todos los pasos.

Paso 1: Siéntate cómodamente, fíjate en tu entorno y respira hondo para centrarte.

Paso 2: En la ubicación de tu chakra sacro, en lugar de un loto, visualiza una hermosa rosa abierta del color del atardecer. Esta rosa emite luz de color rosa, amarillo y coral. Siéntate un rato y siente esta hermosa y delicada rosa y estos rayos del atardecer en tu centro sacro.

Paso 3: Imagina que estos rayos de luz rosada, amarillos y coral ascienden hasta tu chakra del corazón, donde crean otra rosa formada por luz de los mismos colores. Visualiza esta hermosa rosa en el centro de tu corazón. Contempla y siente la suave pero poderosa conexión entre estos dos centros.

Paso 4: Cultiva la sensación de las energías regenerativas y reparadoras de tu sacro y las energías calmantes y fortalecedoras de tu corazón. Usa si quieres los recuerdos de los momentos en que has sentido esto antes. Tómate tu tiempo para recrear la sensación de estos dos chakras generando estas energías en concreto.

Estar sentada así es curativo en sí mismo. Unir estos dos centros puede originar una gran sensación de felicidad y bienestar. Si quieres, puedes parar aquí e imaginar que esta luz llena todo tu cuerpo durante el tiempo que quieras. Puedes tomar una instantánea mental de esta sensación para utilizarla rápidamente en otro momento y continuar con las afirmaciones del paso 8.

Paso 5: Si vas a pasar a dirigir esta luz, visualiza estos rayos de luz rosa, amarilla y coral saliendo de tu corazón hacia cada brazo hasta llegar a las palmas de tus manos. Tómate un momento para visualizar y sentir los rayos de luz amarilla, rosa y coral brotando de las palmas de las manos. Si quieres puedes mantener las palmas de las manos a unos cinco centímetros una de la otra mientras imaginas que sujetas una bola de luz de esos colores. Asegúrate de mantener la imagen y la sensación de que esta energía proviene tanto de tu sacro como de tu corazón. A veces, imaginar que sujetas esta bola de luz te ayudará a conectar de verdad con la luz que emana de tu sacro y de tu corazón dentro y fuera de tus manos.

Paso 6: Coloca las manos, una o ambas, delante de la parte de tu cuerpo en la que quieres enfocar esta luz curativa. Por ejemplo, si te duele la cabeza, mantén tus manos a cinco centímetros delante o encima de donde sientes el dolor. Si tienes la nariz congestionada, pon las manos delante de la nariz o sobre los conductos nasales. Si tienes dolor de estómago, mantén las manos delante de donde más te duele. Si estás trabajando para fomentar la curación de una lesión que no te duele en este momento (por ejemplo, una articulación dañada), dirige los rayos al punto en que el dolor es más intenso cuando lo sientas. Si estás trabajando en una herida emocional (que se trata en la siguiente sección), mantén las manos en el lugar donde más sientas la emoción implicada.

Paso 7: Imagina los rayos de luz amarillos, rosados y corales fluyendo de tu sacro y del corazón, bajando por los brazos, saliendo por las palmas de las manos y entrando en el área en la que estás concentrada. El suministro de esta energía es ilimitado, proveniente del núcleo interno de los chakras sacro y del corazón, así que este flujo no te agota. Al contrario, te sientes fortalecida, calmada y feliz. Quédate sentada con esta imagen y con esta sensación tanto tiempo como quieras.

Paso 8: Cuando estés lista para dejar de dirigir los rayos, imagina que la luz que fluye por tus brazos hacia tus palmas ha cesado, dejando solo la rosa del sacro y la del corazón conectadas. Toma una instantánea mental de tus sentimientos. A continuación afirma tus capacidades de autocuración:

Me estoy curando a mí misma.
Me tranquilizo, me fortalezco y me cuido.
Mi capacidad de curar es ilimitada.
Descanso en la felicidad y el amor propio.

Paso 9: Cuando termines disuelve la luz llevándola de las palmas de tus manos a tu corazón y después de tu corazón a tu sacro, y siéntate en silencio y de forma cómoda durante un rato.

Utilizar los Rayos sanadores

El modo más sencillo de usar los Rayos sanadores es con pequeñas dolencias cotidianas, encauzando los Rayos hacia la parte del cuerpo en la que experimentas el malestar. Así que si tienes jaqueca, dolor de estómago, garganta irritada o dolor muscular, coloca las manos justo delante de la fuente del dolor en cada caso. Asegúrate de tomarte el tiempo necesario para generar primero en su totalidad las imágenes y las energías de los chakras sacro y del corazón antes de canalizar los Rayos mediante tus manos. Como siempre, una vez seas diestra en esto, podrás invocar el potenciador rápidamente con tu memoria instantánea.

Si tienes una infección viral o bacteriana (por ejemplo, un resfriado o un virus estomacal), hay dos formas diferentes de trabajar con los Rayos sanadores. Puedes enfocar los Rayos de forma directa sobre la zona donde más malestar sientas, como una nariz congestionada o un colon irritado, o puedes mantenerte en el paso cuatro, empapándote de las energías equilibrantes y fortalecedoras a fin de fomentar la capacidad de tu cuerpo de restaurar su equilibrio interno.

Los Rayos sanadores también se pueden usar junto con el Cuenco raíz para estimular el sistema inmunológico, ya que el chakra raíz está ligado a nuestra inmunidad. Para ello, primero debes activar el Cuenco raíz, después los Rayos sanadores y descansar en las energías del paso 4. Puede que quieras combinar los Rayos sanadores con otros potenciadores, en la medida en que sientas que tu dolencia tiene un componente emocional o mental. Por ejemplo, si está relacionada con el estrés, también puedes usar el Cuenco raíz; si enfermas después de una ruptura, quizá necesites un poco de la Estrella del corazón; si tienes dolor de cabeza y te sientes agitada, tal vez necesites el Fuego del ombligo. Las combinaciones son infinitas y el objetivo de los potenciadores de chakras es que sepas de forma intuitiva lo que necesitas la mayor parte del tiempo y puedas proporcionártelo tú misma.

Considera ahora la conexión mente-cuerpo y la curación emocional. Muchas dolencias tienen un componente emocional, y dado que nuestro cuerpo energético proporciona un vínculo entre nuestro ser físico y emocional, todos los potenciadores de chakras pueden también contribuir a la curación física. Muchas mujeres descubren que las dolencias físicas que las han perseguido durante años empezarán a disiparse cuando trabajan a largo plazo con un chakra para sanar un problema más profundo. También puedes usar los Rayos sanadores junto con otro potenciador como parte de un proceso de curación emocional en curso.

Para ello tendrás que desarrollar tu conciencia somática; la conciencia de dónde sientes determinadas emociones en tu cuerpo. En concreto las emociones con las que estás trabajando, por ejemplo, puedes trabajar a largo plazo con el Cuenco raíz para la ansiedad o con la Estrella del corazón para la baja autoestima. Aunque estas emociones están ligadas a los chakras asociados en lo que a bloqueos energéticos se refiere, no se sienten necesariamente en las partes del cuerpo físico que están cerca de ese chakra en cuestión. Puedes experimentar la ansiedad como mariposas en el estómago, la ira como tensión en la mandíbula, la vergüenza como un encogimiento en el estómago o la falta de autoestima como un nudo en la garganta.

También puedes experimentar estas emociones a nivel energético: tal vez sientas la ira como una niebla negra y densa en la garganta o la vergüenza como una gran bola verde en el pecho. Las sensaciones y la conciencia somáticas son muy individuales. Puede que te lleve tiempo sintonizar con esto, sobre todo si tienes algún patrón de disociación con tu cuerpo. Muchas modalidades curativas se centran de manera específica en la conciencia somática como punto de partida; si te encuentras con esto, te animo a que lo examines (y si sientes que tienes tendencias disociativas, el trabajo somático te será muy beneficioso).

Para trabajar con los Rayos curativos a este respecto, tómate un momento para evocar un recuerdo relacionado; una situación en la que sintieras la emoción con la que te gustaría trabajar. No revivas todo el recuerdo, evoca solo lo suficiente para provocar la emoción. A continuación, sintoniza con el lugar de tu cuerpo en el que sientes con más intensidad la energía relacionada. Activa los Rayos sanadores y a través de tus manos dirígelos hacia esa parte del cuerpo. Si combinas tu trabajo con el trabajo con otro potenciador, evoca primero el recuerdo somático, después activa los Rayos sanadores y por último activa el potenciador de chakras que te parezca que está ligado de forma más estrecha al patrón emocional con el que estés trabajando.

Da igual cómo estés trabajando con los Rayos sanadores, lo importante es que no te culpes por estar enfermo o por no recuperarte tanto como desearías. Culparse a uno mismo suele ser un efecto secundario perjudicial de buscar ayuda mental-corporal. Si empiezas a pensar: «No debo haber meditado lo suficiente», «No he tomado suficientes alimentos orgánicos» o «No he tomado los suplementos adecuados», has caído en la trampa. La vida y las fuerzas que la impulsan superan a nuestro entendimiento y no hay sistema de curación capaz de explicarlo todo. Pese a que no podemos controlar cada aspecto de nuestra salud, hay mucho que podemos hacer para mejorar nuestro bienestar, retrasar nuestro envejecimiento y reducir las probabilidades de contraer una enfermedad grave. Utilizar los Rayos sanadores puede ser una pieza de este rompecabezas para ti.

Energética de la mujer: El cuidado personal

Como ya se ha mencionado, los Rayos sanadores pueden ser un potenciador de especial utilidad para la mujer porque hace uso del chakra sacro y del chakra del corazón, aunque si tienes bloqueos en esos dos chakras, puede resultarte difícil acceder a esta energía. En ese caso, los Rayos sanadores pueden ser un potenciador complementario para ayudarte a aflorar estas energías mientras trabajas también con el Loto sacro y la Estrella del corazón (del mismo modo que la Segunda piel puede ser de ayuda cuando trabajas con el Cuenco raíz y el Fuego del ombligo). Por otra parte, si te resulta fácil activar los Rayos sanadores, tal vez quieras probar a entrenar con otras modalidades de curación energética.

Para muchas mujeres, los Rayos sanadores se convierten en un potenciador para el consuelo y el cuidado personal. Si tienes la costumbre de trabajar hasta la extenuación y de poner en primer lugar a todos los demás, trabajar con los Rayos sanadores te proporcionará un tiempo revitalizador muy necesario (¡y, por supuesto, también lo hará trabajar con esos patrones mediante otros potenciadores!). Aunque no orientes estas energías, el solo hecho de activarlas ya es curativo y fortalecedor.

Aunque no recomiendo el uso de los Rayos sanadores en otras personas; la única excepción es si eres madre o estás al cuidado de un bebé o de niños pequeños. La energía de los Rayos sanadores es una variante de las energías del chakra del corazón y del chakra sacro que generamos por instinto hacia los niños pequeños cuando estamos forjando un vínculo afectivo con ellos o cuando los tenemos en nuestro regazo. Cuando les duele la tripa o la cabeza, puedes canalizar los Rayos sanadores hacia su cuerpo (por supuesto, esto jamás sustituye a la atención médica). La razón principal por la que no recomiendo usar los Rayos sanadores con otras personas es que resulta complicado canalizar la energía curativa hacia alguien sin absorber la energía de esa persona. Cuando los hijos obtienen la independencia energética pasan también a formar parte de esta categoría. Como precaución, a menos que sientas que tienes unos límites bien establecidos o que te hayas formado en otras modalidades curativas, reserva los Rayos sanadores para tu exclusivo cuidado.

Debido a su vinculación con nuestro Sendero femenino, los Rayos sanadores pueden ser un complemento muy eficaz a los tratamientos médicos para cuestiones relacionadas con la reproducción, como quistes ováricos, fibromas uterinos, endometriosis y abortos naturales.

Nima fue agredida sexualmente de adolescente y otra vez con veinte años. Aunque nunca habló de la agresión sufrida en el instituto, denunció la agresión posterior, pero nunca acusaron al agresor. El proceso de investigación fue agotador y degradante, y si bien Nima recibió algo de terapia, al final quiso olvidar tan devastadora experiencia y centrarse en sus estudios de postgrado.

Ahora, a los veintinueve años, Nima había terminado sus estudios y era ayudante de investigación en un instituto de políticas sociales. Estaba muy dedicada a su carrera y no salía ni socializaba demasiado aparte de los eventos de trabajo ocasionales. Pero incluso sin tener actividad sexual, había empezado a padecer infecciones del tracto urinario y hacía dos años le habían extirpado un quiste en el ovario. Tomaba antibióticos cada vez que tenía infección y acababa de descubrir que tenía otro quiste. Estaba investigando medios alternativos para prevenir ambas cosas y quería incluir el trabajo energético. Nima había leído acerca del chakra sacro y sabía que en la medicina energética, tanto la vejiga como los ovarios estaban vinculados a él en las mujeres. Sentía que sus propios traumas sexuales estaban retenidos en esa zona de su cuerpo, lo que le provocaba infecciones del tracto urinario y quistes de manera recurrente.

Comenzamos con el trabajo del Loto sacro y otros trabajos relacionados para ayudar a librarse del sentimiento de culpa y de la ira persistentes. También activamos los Rayos sanadores y guie a Nima para que encauzara su energía curativa tanto hacia su tracto urinario como hacia su quiste, imaginando que el quiste se disolvía. Le recomendé que activara el Loto sacro todos los días en casa, seguido por el uso de los Rayos sanadores de esta manera.

Nima tuvo muchas experiencias mientras trabajaba con el Loto sacro por su cuenta. Se dio cuenta de que había reprimido por completo su energía sexual después de su segunda agresión y que todavía albergaba muchas emociones difíciles. Mientras continuaba trabajando con los Rayos sanadores, empezó a dirigir una parte de ellos hacia el lugar donde también sentía esas emociones. A medida que se encontraba más cómoda con el Loto sacro, también se volvió más hábil a la hora de sentir la energía de los Rayos sanadores. Comenzó a usarlos de forma regular para calmarse y recuperar el equilibrio a lo largo del día, además de continuar dirigiéndolos hacia su tracto urinario y su quiste.

Con el tiempo, el quiste de Nima se disolvió y dejó de padecer infecciones urinarias. Estaba usando también otros métodos de curación, así que no hay forma de saber cuál primó en su proceso de recuperación. Sin embargo, el trabajo con el Loto sacro y con los Rayos sanadores ayudó a que Nima sintiera que había ganado mucho más que la recuperación física. Con el Loto sacro reclamó su sexualidad como un aspecto positivo de sí misma y con los Rayos sanadores aprendió a calmarse y hallar el equilibrio. El desarrollo de la conciencia somática también fue muy útil; la ayudó a reconocer las formas en que se había disociado de su cuerpo al escapar a su mente a través de los estudios.

Cada chakra está conectado a varios órganos y glándulas de nuestro cuerpo físico, por lo que trabajar para curar problemas emocionales asociados a un chakra a menudo ayudará a curar también esos órganos y glándulas. El trabajo energético jamás debería ser el único tratamiento; como en el caso de Nima, puede reportar beneficios adicionales. Esto puede tener una especial relevancia para las supervivientes de traumas sexuales; los traumas y las emociones relacionadas se retienen en el cuerpo y el trabajo energético puede ser una parte inestimable para ayudar a expulsarlos.

Curación de traumas sexuales: La conciencia somática

Los Rayos sanadores pueden serte beneficiosos de maneras diversas mientras trabajas para recuperarte de un trauma sexual. Experimentar con ellos forma parte del proceso más largo de ser dueña de tu poder y de creer en tu capacidad de curarte a ti misma. Como en el caso de Nima, puede que creas que tienes dolencias físicas que se ven magnificadas o que incluso están causadas por el trauma vivido; en tal caso, trabajar con los Rayos sanadores junto con otros potenciadores de chakras puede ser una parte valiosa de su recuperación.

Para muchas supervivientes, el mayor beneficio se produce al sintonizar con la conciencia somática emocional. Si tienes alguna tendencia a disociarte de tu cuerpo, identificar dónde sientes las emociones en tu cuerpo y enviar allí la energía curativa te puede cambiar la vida. El proceso de evocación e identificación emocional te lleva a una relación diferente con tu cuerpo, que es en sí y de por sí una parte potencial de tu curación. Si te identificas de forma especial con este uso de los Rayos sanadores, puede que quieras considerar otros métodos de curación somáticos. He incluido información sobre algunos de ellos en la página web sobre el libro.

11

El Sendero femenino: Tu poder sagrado

Chakras relacionados: Los siete, pero se pone el acento en el segundo/sacro, en el cuarto/corazón y en el sexo/Tercer ojo.

Energías: Fluidez, movimiento y conexión de energía, cambio, transición, integridad, poder y aspectos femeninos, expresión.

Uso: Las transiciones de la vida, la manifestación de ideas, el equilibrio entre los chakras, después de la menstruación, para el apoyo a la fertilidad, en el posparto, en la premenopausia, con el aborto natural, después de una histerectomía, previo al sexo o en cualquier momento en el que conectes con tu poder femenino.

Tu energía femenina es exquisita y poderosa. Cuando está totalmente activada, tu belleza interior está por completo a la vista. Como mujeres, nos vemos bombardeadas por ideas extravagantes de belleza, todas basadas en el físico. La clase de belleza a la que me refiero es el resplandor, el dinamismo, el equilibrio y quizás el carisma que emana de una mujer cuando es dueña de su poder femenino. Es algo imposible de definir y, sin embargo, lo sabes cuando lo ves y es muy probable que nos atraiga. No tiene nada que ver con que una mujer tenga los pómulos simétricos, una frente lisa, unos abdominales tonificados o incluso un aura brillante (aunque, sin duda, el poder femenino brilla a través de nuestra aura). Su Sendero femenino está encendido, simple y llanamente.

Estos dos últimos potenciadores de chakras, el Sendero femenino y la Abundancia del arco iris, son potenciadores culminantes, ya que ambos utilizan los siete chakras con los que hemos trabajado. Sin embargo, el Sendero femenino es la culminación del fortalecimiento energético de la mujer porque se centra principalmente en el flujo entre los chakras de nuestro Sendero femenino, o yin; el segundo/sacro, el cuarto/ corazón y el sexto/ Tercer ojo. Se diferencia de otros potenciadores en que no está ideado para usarse en el acto o según sea necesario. En cambio, es un potenciador ideado para darte apoyo en fases particulares de tu vida; períodos de transición y/o cuando estás tratando de expresar una idea. Para usarlo a ese respecto, debes activarlo a diario durante algunos días, algunas semanas o algunos meses, dependiendo de la fase.

El Sendero femenino difiere en otros aspectos. Debido a que se basa en la energética de la mujer, es especialmente útil durante las transiciones relacionadas con la reproducción: aquellas ligadas a nuestros ciclos y fases. También tiene una versión ascendente y descendente. Hay que imaginar lo que ves en la imagen, un símbolo del infinito (∞) o un número 8, de uno en uno; de abajo hacia arriba, para potenciar tu camino «ascendente» y de arriba hacia abajo para potenciar tu camino «descendente».

El sendero ascendente se asocia al crecimiento personal y el desarrollo espiritual. Muchas tradiciones espirituales con prácticas basadas en los chakras se centran en llevar la energía kundalini del chakra raíz al chakra de la corona para facilitar la realización espiritual. Este potenciador no está diseñado para ese fin concreto, aunque genera el flujo ascendente porque está relacionado con el cambio personal y el paso a una nueva «versión» de una misma. Cada vez que pasamos por grandes transiciones en la vida (un trabajo nuevo, el matrimonio, un nuevo hijo, un divorcio, una mudanza) estamos abocados a adaptarnos. Podemos plantarnos y resistirnos o podemos dejarnos llevar y, en consecuencia, crecer. A menudo, a medida que nos adaptamos, se nos pide que desarrollemos nuevas habilidades o que recurramos a partes de nosotras mismas de las que antes no éramos conscientes. En cierto sentido, nos «actualizamos», casi como una versión de *software* mejorada de nosotras mismas.

En otras ocasiones nos sentimos como si fuéramos hacia atrás. Enfrentarte a un divorcio, a una enfermedad o a la pérdida del empleo desde luego no parece una mejora. Y en lo que tu vida cotidiana se refiere, puede que no lo sea. A nivel interno, cualquier situación puede fomentar la percepción personal, el desarrollo de nueva sabiduría, el descubrimiento de nuevos recursos dentro de ti y más cosas. Puede convertirse en un punto de inflexión interior. En este sentido, la versión ascendente del Sendero femenino te puede ayudar en cualquier tipo de transición que estés viviendo; una que hayas elegido y esperes con ansias y una que no hayas elegido y estés sufriendo.

Mientras que el Sendero femenino ascendente se ocupa de la transición, la versión descendente se ocupa de la expresión, en especial de la clase de expresión que realizamos cuando pretendemos convertir en realidad una idea. Imagina que plantas un árbol joven; excavas un hoyo en la tierra, plantas las raíces y lo riegas para ayudar a que arraigue. Tanto si tu idea es sobre un negocio, como si es sobre un producto, un libro, una casa, un evento o algo más abstracto, se origina en tu cabeza (o se vuelve consciente ahí) y hay que llevarla a la realidad, hay que materializarla. El Sendero femenino descendente te ayuda cuando estás en una fase de tu vida en la que te manifiestas de este modo.

Hasta ahora, nos hemos centrado en potenciadores de un solo chakra o, en el caso de la Segunda piel y de los Rayos sanadores, en potenciadores de dos chakras. Pero el flujo y el equilibrio *entre* los chakras son igual de importantes. Si un chakra está muy desarrollado y otro no lo está o si tienes bloqueos en uno de ellos que impiden que fluya la energía, eso afecta a todo el flujo; en otras palabras, tiene un impacto tanto en tu capacidad de generar y procesar el cambio (flujo ascendente) como en tu capacidad de expresar una idea (flujo descendente). Algo se estanca. El Sendero femenino está diseñado para ayudarte a eliminar el estancamiento, a conseguir que tu energía circule.

El Sendero femenino también ayuda a estabilizar y equilibrar el flujo entre tus chakras cuando se han activado por sí solos. Esto ocurre cuando nos vemos obligados a un cambio repentino y a adaptarnos con rapidez. Por supuesto, a veces lo que necesitas en este caso es el Cuenco raíz para estabilizarte (sobre todo si has vivido un trauma), pero si en cambio sientes que necesitas ponerte al día con lo que está pasando en vez de estabilizarte, el Sendero femenino puede serte más útil. En ocasiones, tales cambios pueden también provocar inestabilidad energética, estallidos erráticos de energía en nuestro cuerpo energético, y el Sendero femenino puede aquí ayudar a suavizarlos. La premenopausia es un ejemplo de un momento de nuestra vida en el que pueden surgir estallidos de forma espontánea y el Sendero femenino puede ayudarnos a alcanzar la estabilidad.

Alicia tenía cuarenta y pocos años y acababa de terminar un tratamiento contra el cáncer, que incluía una operación para extirparle el útero, el cérvix, los ovarios y las trompas de Falopio. Su pronóstico era bueno, pero estaba luchando con la sensación de que había perdido parte de lo que la definía como mujer. Su pareja, Tracy, y ella nunca habían querido hijos, así que no lamentaban haber perdido esa posibilidad. De todas formas, una parte de ella sentía que había perdido una pieza fundamental de sí misma. La operación le había provocado la menopausia, y si bien estaba recibiendo tratamiento hormonal, estaba experimentando cambios de humor, sudores nocturnos y dificultad para dormir. Además, Alicia deseaba cambiar de profesión. Sentía que el estrés de su trabajo como representante de ventas de una empresa farmacéutica había sido responsable del cáncer y quería cambiar a algo menos estresante y que le apasionara más, pero no sabía bien qué.

Alicia, que practicaba yoga, también estaba familiarizada con los chakras y, de hecho, ya había trabajado con ellos. Pensó que quizá perder el útero y los ovarios había afectado a su conexión con su chakra sacro y quería trabajar en ello. Sugerí que trabajáramos con el Sendero femenino, ya que abordaba varias necesidades energéticas de Alicia a la vez: potenciar su chakra sacro tal y como ella quería y potenciar también todo su Sendero femenino, ayudándole a conectar de nuevo con su sentido del poder femenino. Además le ayudaría con su deseo de cambiar de profesión y mitigaría las repentinas alteraciones de su repentina entrada en la menopausia. Alicia accedió a probar con el Sendero femenino a diario durante dos semanas.

Hacerlo causó un gran impacto en Alicia. A nivel físico empezó a dormir mucho mejor. También ocurrió algo inesperado: recuperó las ganas de hacer cerámica, una afición que solía practicar con regularidad, pero abandonó por falta de tiempo. Había alquilado un pequeño estudio durante el fin de semana y creado una sencilla maceta, pero me dijo que se había sentido más tranquila y feliz durante ese tiempo que con cualquier otra actividad en meses.

Mientras hablábamos, Alicia decidió comprometerse a hacer cerámica de manera regular y, tal vez, apuntarse a algunas clases. Comprendió que lo que faltaba en su vida era en parte una salida creativa y sentía que trabajar con el Sendero femenino le había ayudado a conectar otra vez con eso. La cerámica era en realidad una de las principales formas en que expresaba la energía de su chakra sacro y necesitaba ejercitarla más a menudo.

Alicia continuó trabajando con el Sendero femenino a diario y con la cerámica todas las semanas. Para ayudar a su recuperación, también utilizamos otros potenciadores, incluyendo los Rayos sanadores y el Cuenco raíz para la ansiedad. Además, Alicia siguió el consejo de su médico y de un herbolario; con el tiempo, sus hormonas y su cuerpo energético se estabilizaron y los síntomas físicos mejoraron. Se dio cuenta de que quería trabajar en el campo de la sanación mediante la imposición de manos. Había comenzado a dedicarse a la venta farmacéutica como trampolín para trabajar en el campo de la salud, pero se había olvidado de ese plan. Ahora estaba lista para amoldar su vida a sus verdaderos deseos. Alicia volvió a estudiar para convertirse en fisioterapeuta y también se formó en el reiki, que incorporó a su trabajo con los pacientes.

Aunque los repentinos síntomas menopáusicos de Alicia fueron fruto de su operación, lo que estaba experimentando es algo común hoy en día. Alicia creyó que se sentía desconectada de su poder femenino debido a la pérdida del útero y los ovarios, pero en realidad no estaba en armonía con lo que de verdad deseaba para su vida. Había perdido el contacto con su lado creativo y su lado sanador, aspectos ambos del chakra sacro. Sus alteraciones hormonales lo habían exacerbado, puesto que la premenopausia suele provocar sobrecargas de energía que hay que aliviar con una herramienta como el Sendero femenino. Trabajar tanto el flujo como sus chakras femeninos con el Sendero femenino le ayudó a conectar de nuevo con sus verdaderos deseos y a tomar medidas para adaptar su vida a ellos.

Pasos para la activación

Este recorrido se basa en la versión ascendente del Sendero femenino. Al final os doy instrucciones relativas al sendero descendente, que es simplemente lo contrario: empiezas por arriba y trabajas hacia abajo en vez de hacia arriba. Puedes sentarte o quedarte de pie durante este proceso. En cualquier caso, balancearte de un lado a otro siguiendo el movimiento del brazo te puede ser de ayuda.

Prepara tu archivo de audio, si es que lo usas, y examina la imagen antes de comenzar. Observa que está compuesta por cuatro símbolos del infinito o del número 8, que dibujarás en el aire con el dedo índice delante de ti, de uno en uno, mientras imaginas la luz fluyendo por este dibujo dentro de tu cuerpo energético.

Paso 1: Si estás de pie, afianza bien la postura, separando los pies a la anchura de las caderas. Si estás sentada, yergue la espalda. Respira hondo y céntrate.

Paso 2: Con el dedo índice de la mano dominante (con la que escribes) dibuja un número 8, o un símbolo del infinito, en el aire delante de ti. Acostúmbrate a esta forma y movimiento. Mécete hacia delante y hacia atrás, siguiendo el sinuoso movimiento si lo deseas.

Paso 3: Ahora inclina la mano y apunta con el dedo hacia el suelo y la parte inferior de tu cuerpo. Empieza a dibujar este símbolo del infinito conectando la tierra con tu chakra sacro. En la parte inferior de tu «8» apunta hacia el suelo, tal vez incluso lo toques si estás sentada, y la parte superior de tu «8» apunta directamente a tu chakra sacro, entre los huesos de la cadera (no es necesario que toques tu cuerpo). Imagina que el 8 se cruza a la altura aproximada de tu chakra raíz. Visualiza un poderoso flujo de luz roja y dorada, como una llama líquida, que reproduce el movimiento de tu dedo dentro de tu cuerpo, conectando tu chakra sacro con la tierra y cruzándose a la altura de tu chakra raíz (comprueba la imagen si no estás segura de lo que quiero decir).

Permanece con esta imagen durante dos o tres minutos, o más si quieres, lo suficiente para sentir que la energía fluye. Si se te cansa el brazo, puedes descansar y simplemente visualizar el flujo de energía, o puedes cambiar de brazo.

Paso 4: Cuando estés lista, mueve la mano hacia arriba y comienza a dibujar el símbolo que conecta tu chakra sacro y tu chakra del corazón, cruzándose en tu chakra del ombligo. Visualiza la luz roja y dorada que fluye en este dibujo dentro de tu cuerpo, conectando tu sacro con tu corazón a través de tu ombligo. Permanece en esta imagen y con esta energía durante dos o tres minutos o tanto tiempo como quieras.

Paso 5: Cuando estés preparada, mueve la mano hacia arriba y dibuja el número 8 conectando tu corazón con tu Tercer ojo, cruzándose en tu chakra de la garganta. Una vez más dibuja este número 8 delante de tu cara y tu pecho con tu dedo apuntando hacia ti, y dentro de tu cuerpo visualiza la luz dorada y rojiza que fluye siguiendo el mismo dibujo. Permanece aquí dos o tres minutos o tanto tiempo como quieras (descansa el brazo cuanto necesites, y haz solo la imagen, o cambia de brazo).

Paso 6: Por último mueve el dedo hacia arriba y dibuja el número 8 rojo y dorado conectando tu Tercer ojo con el cielo, cruzándose en tu chakra de la corona. La parte superior de tu 8 apunta al cielo, la parte inferior está en tu Tercer ojo, y se cruza al nivel de tu corona. Contempla la luz roja y dorada que se arremolina siguiendo ese dibujo.

Paso 7: Ahora baja el brazo y trata de visualizar a la vez los cuatro números 8 o símbolos del infinito, los cuatro flujos de luz dorada rojiza, como una llama líquida. De la tierra al chakra sacro, cruzándose en el chakra raíz, del chakra sacro al chakra del corazón, cruzándose en el ombligo, del chakra del corazón al chakra del Tercer ojo, cruzándose en el chakra de la garganta, y del chakra del Tercer ojo al cielo, cruzándose en el chakra de la corona. Siente de verdad e imagina estos remolinos de poderosa luz dorada y roja moviéndose dentro de tu cuerpo siguiendo estos patrones. Balancéate hacia delante y hacia atrás si quieres y céntrate en la energía femenina despertando y girando dentro de todos sus centros del Sendero femenino.

Paso 8: Concéntrate en la sensación mientras recitas cada afirmación:

Mi poder fluye libremente.

Fluyo y soy fuerte.

Estoy conectada a la tierra y al cielo.

Estoy entera y completa.

Si lo deseas, puedes añadir una breve imagen en este punto relacionada con el ajuste que estás tratando de hacer o con la idea que estás expresando.

Por ejemplo, si te estás adaptando a un nuevo trabajo, imagínate con éxito y feliz en él. Si te estás adaptando a un nuevo bebé, imagínate sosteniéndolo en brazos, los dos felices y sanos. Si estás usando el sendero descendente para expresar una idea, visualiza tu objetivo final, tu idea manifestada en la realidad.

Paso 9: Cuando estés lista, toma una instantánea para recordar y deja que la imagen se disuelva. Siéntate y respira tranquilamente durante unos minutos.

Sendero descendente: Si lo estás usando para potenciar el sendero descendente, invierte el orden en el que creas las conexiones de los chakras con los números 8. Primero conecta el cielo con el chakra del Tercer ojo, cruzándose en el chakra de la corona, luego el chakra del Tercer ojo con el chakra del corazón, cruzándose en el chakra de la garganta, a continuación el chakra del corazón con el chakra sacro, cruzándose en el plexo solar y por último el chakra sacro con la tierra. Recita las afirmaciones al final, cuando todo el camino se ha activado. Si quieres, y si es relevante, puedes imaginar tu idea expresada por completo en este punto.

Si se te cansa el brazo durante la activación, puedes cambiar al otro y concentrarte en la imagen, pero nunca imagines un número 8 o un símbolo del infinito estático, ya que el movimiento de la energía es importante.

El Sendero femenino genera mucha energía. Tal vez convenga que te sientes después y dejes que se procese durante un par de minutos antes de salir al mundo. También puede ser de utilidad hacer algunos estiramientos o realizar el Sendero femenino justo antes de hacer ejercicio para que puedas estabilizar esta energía a nivel físico.

Utilizar el Sendero femenino

Si te encuentras en una fase de tu vida en la que te gustaría usar el Sendero femenino, actívalo en un espacio privado durante al menos diez minutos al día. Puedes usarlo más tiempo si quieres y no te sientes desbordada, pero al principio cuesta conseguir que fluya demasiada energía en menos de diez minutos. Abórdalo como si fuera una medicación que hay que tomar todos los días; a la misma hora y en el mismo lugar cada día, preferiblemente a primera hora de la mañana o lo más aproximado que puedas. No pasa nada si no se puede y tampoco pasa nada si te lo saltas un día; trabaja con lo que mejor se amolde a tus circunstancias.

Utiliza el Sendero femenino ascendente cuando quieras generar un cambio en tu vida o estés atravesando un cambio y necesites ayuda para adaptarte a él. El cambio puede o no ser algo que hayas elegido tú. Sobre todo, usar el sendero ascendente para este propósito te ayudará a que tu relación con este cambio no se atasque. Empezarás a ver un nuevo potencial en tus nuevas circunstancias, cosecharás enseñanzas o conocimientos, o tendrás nuevas ideas sobre cómo adaptarte. Sin embargo, no se trata de un potenciador sanador ni de equilibrio emocional. Si sientes que estás en crisis o necesitas apoyo o sanar a nivel emocional, busca apoyo (puede incluir el uso de otros potenciadores de chakras relevantes), pero no uses el Sendero femenino hasta que te sientas emocionalmente estable.

Si trabajas para lograr expresar una idea, actívalo en la versión descendente. Por supuesto, hay otras clases de manifestaciones; a veces, al decir «manifestar», en realidad nos referimos a «atraer»; una nueva pareja, un nuevo empleo, una nueva oportunidad. En el próximo capítulo hablaremos de tus chakras en relación a esta clase de manifestación o atracción-manifestación. El Sendero femenino descendente es el más útil para manifestar «ideas»; hacer realidad algo que has pensado. En este caso, tal y como he mencionado en los pasos para la activación, puedes añadir una imagen de tu objetivo final después de tus afirmaciones.

A veces cuesta saber qué dirección del Sendero femenino te conviene usar. Si dejas tu empleo para emprender tu propio negocio, estás atravesando un enorme cambio *y* manifestando una idea. En este caso, puedes hacer el Sendero femenino en ambas direcciones si quieres; cinco minutos el ascendente y cinco minutos el descendente. O puedes alternar los días: ascendente un día y descendente al siguiente.

También puedes usar el Sendero femenino junto con otro potenciador de chakras cuando sientas que un chakra domina o se expresa en exceso en tu vida. Por ejemplo, puedes sentir que estás atrapada en tendencias controladoras del chakra del ombligo o tendencias de la Matriz de la garganta de habla excesiva; en estos casos existe un desequilibrio entre tus chakras, en el que uno prevalece sobre los demás. Para ello, utiliza tanto el potenciador del chakra que notes que se expresa en exceso y el Sendero femenino, uno después del otro. Los potenciadores de un solo chakra no solo sirven para fortalecer el chakra en cuestión, sino también para equilibrarlo; llevarlo a su expresión más pura y elevada. Activar después el Sendero femenino ayudará a redistribuir el flujo y a reinstaurar el equilibrio entre los chakras.

Energética de la mujer: Trabajar con tus ciclos y tus fases

El Sendero femenino, vinculado a nuestro chakra sacro, y por lo tanto a los ciclos reproductivos, es también una herramienta para el cambio, perfecta para usarla con nuestras fases y ciclos reproductivos, que son de transición. Antes de la menopausia, nuestro cuerpo pasa cada mes de ovular a menstruar y nuestro chakra pasa de una energía orientada al exterior a otra orientada al interior. Durante el embarazo nuestro chakra sacro pasa de este ciclo regular de entrada/salida a potenciar y nutrir nuestro útero. Y tras el parto volvemos a ese ciclo y (si es pertinente) apoyamos a nivel energético a nuestro bebé fuera de nuestro cuerpo. Este pasa a no tener más este ciclo en la premenopausia y nuestro chakra sacro se libera de este ciclo para expresarse con más poder si cabe..., si abordamos la transición con esa intención.

Todas estas transiciones son momentos perfectos para usar ambas versiones del Sendero femenino. He aquí cómo debes hacerlo:

- ***Después de la menstruación:*** En el último día (según tus cálculos) de tu período y durante los dos o tres días posteriores a que termine, activa el Sendero femenino ascendente durante unos minutos cada mañana. Esto te ayudará a suavizar la transición de tu cuerpo a su modo orientado al exterior y te ayudará a progresar e integrar tu fase orientada hacia dentro. Tal como se menciona en el capítulo dedicado a la Segunda Piel, los días de nuestro período son los más sensibles, y a menudo los más intuitivos y perspicaces, si podemos sintonizar con esto. Usar el Sendero femenino a medida que dejas atrás estos días te ayudará a asimilar lo que te haya surgido durante este tiempo.
- ***La fertilidad:*** Para ayudar al embarazo a nivel energético puedes activar el Sendero femenino descendente en los días previos a la ovulación y durante la misma. También puedes activar el Loto sacro durante este tiempo. Lo que recomiendo a menudo a las mujeres que desean un apoyo energético cuando intentan quedarse embarazadas es que hagan el Loto sacro unos minutos al día durante todo el mes y que incorporen el Sendero femenino en los días previos y durante la ovulación.
- ***El posparto:*** Utiliza el Sendero femenino ascendente siempre que puedas en los meses posteriores al embarazo para ayudarte a recuperar tu esencia. Como ya hemos hablado, también hay un ajuste de la línea de energía en marcha, además del final regreso de tu ciclo. El Sendero femenino ascendente ayudará a allanar el camino a todo este ajuste. Por supuesto, no es un tratamiento contra la depresión posparto y debes consultar a tu médico o a tu comadrona si tienes dificultades energéticas que

sobrepasan el límite que consideras normal. Sin embargo, si ya estás en tratamiento para la depresión posparto, el Sendero femenino puede ayudar a tu recuperación. Asegúrate de que estás recibiendo la ayuda que necesitas y que estás comprometida con el cuidado personal preciso.

- ***Aborto espontáneo o interrupción del embarazo:*** El Sendero femenino ascendente también es el mejor para esto, pero presta atención también a tus otras necesidades en este momento. Tal vez necesites también el Loto sacro, los Rayos sanadores y/o la Estrella del corazón para que ayuden a sanar tu cuerpo y a asimilar tus emociones. El cuidado personal y el apoyo son también críticos en este momento.

- ***Premenopausia:*** La premenopausia puede durar meses o años. Algunas mujeres apenas tienen síntomas, mientras que otras los tienen en abundancia. Que te beneficies más del Sendero femenino ascendente o descendente depende en parte de tus síntomas, e incluso eso puede cambiar durante este tiempo. Con cualquiera de las dos direcciones, centrarte en el flujo entre los chakras redundará en tu beneficio, pues a menudo durante este tiempo experimentamos estallidos energéticos en un chakra u otro a medida que nuestro cuerpo pasa a tener un ciclo irregular y, por último, a no tener ninguno. El Sendero femenino en cualquier dirección ayuda a suavizar estos estallidos.

  El Sendero femenino descendente será el más útil para los síntomas físicos como el insomnio, el aumento de la ansiedad, los sudores nocturnos, las piernas inquietas o los dolores de cabeza (como siempre, consulta también a un profesional de la salud). Esto se debe a que el sendero descendente culmina en la tierra y, por lo tanto, afianza y estabiliza el aumento de la energía y los estallidos que, a nivel del cuerpo sutil, están vinculados a estos síntomas. El sendero ascendente es más útil para el procesamiento psicológico; si tratas de congraciarte con la idea de que estás en la premenopausia, si buscas o experimentas grandes cambios en tu vida en este momento (como es habitual), o si deseas entrar de manera consciente en esta fase de tu vida como una «mujer sabia». Si estás experimentando todo lo anterior, es bueno practicar ambas direcciones diariamente o ir alternando. Haz caso a tu intuición; esto es en parte lo que significa la transición a esta fase de tu vida.

- ***Después de una histerectomía (extirpación del útero y/o cuello del útero) o de una salpingooforectomía (extirpación del ovario y su trompa de Falopio):*** Después de la histerectomía, considera la posibilidad de trabajar con el Sendero femenino ascendente para afirmar el flujo continuo de energía entre tu chakra sacro y el resto de tu cuerpo energético. Si todavía tienes un ciclo, pero se ha vuelto irregular, puedes seguir trabajando con ambas direcciones del camino de acuerdo con las pautas anteriores relativas a la menstruación. Si te han extirpado ambos ovarios y entras en la menopausia con rapidez, puedes trabajar con ambas direcciones del camino usando las directrices de arriba basadas en cualquier síntoma menopáusico que estés experimentando. De cualquier modo, también puedes beneficiarte de la activación del Loto sacro para afirmar y potenciar tu chakra sacro, aparte de los órganos físicos a los que antes estaba ligado. Y no te olvides de los Rayos sanadores para ayudar a la curación posoperatoria.

  Lo más importante es recordar que tu chakra sacro, y todo tu Sendero femenino, están completamente intactos; no dependen de tus órganos reproductores, aunque puede que necesites tiempo para reconectar con esta energía de una nueva manera mientras tu cuerpo se adapta. Atiende a tus necesidades emocionales, pues tanto la transición psicológica como la hormonal pueden tener un efecto que se debe aceptar y asimilar. Sé consciente de que tu poder femenino es tan fuerte como siempre y posees el potencial de llegar a serlo todavía más.

Al igual que con todos los potenciadores de este libro, confía en tu intuición. Utilizar los potenciadores no consiste en elegir el potenciador «perfecto» cada vez, sino en saber que tienes un abanico de opciones y el poder de generar la energía que necesitas. Todo está dentro de ti, esperando a que lo liberes. Si no estás segura de qué potenciador usar, opta por tu favorito; dado que la «sensación» es esencial para la activación, si trabajas con tu potenciador favorito, es probable que conectes a un nivel más profundo, y da igual cómo estés accediendo a tu cuerpo energético, pues siempre es mejor que no activarlo. Tienes mucha más sabiduría dentro de ti de lo que crees; conectar con tu cuerpo energético del modo que sea te ayudará a sacarla a la luz.

Hay un uso más para el Sendero femenino ascendente con el que puedes experimentar, como precursor e incluso durante el sexo. Por supuesto, el sexo va mucho más allá de la conexión física y del orgasmo; tiene que ver con la intimidad energética e incluso con la unión. Es una experiencia integral del cuerpo físico y del cuerpo energético, y en lo que a la mujer se refiere, un Sendero femenino fuerte puede mejorar estos aspectos profundos. Recibimos a nuestra pareja a través del sacro (da igual el sexo de tu pareja o su postura), nos unimos con ella con amor a través del corazón y experimentamos la unidad con ella a través de la fusión de nuestro Tercer ojo. El Sendero femenino ayuda a activar los tres. En general, utiliza el Sendero femenino como harías con los demás usos que he mencionado, a diario durante un período de tiempo, y comprueba si experimentas cualquier cambio en tus relaciones sexuales. También puedes activarlo justo antes o incluso durante el sexo, aunque esto requerirá de práctica. Cuando alcances el orgasmo imagina la energía fluyendo por tu Sendero femenino (por supuesto, no necesitas pareja para llegar al orgasmo de esta manera). La sexualidad sagrada es un tema muy amplio con muchas tradiciones y técnicas diferentes, que sobrepasa con creces lo tratado en este libro, pero experimentar con el Sendero femenino de esta forma te iniciará en los aspectos más profundos del sexo, si es que te interesa explorarlos.

Lacey estaba teniendo dificultades energéticas en el posparto. Intuitiva y naturalista cualificada, combinaba las dos habilidades en su exitoso negocio de asesoramiento. También tenía un lado espiritual y desarrollado y meditaba a diario desde hacía años (incluyendo la meditación de los chakras), así que estaba acostumbrada a experimentar el aumento de su energía kundalini al hacerlo. También estaba acostumbrada a experimentar visualmente muchas de las intuiciones de sus clientes, pues era una intuitiva versada en el Tercer ojo. En resumen, Lacey tenía muy desarrollados los chakras del Tercer ojo y de la corona, pero también estaba estabilizada y equilibrada en su vida, como demostraba su exitoso negocio y su estilo de vida en general.

A pesar de forjar un buen vínculo con su hija y de estar entusiasmada con ser madre, Lacey sentía que su propio cuerpo energético se había «empotrado» contra sus chakras inferiores. Describía que a nivel energético se sentía como una pera; sus chakras inferiores estaban pesados e hinchados y los superiores, vacíos. No podía concentrarse bien durante la meditación y no recibía intuiciones visuales. Todo esto le estaba generando una gran ansiedad; llevaba cuatro meses de posparto y le preocupaba no recuperar sus habilidades, lo cual afectaría de forma negativa a su negocio y a su crecimiento espiritual. Tampoco sentía el más mínimo interés en tener sexo con su marido; algo nada raro en las mujeres después del parto, pero siempre había visto el sexo como una experiencia espiritual y energética además de una forma de intimidad física, así que su marido y ella echaban de menos esa conexión.

Hablé con Lacey de la nueva línea de energía con su hija que ahora gestionaba y le dije que adaptarse a esta línea en su sacro llevaría algo de tiempo, pero que lo conseguiría y que la necesidad de energía de su hija disminuiría a medida que creciera. Trabajamos con la Red de luz para que Lacey pudiera empezar a sentir que no pasaba nada porque cerrara esta línea cuando fuera necesario para su propio cuidado personal y que aun así emanara amor y que nutriera a su bebé desde su chakra del corazón, todo lo que se necesitaba la mayor parte del tiempo. A continuación le sugerí que activara el Sendero femenino a diario para que pudiera empezar a aprovechar su energía sacra y femenina de una forma nueva y para que enviara la energía hacia sus chakras superiores otra vez.

Lacey trabajó por su cuenta con ambos potenciadores durante varias semanas y tuvo muchas revelaciones. La primera fue la frecuencia con que enviaba energía a través de la línea maternofilial y la mantenía abierta, incluso cuando no era necesario. Por ejemplo, cuando su bebé estaba bien atendido por su marido o su madre en la habitación de al lado. No se permitía relajarse en su propia integridad energética y esto se sumaba al despiste y al agotamiento que sentía. Al cerrar de forma consciente la línea en ese tipo de situaciones, sobre todo cuando meditaba, notó un cambio inmediato en su capacidad de concentración y de hacer que su energía ascendiera de nuevo. Darse cuenta de esto le ayudó también a conectar de nuevo con su marido a nivel sexual, pues comprendió que siempre se sentía tan agotada que se resistía a conectar energéticamente con él por esa causa.

Además, Lacey empezó a darse cuenta de que «estaba» teniendo intuiciones, pero estaba cambiando la forma en que se le presentaban: no veía las cosas necesariamente a nivel visual, sino que las percibía más con su cuerpo. Aunque aún no se había reincorporado al trabajo, un amigo había ido a verla y Lacey percibió, en lugar de ver, un desequilibrio dietético que agravaba sus problemas de salud; pudo sugerirle cambios y suplementos… ¡y habían funcionado! Comenzó a abrirse a la idea de que su cuerpo energético y sus correspondientes dones no habían desaparecido, sino que habían cambiado, por lo que empezó a explorar cómo.

Lacey se reincorporó al trabajo cuando su hija cumplió seis meses y descubrió que tenía intuiciones tanto a nivel visual como corporal. De hecho, con el tiempo se sintió más segura que nunca en su trabajo. También se sentía segura y feliz con la maternidad y con cómo le iba a su hija. Su meditación cambió y, de hecho, se volvió más enriquecedora cuando empezó a entender la noción de la materialización espiritual de una forma nueva y a sentirse conectada con los demás a través del chakra del corazón de un modo todavía más profundo.

Todos nuestros cambios reproductivos generan profundos cambios en nuestro cuerpo energético y, a veces, pueden resultar abrumadores y perjudiciales. Sin embargo, tanto si te enfrentas al síndrome premenstrual como al agotamiento del posparto, a la premenopausia o a otra cosa, entender tu cuerpo energético femenino y cómo trabajar con él te ayudará no solo a sobrevivir a estos cambios, sino también a crecer y prosperar gracias a ellos. Al igual que nuestro cuerpo físico, nuestro cuerpo energético es profundo y poderoso en sus ciclos y fases; poseer esta sabiduría te ayudará a madurar.

Curación de traumas sexuales: La transición a una nueva infraestructura

En muchos aspectos, poseer y potenciar tu Sendero femenino es la culminación de la curación de los abusos o de las agresiones sexuales porque supone poseer tu feminidad como fuente de fortaleza y como un don. Si te has relacionado con tu cuerpo (y, por extensión, con tu cuerpo energético) como un lastre, una fuente de vergüenza o un «artículo dañado», el Sendero femenino te ayudará a despejar de una vez por todas estas falsas creencias y los patrones emocionales asociados. Por el contrario, si has interiorizado la cosificación sexual y piensas que tu cuerpo es todo cuanto eres y que tu valía está ligada únicamente a lo deseable que seas a nivel sexual, el Sendero femenino te ayudará a aceptar tus otros niveles: energético, psicológico y espiritual.

Como parte del proceso general de curación energética, en la mayoría de los casos convendrá que trabajes primero con alguno de los otros potenciadores de chakras para ayudarte a liberar y sanar las principales heridas energéticas y emocionales y a sentirte preparada para unir todos tus chakras cuando trabajes con el Sendero femenino. Tómate tu tiempo. Sé buena y amable contigo misma. Respeta tu sentido del ritmo. Por ejemplo, no te lances a usar el Sendero femenino cada mes coordinándolo con tu ciclo menstrual si te parece que es demasiado, pues no hay necesidad de precipitarse ni de forzar las cosas. Eso se aplica a todas las mujeres (estos potenciadores son para que los uses como quieras), pero creo que es de especial importancia que las supervivientes de traumas sexuales recuerden la importancia de tomarte tu tiempo. Haz uso de ellos de una forma que te parezca natural, curativa y segura para ti; no te fuerces a un modelo o un enfoque que no te funcione o que te resulte estresante o agobiante. Ninguna forma de hacerlo es errónea.

Pensar o sentir que «Debería estar haciendo esto de otra forma» o «No lo estoy haciendo bien» puede resultar especialmente problemático para las supervivientes de traumas con respecto a su vida sexual. La curación en el ámbito del sexo es un proceso personal que a menudo requiere ayuda de un terapeuta profesional. A las supervivientes de traumas sexuales les asaltan con frecuencia un montón de «dudas»; piensan que deberían tener más sexo, no tener nada de sexo o tener otro tipo de sexo. Creen que, pase lo que pase, su vida sexual está «mal», contaminada de alguna forma por sus traumas sexuales. Pero no hay una forma «adecuada», sino que la adecuada es la que tú consideres que lo es para ti en un momento dado. En esto consiste realmente poseer tu poder femenino, ejercer tu derecho a aceptar lo que te parece bien para ti en un momento o en una fase de tu vida en particular.

A medida que descubras qué es lo adecuado para ti y continúes con tu viaje sanador, en algún momento puede surgir la pregunta: «¿Qué significa para mí estar curada?». No hay respuesta rotunda ni correcta y no tienes que dar forzosamente con una. En algún momento de tu viaje no tendrás necesidad de centrarte tanto en sanar y, en cambio, sentirás que te estás centrando en tu vida. Seguirán surgiendo problemas, seguirá habiendo dolor, desafíos y días buenos y malos, pero ya no harán que sientas que son un reflejo de tu experiencia traumática. Algunos pueden serlo y otros no. En última instancia, «ya no te define».

El Sendero femenino puede serte de ayuda mientras realizas esta transición…, o puede que no. Llegados a este punto puede que hayas encontrado otros potenciadores o, incluso, creado los tuyos. Lo más importante que debes saber es que eres capaz de cuidar de ti misma; tú sabes qué necesitas. Confía en eso.

12
Abundancia del arco iris: Tus verdaderos colores

Chakras relacionados: Todos.

Energías: Tu singularidad, tu esencia, tu potencial y campo de atracción.

Uso: Generar amor propio, autoestima, gratitud, pensamiento positivo, abundancia y atraer lo que se ajusta a tus intereses.

A todo el mundo le gusta el arco iris. En una época viví en una zona en la que eran bastante frecuentes y, sin embargo, siempre que aparecía uno, la gente dejaba lo que estuviera haciendo para contemplarlo. Ya estuviéramos en el aparcamiento del supermercado, recogiendo a los niños del colegio o en la ventana de la oficina, todos lo señalábamos. «¿Ha visto el arco iris?», podría preguntarte un completo desconocido al pasar.

El arco iris es un símbolo de las cosas buenas en casi todas las tradiciones culturales y espirituales; representa el potencial, la cohesión, la unión de la tierra y el cielo, un puente al futuro, un portal al cielo, una promesa, gratitud, iluminación, gracia. ¿Quién no quiere todo eso?

Hay magia en los arco iris y nuestro último potenciador consiste en ayudarte a encontrar dicha magia en ti misma. Los arco iris son la luz del sol que se refleja en minúsculas gotas de agua en el aire y se refracta en el ángulo justo para que veamos todo el espectro de color. Cada diminuta gota de agua solo forma parte del arco iris durante un breve espacio de tiempo antes de caer a la tierra o unirse a una nube; el arco iris nos parece estático mientras está presente, pero está en continua transición, en continuo cambio.

¿Existe una metáfora más apropiada de la vida humana? Estamos aquí durante un corto espacio de tiempo, nuestro cuerpo está en constante transición, nuestras emociones y nuestra mente cambian de forma invariable y, sin embargo, a menudo nos consideramos estáticos, un yo fijo, el producto inexorable de lo que nos ha sucedido o nos está sucediendo. Parte de la importancia de trabajar con tu cuerpo energético (sobre todo como mujer) es abrirnos a lo fluidos y cambiantes que somos. Somos luz líquida. Podemos crecer, podemos dejar atrás una vieja forma de ser para aceptar una nueva, podemos sanar.

El potenciador de la Abundancia del arco iris es para que descanses en ti misma y te permitas sentir que todas estas energías y aspectos de ti representados por este sistema de chakras están completamente potenciados y activados, y se propagan al mundo a través de ti. Te sientes segura (raíz), inspirada (sacro), poderosa (ombligo), tranquila (corazón), auténtica (garganta), sabia (Tercer ojo) y con un propósito (corona). O puedes sustituirlas por otras palabras, otras energías de las que cada chakra representa. Lo que importa es que cada uno de ellos brilla a través de ti como una luz, creando tu propio arco iris único y que es la energía que aportas al mundo.

Por supuesto, el arco iris también representa la abundancia; esa olla de oro que los duendes supuestamente esconden al final de cada uno. Pero ¿qué es la abundancia? La abundancia no se refieresolo al dinero y a la riqueza material, aunque pueden formar parte de la abundancia para ti. También es sentirte rica y plena física, emocional y espiritualmente. El potenciador de la Abundancia del arco iris consiste en ayudarte a encontrar eso «dentro» de ti en lugar de centrarte en conseguirlo solo a nivel externo. Esto no significa que no debas trabajar para conseguir lo que quieres para tu vida; muchos de los potenciadores de chakras pueden ayudarte a generar las energías necesarias para hacer justo eso. Con la Abundancia del arco iris estás trabajando en un nivel diferente de ti misma; estás adecuando la vibración que emanas al mundo a tu expresión más elevada y clara. Cuando lo haces, te abres a la abundancia de formas que puede que nunca hayas imaginado por ti misma.

Somos muy propensos a limitarnos. Somos propensos a pensar que si conseguimos ese algo en particular (en ese colegio, ese empleo, más dinero, esas vacaciones, un ascenso, esa casa, una nueva pareja, el matrimonio, el divorcio, un bebé, el respeto de esa persona, la atención de aquella otra) seremos felices..., pero lo cierto es que eso ocurre raras veces. En el mejor de los casos, conseguimos lo que deseamos y somos felices por un tiempo, pero al final pasamos al siguiente deseo. En el peor de los casos, no obtenemos lo que queremos y nos llevamos una decepción. Con la Abundancia del arco iris descansas de este ciclo cada vez que lo activas para rodearte de las energías completas de cada uno de tus chakras y abrirte a lo que ocurre.

Hemos hablado mucho de los chakras de forma individual y conjunta como diferentes energías, como diferentes fuerzas que puedes generar. Visto desde otra perspectiva, tú eres un chakra «en tu conjunto». Eres una entrada de energía singular, una expresión de conciencia en este mundo singular. Solo hay uno como tú; el modo en que se manifiesta la energía como tu cuerpo físico particular, tus emociones y tu psique particulares, tus pensamientos y actos particulares, todo ello engloba la forma en que te expresas como una oleada de energía particular en esta inmensa manifestación de energía que llamamos «mundo».

La Abundancia del arco iris consiste en aprovechar de forma consciente este conocimiento de uno mismo como una expresión única de luz completamente potenciada a todos los niveles, sabiendo que empequeñecerte no le hace ningún bien a nadie. Tiene que ver con tu relación con el mundo, con lo que pretendes aportarle y con la forma en que representas tu deseo de alcanzar la felicidad personal. En realidad tiene que ver con encarnar todo esto; «sentir» en vez de pensar, que es de lo que tratan todos los potenciadores de chakras. Como ya sabes, el poder no reside solo en visualizar colores o recitar afirmaciones. Se trata de cultivar el sentimiento que quieres tener o, en algunos casos, de permitir que el sentimiento venga a través de ti. Se trata de encarnar todas las energías que representa cada chakra.

En este sentido, sentir es lo que en realidad se pretende cuando oímos hablar de «atraer» cosas buenas a nuestra vida a través de nuestro «campo vibratorio». Hoy en día hay toda una industria dedicada a ayudarnos a atraer el dinero, el amor, las oportunidades o la felicidad. Gran parte de ella gira en torno al establecimiento consciente de objetivos y a las herramientas, tales como tableros de imágenes y afirmaciones, que nos ayuden a centrar la mente y las emociones en lograr esos objetivos. Con frecuencia se nos dice que nos centremos en cómo nos sentiremos cuando ya hayamos conseguido lo que queremos, que tratemos de sentirnos «como si ya hubiera pasado». Esta filosofía dice que centrarte en «desearlo» solo hará que atraigamos más carencias porque las vibraciones que emitimos son las de que «no» tenemos algo en lugar de que sí lo tenemos. En vez de eso tenemos que imaginar que ya está aquí.

Este enfoque puede resultar muy útil y eficaz, pero a menudo es mucho más fácil decirlo que hacerlo. Los problemas surgen en el momento en que empezamos a culparnos cuando no conseguimos nuestro objetivo o no atraemos lo que deseamos. Pensamos que la culpa debe de ser nuestra por centrarnos en desear en vez de en el resultado, por no ser lo bastante positivos o por permitirnos dudar demasiado.

Una vez da comienzo uno de estos ciclos de culparnos y de dudar de nosotros mismos, es fácil caer presas de la baja autoestima o de la creencia de que nos merecemos todo lo que nos pase.

Con la Abundancia del arco iris harás algo diferente. En vez de centrarte en lo que quieres tener o incluso en cómo será cuándo lo tengas, te centrarás en ti misma como un conducto para todas las energías positivas que representan tus chakras en sus expresiones más claras. De esta forma estás emitiendo tus mayores y más «abundantes» vibraciones. Puedes combinarlo si prefieres con cualquier otra herramienta de atracción o expresión que consideres eficaz, pero cuando emites estas energías, emanas automáticamente tus mayores vibraciones de atracción. Puede que no sea específico para un objetivo en particular, pero está en consonancia con lo que te beneficiará y te hará feliz.

Mediante este proceso te abres a otra fuerza, la de creación conjunta con el universo o creación conjunta con Dios/la Diosa/el Espíritu/Tao/la Fuente o aquello en lo que creas. En vez de pensar desde el punto de vista de «¿Qué quiero crear en mi vida?», aceptas tu vida como la interacción entre tú y una fuerza mayor y la idea de que puedes trabajar para conseguir lo que deseas y aceptar en ella aquello que jamás habrías imaginado. A fin de cuentas, en realidad es así como experimentamos la vida, pasando de «hacer» que las cosas sucedan a reaccionar a las cosas que nos han pasado y viceversa. La creación conjunta acoge esta idea, aceptando que no tenemos todo el control, que nuestra vida es un proyecto de colaboración con el universo y que es necesario que nos abramos a nuevas posibilidades que tal vez no seamos capaces de ver por nuestra cuenta. Nuestra brújula para este viaje, nuestra guía para tomar nuestras decisiones y establecer nuestros objetivos viene de dentro.

Con la Abundancia del arco iris potencias y armonizas con la brújula interna al generar la mayor expresión de cada chakra al mismo tiempo. Potencias todo lo que representan a nivel físico, emocional y espiritual. Emites tus vibraciones de atracción más claras y te abres a lo que viene. Al mismo tiempo, la energía que emanas dice: «Aquí estoy, esta soy yo». Y aunque pueda parecer un cliché, también estás diciendo: «... y me quiero».

Pasos para la activación

Para la Abundancia del arco iris dibuja la imagen de la luz que despiden las gemas de cada uno de tus chakras. Una luz blanca brilla en tu espalda, y a medida que atraviesa cada gema, se crea un arco iris delante. Puedes imaginarte como un cristal que refracta la luz blanca de tu espalda en un arco iris que emana de tu parte delantera.

También trabajarás con palabras relacionadas con cada chakra, a ser posible una por chakra. Mientras dices estas palabras trata de sentir el estado que representan en lugar de utilizarlas en un formato de afirmación de «Yo soy». Tú eliges las palabras/energías para cada chakra cada vez que utilices este potenciador. Puedes cambiarlas a tu gusto y también utilizar múltiples palabras para cada chakra, pero en general te será más fácil generar la energía si empleas una para cada chakra.

Para elegir las palabras/energías puedes revisar las afirmaciones de los siete primeros potenciadores de un solo chakra o echar un vistazo a la siguiente lista abreviada para empezar:

Raíz/primero: Segura, tranquila, estabilizada, resistente, estable, vital.

Sacro/segundo: Inspirada, apasionada, fluida, flexible, creativa, femenina.

Ombligo/tercero: Poderosa, resuelta, centrada, segura, concentrada.

Corazón/cuarto: Afectuosa, amada, equilibrada, digna, tranquila, divertida.

Garganta/quinto: Expresiva, auténtica, clara, honesta, receptiva.

Tercer ojo/sexto: Intuitiva, imaginativa, perspicaz, sabia, tranquila, profunda.

Corona/séptimo: Conectada, rebosante de fe, decidida, valiosa.

Elige tu palabra para cada chakra antes de empezar:

Paso 1: Siéntate como siempre, con la espalda erguida. Respira hondo para centrarte.

Paso 2: Imagina que una luz blanca se derrama por la parte posterior de tu cuerpo. Dependiendo de tus creencias espirituales o religiosas puedes concebir esta luz como Dios, la Diosa, el Espíritu, la Fuente, etcétera, o simplemente como energía en su forma primitiva. Esta luz es resplandeciente, poderosa y radiante.

Paso 3: Visualiza una gema roja con forma de cristal en tu coxis. Imagina que la luz blanca entra por la parte posterior del cristal en tu coxis y luego brota por delante como una hermosa luz roja. Esta radiante luz roja emana de tu parte frontal, pareja a tu chakra raíz.

Quédate con esta luz durante un rato y luego pronuncia la palabra elegida para el chakra raíz con sentimiento e intención.

Paso 4: Deja que la imagen de la luz de tu chakra raíz desaparezca; uniremos todas las luces al final. Por el momento, repite este paso con tu chakra sacro. Visualiza una gema anaranjada ubicada en tu chakra sacro. Contempla la luz blanca entrando en la parte posterior de tu cuerpo a través de esta gema anaranjada y brotando por la parte delantera de tu pelvis como luz anaranjada. Quédate con esta luz durante un rato y luego pronuncia la palabra elegida para el chakra sacro con sentimiento e intención.

Paso 5: Repite este paso con cada uno de los chakras restantes. En cada caso, contempla la luz blanca entrando en tu espalda, brotando de una gema del color asociado al chakra con el que estés trabajando:

Ombligo – amarillo
Corazón – verde
Garganta – azul
Tercer ojo – morado
Corona – índigo (azul oscuro/morado/negro)

Quédate con la luz que irradia este chakra durante un rato y luego pronuncia la palabra elegida para el chakra con intención y sentimiento.

Paso 6: Ahora visualiza la luz blanca brotando de las gemas de los siete chakras a la vez. Forma una a una tu imagen de cada chakra, desde el chakra raíz hacia arriba. A continuación siente esta luz blanca entrando por la parte posterior de tu cuerpo y brotando por la parte delantera a través de estos cristales como tu «arco iris de luz particular». Quédate así todo el tiempo que quieras y después disuelve la imagen, levántate y sigue con tu día.

Utilizar la Abundancia del arco iris

La Abundancia del arco iris es como un baño de luz; todos tus chakras se limpian a la vez, permitiendo que brillen en todo su esplendor. Los primeros potenciadores de chakras individuales te ayudarán a concentrarte en la potenciación de un chakra, eliminando bloqueos de su expresión y permitiéndote usar los poderes que representan cuando los necesites en tu vida. Los potenciadores de chakras múltiples también tienen propósitos en la «vida real»: establecimiento de límites (Segunda piel), gestión de las líneas de energía (Red de luz), ayudar en la curación (Rayos sanadores) y fortalecimiento de lo femenino (Sendero femenino). La Abundancia del arco iris no tiene un propósito en este sentido, sino que simplemente se trata de sacar a la luz tu resplandor. Como tal, puedes usar este potenciador para meditar cada día o al terminar la meditación o la oración, si es que las practicas. O puedes usarlo una vez a la semana, una vez al mes o cuando te sientas mal y no parezca indicado ningún potenciador de chakras específico. Además puedes usarlo cuando te centres en atraer. Tal y como menciono en el capítulo dedicado al Sendero femenino, cuando es descendente potencia las energías que tenemos dentro de nosotras para llevar una idea a la práctica. Pero la Abundancia del arco iris es más pertinente cuando en vez de eso lo que pretendes es atraer algo a tu vida. No es una herramienta específica para atraer ni para lograr un propósito, pero se puede usar de este modo. Activa primero la Abundancia del arco iris y después conecta con cualquier otra herramienta de expresión que estés usando.

Dicho esto, no resulta fácil atraer lo que se desea. ¡No suele ser sencillo ni sabiendo lo que queremos! La Abundancia del arco iris conlleva dejar de imaginar todo esto y pedir simplemente que la luz llegue a través de ti, que la luz se exprese a través de ti en su forma más clara y colorida. Permitir que entre, abre algo en ti que cambia aquello que atraes, y a menudo aquello que deseas, por sí solo.

Utiliza la Abundancia del arco iris cuando no sepas qué potenciador usar o no estés seguro de qué energía necesitas. Deja de intentar imaginar tu vida y piensa en lo que tienes que arreglar, cambiar o eliminar. Siéntate y envuélvete en un resplandor durante un rato y deja que el arco iris te guíe desde dentro.

En resumen: escribe tu propia historia

Llegados a este punto puede que te sientas un poco agobiada por los distintos potenciadores de chakras y que no estés segura de cómo usarlos. Si has leído todo el libro primero sin trabajar con ninguno de los potenciadores durante mucho tiempo, te recomiendo que te dediques a cada uno de ellos durante una semana. Como se menciona en la introducción, encontrarás recursos adicionales que te ayuden a hacerlo en la página web dedicada al libro. Transcurrido ese tiempo, tendrás algunos conocimientos sobre cada potenciador que te proporcionarán la capacidad de usar cada uno en el acto cuando necesites cierta energía en tu día a día. Después puedes considerar con qué potenciador podría resultarte beneficioso trabajar de forma regular a largo plazo.

Sin embargo, confía en tu intuición y usa los potenciadores como creas conveniente. No hay un modo correcto o incorrecto, solo el que a ti te funcione. Conectarte con tu cuerpo energético en cualquier grado te cambiará la vida. Cambiará la forma en que te ves a ti misma y al mundo. Te capacitará para darte cuenta de que, tal vez, no puedas controlarlo todo en cualquier situación, pero sí tienes el control sobre la energía que aportas. Mediante esta energía puedes influir e influyes en lo que ocurre y en cómo te afecta.

No he incluido ninguna historia sobre el uso del potenciador en este capítulo porque ha llegado el momento de que «tú» escribas tu propia historia de empoderamiento a través de los chakras. Espero que las veinticuatro historias de mujeres que he ofrecido (un modelo de crecimiento, fortalecimiento y sanación cada una de ellas) te conmuevan e inspiren para que trabajes de esta forma. Mejor aún, espero que optes por compartir tu historia de fortalecimiento a través de los chakras conmigo y con los demás a través de la página web del libro. Compartir nuestras historias y unirnos hace la fuerza y espero que participes en esto conmigo.

Tal y como he recalcado a lo largo del libro, nos encontramos en un punto de inflexión en la Historia en lo que a la energía femenina se refiere. Estamos afirmando el poder femenino en el mundo como nunca antes, deshaciéndonos de viejos condicionamientos, vergüenzas y limitaciones. Estamos redefiniendo el género y explorando lo que significa habitar un cuerpo femenino frente a uno masculino o una combinación de ambos. Queda mucho por hacer y no pretendo tener todas las respuestas. Sí creo en la importancia de la información y en los múltiples puntos de vista, así que espero que esta presentación de la energética de la mujer contribuya a tu propio reequilibrio y comprensión e inspire más trabajo en este campo.

El actual aumento de la concienciación sobre la prevalencia de los abusos sexuales, las agresiones y el acoso en prácticamente todas las estructuras y organizaciones sociales forma parte del cambio cultural y social en general. Por fin se están cuestionando los desequilibrios de poder que han fomentado y permitido que esto continúe durante tanto tiempo. Tanto si eres superviviente de un trauma sexual como si simplemente conoces a alguien que lo sea (casi todos conocemos a alguien), tu propia recuperación y fortalecimiento contribuye a este cambio. Todos estamos conectados a nivel energético y, en verdad, el cambio de una persona repercute en la matriz de energía y en la conciencia de la que todos formamos parte. Esto no significa que tu búsqueda de curación y fortalecimiento tenga que estar motivada por el deseo de salvar el mundo, pero puede infundirte ánimos en tus peores momentos saber que ahora mismo sopla el viento y que formas parte de una marea. Permítete aprovechar este impulso mayor y dejarte llevar por él.

Por encima de todo te deseo el espectro completo de la Abundancia del arco iris en tu vida. Que estés a salvo. Que estés inspirada. Que seas poderosa. Que seas amada. Que seas auténtica. Que seas sabia. Que estés rebosante de fe y de objetivos.

Te muestro mi respeto y te doy las gracias por interesarte por este libro.

Por favor, visita www.ChakraEmpowermentForWomen.com para ver más formas de trabajar con cada potenciador de chakras, grabaciones guiadas de cada proceso de activación, preguntas frecuentes, foros de discusión y listados de libros y páginas web de recursos de ayuda para la curación de traumas sexuales, libros sobre los chakras e información sobre la energética de la mujer.